ERINA北東アジア研究叢書──9
The Economic Research Institute for Northeast Asia

# 中国の
# 地域開発政策の変容

## 地方主体の展開と実態

Mu Yaoqian
穆尭芊 著

日本評論社

## 北東アジア研究叢書発刊に際して

　環日本海経済研究所（ERINA）は，その名が示すように，日本海を取り巻く中華人民共和国，朝鮮民主主義人民共和国，日本国，大韓民国，およびロシア連邦に，内陸国のモンゴル国を加えた，6カ国からなる北東アジアの経済社会を研究対象とする。それは，総人口17億人の諸民族の結びつきを包摂する広大な地域である。

　本研究所が設立されたのは1993年10月であるから，それは，冷戦が終結し，社会主義計画経済から市場経済への移行が開始された世界史的大転換期の端緒とほぼ同時に，産声を上げたことになる。すなわちその誕生は，北東アジアにおいても，市場主体間の結びつきや市場と市場との結びつきが新たに形成され，経済交流が拡大・深化し，さらには一つの「経済圏」が形成されるという，壮大な展望への強い期待を背景としていたのである。研究所の課題は，何よりもまず，北東アジア経済社会の調査研究であり，これを担う調査研究部は，国内外の多数の共同研究員の協力を得て，現地調査を含む活発な調査研究活動を繰り広げると同時に，国際的共同研究のプラットフォームの役割をも果たすようになってきている。第2にそれは，経済交流の促進活動であり，これを担う経済交流部は，経済交流推進の国際協力ネットワークのハブとしての機能を担うようになりつつある。第3にそれは，これらの活動を通じて獲得した情報や知見の社会への発信と還元であり，これは企画・広報部を中心に，ERINA Report（隔月），『北東アジア経済データブック』（年刊），ERINA Business News（隔月），ERINA booklet，The Journal of Econometric Study of Northeast Asia（年刊），ディスカッション・ペーパ，ERINA Annual Report（事業報告書）などの出版活動を通じて，行われてきた。

　しかし，所内においてこうした情報や知見の蓄積が進むにつれて，それまでの個別的な情報提供だけでは社会の要請に十分応えていないのではないか，という反省が生まれ，さらに北東アジアの各国経済や国際経済関係の一層深い分析と，この地域の体系的な経済社会像を提示する必要性が明らかになってきた次第であ

る。また研究活動のあり方においても，国際共同研究が大きな柱となるに至り，その研究成果をまとめた研究書の刊行が期待されるようになったのである。だが，そうした北東アジア経済論にしても，各国経済論にしても，一度まとめれば完成というものではない。社会は自然界とは異なって，絶えず変化し，新しくなっていく。先人の成果に基づき新たな地域経済論を作り上げても，それは時とともに色あせ，時代遅れになる。研究所は常に新しい問題に直面し，新たな解決と分析方法を求められ，模索し続けることになる。そこでこうした模索過程の成果を，その時々に一書としてまとめて刊行しようとするのが，本叢書の趣旨に他ならない。私たちは，北東アジアという地域的個性と，同学の方々の鞭撻と批判を通じて得られた質の高さとを兼ね備えた，叢書を目標としたい。

　本叢書はERINAの関係者によって執筆される。一年間に二冊の上梓を目指したい。こうした専門書の公刊は決して容易なものではないが，私たちの身勝手な要請をこころよく聞き入れて，叢書出版を受諾された日本評論社と，この刊行事業に支援を与えられた新潟県とには，研究所を代表して，この機会を借り深く謝意を表したい。

2012年1月

環日本海経済研究所長<br>
西村可明

## はじめに

千里 鶯 啼いて 緑 紅に 映ず
水村 山郭 酒旗の風
南朝 四百八十寺
多少の楼台 煙雨の中

杜牧「江南の春」

　詩を外国語に直すことは難しいと承知のうえ，経済学の専門書にあえて杜牧の「江南の春」を取り上げたのは，私にとってこの詩以上に中国各地の生き生きとした様子，それぞれ異なる特色，地域経済の広大さ，おぼろげさと神秘さを表現するものはないからである。私は2008年から約10年間をかけて，中国の31省（直轄市，自治区を含む）を歩いて各地の経済的な特徴や開発政策を研究してきたが，この詩はその見聞，体験と心境を実によく表現しており，私のために作られたような気がする。

　2008年から2015年までの中国地域経済は，開発政策の歴史の中でも極めて特殊な時期であり，中央政府ではなく，地方政府が地域開発において主体的な役割を果たす唯一の時期であった。中国の地域開発政策は中華人民共和国建国（1949年）直後から現在まで約70年の歴史をたどっており，その間に内陸建設戦略，三線建設，沿海地域開発，西部大開発・東北振興などを実施してきたが，すべて中央政府の主導の下で行われた。しかし，2000年代の後半に入ると，市場経済の浸透や地域経済の成長により各地に異なる特徴が顕著に現れ，それまでの中央政府による全国画一的な政策が難しくなり，各地域がそれぞれの特徴に基づく開発政策を策定することが求められるようになった。中央政府はこれに対応して各地の取り組みを支援し，地域ごとに多様な発展モデルの形成を目指して地方政府主体の地域開発を積極的に後押しするようになった。この政策転換は「千里 鶯 啼いて」のように，春の気配が瞬く間に全国に広がり，各地は「緑 紅に 映ず」のように花が競いながら賑やかに咲くようであった。各地方政府はそれぞれの経済的

な特色や長年の地域課題に基づいて発展戦略を作成し，国務院の承認を得ていわゆる「国家戦略」に昇格させ，その名の下で様々な施策や実験的な取り組みを行った。地域ごとに全く異なる特徴と多様な試みが見られ，「水村」も「山郭」も知恵を絞って独自の「酒」を作り，「旗」を「風」に揺らして顧客を呼び寄せ，商売繁盛を狙った。しかし，「南朝」に「四百八十寺」もあるように，960万平方キロメートルの国土と13億の人口を持つ中国では，地域経済が広大なスケールと根深い問題を抱えながら展開し，地域と時代によって全く異なる様相を呈しているため，その全容を把握することは難しい。表面的な様相を追及しても，地域経済の流れを左右する本当の問題は今なお明確ではない。たとえば，各地域の実態を把握することは簡単ではなく，地方主体によって山積した問題を理解するには限られた現地調査では不十分である。仮にある程度の実態を把握できたとしても，その実態の背後にあるヒト・モノ・カネ・情報などの生産要素の移動，人口・経済活動の集中と分散，成長する地域とそうではない地域の理論的な解釈を追及する必要がある。また，この時期における地方政府の絶大な開発権限と積極的な開発行為は，市場原理に基づいて自由な移動を好む生産要素との間にどのような結合関係があり，その結合関係はどのように変化し，地域経済の流れを左右したのかは重要な問題である。この難問が横たわっている中国地域経済は，広大でおびただしい「楼台」が「煙雨の中」に見え隠れ，おぼろげさと神秘さを持って我々の入門を許さないようである。

　この詩を吟味すればするほど，2008年から2015年までの中国地域経済と地域政策の実態を実によく反映していると思うのである。杜牧は自分の詩がこのように解釈されることを予想しなかっただろうが，そこに「江南の春」の趣がある。

　本書は2008年から2015年までの時期を「地方主体の地域発展戦略」として提起し，その展開と実態を明らかにするものである。第1章では，中国における地域開発政策の70年の歴史を振り返り，2008～2015年の期間を「地方主体の地域発展戦略」期として定義し，既存の議論を踏まえつつ新しい時代区分を行う。7～8年間の短い期間であるが，内容に極めて大きな意味を持っているほか，その前後の「西部大開発」や「一帯一路」などの政策とのつながりが強く，中国の地域開発を理解するには不可欠な部分である。同章では，地方主体の地域発展戦略の背景，内容，特徴と課題を分析し，全体像を明らかにする。

第2章では，「地方主体の地域発展戦略」の策定プロセスを分析し，その特徴として限られた市場原理，策定主体の分層構造，策定プロセスの未制度化などの課題を明らかにする。地域発展戦略の策定は地方政府の役割を最大限に生かすことができる点において，中国地域経済の実態に即している面もある。また，政策の決定に関して「合理的調整メカニズム」を提起し，中国地域経済の変化と政策の方向性を理解する一つの視点としてその内容や特徴を明らかにする。

　第3章では，中央と地方の関係について国境隣接地域を中心に検討する。国境隣接地域は地域開発における中央と地方の関係を集中的に反映している地域であり，中央と地方は国境地域の開発促進・全国的な経済課題の解決・周辺国への経済展開・社会的安定の実現において共通の方向性と補完的な関係を有している。一方，発展戦略の方向と地域交流の実態，大都市中心か国境地域中心か，全国的経済課題の解決の難しさ，複雑でめまぐるしい国際情勢への対応などにおいて複雑でダイナミックな関係も持っている。

　第4章では，吉林省の事例を用いて地域発展戦略の実施状況を分析する。国務院承認の地域発展戦略は地方政府によって具体的に実施されており，その実態を明らかにする必要がある。吉林省は「中国図們江地域協力開発規画要綱」の実施において，プロジェクトの立案，地方財源の調達，中央政府との交渉などを行って中心的な役割を果たしている。北朝鮮の港を使用して吉林省の石炭を上海などに運ぶ国内貨物の越境輸送を全国に先駆けて実現し，長年の悲願である海に出るという課題の解決に突破口を開き，他の省に格好の先例を作った地域である。

　第5章では，地域経済の重要な側面である不動産価格について，海南省を事例に地域発展戦略の観点から分析する。地域発展戦略は中央政府の承認を経て，いわゆる「国家戦略」に昇格して知名度を高め，投資家の関心を呼び寄せる。投資家は国の重点的な政策支援，地方政府による開発の推進などを予測し，土地需要の拡大を見込んで投機的資金を短期に投入し，当該地域の不動産関連株価を上昇させて不動産価格の高騰をもたらす構図になっている。

　第6章では，河南省を事例に地域経済の「気運」を検討する。建国当初に近代的な産業がほとんどなかった河南省は，内陸地域の閉鎖性や開発に必要な資本・技術の不足に悩まされていたが，改革開放・市場経済の導入・WTO加盟などの重要な転換点において地域発展の「気運」を醸成するチャンスを逃さず，1993年から現在まで20年以上にわたり全国平均を上回る経済成長率を実現している。ま

た，「一帯一路」を通じた国内の地域経済一体化の利点を生かし，積極的に国外とつながる取り組みが行われており，今後の発展が注目されている。

第7章では，「地方主体の発展戦略」以降の地域政策を整理し，中国政府が最も重視する「政策主要課題」，「都市群」，「新区」，「自由貿易区・港」，「専門分野施策」の5分野に分けて，2015年の「一帯一路」から現在までの新しい開発政策の全容を明らかにする。「一帯一路」は単独の政策ではなく，地域一体化を促す多くの国内地域政策と共通の理念を持っており，中国全体の地域政策の流れの中に位置づけられている。これらの政策は中央政府の強いリーダーシップの下で策定・実施されているが，「地方主体の発展戦略」と深くかかわっている。

最後の補章は，筆者が中国各地を視察した際にまとめた地域経済と政策の見聞録で，各地の経済的な特徴や独自の取り組みなどを紹介している。1回か2回の現地視察で把握できる内容は限られているが，各地域に特有の経済的，地理的な特徴は長年にわたり存続しているものであり，中国地域経済の理解の一助になれば幸いである。

2018年12月

著者

# 目　次

北東アジア研究叢書発刊に際して　　iii
はじめに　　v

## 第1章　地方主体の地域発展戦略の提起 …………………………………… 1

1　はじめに　1
2　中国の地域政策の歴史的展開　2
　2.1　既存の議論　2
　2.2　筆者による時代区分の整理　3
3　地方主体の地域発展戦略の内容　5
　3.1　定義と全体像　5
　3.2　時代的な背景　12
　3.3　戦略の構成と内容　14
4　地方主体の地域発展戦略の特徴　15
　4.1　地域の経済的特性の重視　15
　4.2　地域発展戦略の全国的な意味　15
　4.3　地方政府の主体的な役割　16
5　地方主体の地域発展戦略をめぐる議論　18
　5.1　国家戦略なのか　18
　5.2　中央と地方の関係　19
　5.3　地域発展戦略の制度化　19
6　本章のまとめ　20

## 第2章　策定プロセスと合理的調整メカニズム ………………………… 25

1　はじめに　25
2　経済政策の策定プロセスに関する既存の議論　26
3　地域発展戦略の策定プロセス　27
4　策定プロセスの特徴　29
　4.1　受注競争における「限られた市場原理」　29
　4.2　策定主体の「分層構造」　30
　4.3　策定プロセスの未制度化　31
　4.4　シンクタンクの学術上の独自性　31

5　政策の決定──合理的調整メカニズム　　33
     6　本章のまとめ　35

## 第3章　中央と地方の関係──国境隣接地域を中心に……………37
     1　はじめに　37
     2　国境隣接地域の経済開発に関する既存の議論　38
     3　国境隣接地域の地域発展戦略の展開　40
        3.1　展開の背景　40
        3.2　策定の状況　41
        3.3　地域発展戦略の内容　44
     4　中国における国境隣接地域の発展戦略の形成　45
        4.1　中央政府における周辺国政策の強化　45
        4.2　すべての周辺国に対応する地域発展戦略の形成　46
     5　中央と地方の関係　47
        5.1　補完関係　47
        5.2　不整合な側面　49
     6　本章のまとめ　54

## 第4章　実施の実態──吉林省の事例……………………………57
     1　はじめに　57
     2　吉林省の概況　58
     3　「規画要綱」の背景と内容　61
        3.1　背景　61
        3.2　内容　63
     4　「規画要綱」の実施　65
        4.1　実施の概況　65
        4.2　越境輸送の「先行先試」　66
        4.3　開発重点地域　68
     5　実施の課題　70
     6　本章のまとめ　71

## 第5章　不動産価格──海南省の事例……………………………73
     1　はじめに　73
     2　不動産バブルの発生要因に関する既存の議論　74
        2.1　不動産市場の需給関係のアンバランス　74
        2.2　投機目的による資金流入　75

2.3　金融市場における過剰流動性の発生　75
　　2.4　地方政府の土地頼みの財政事情　75
　　2.5　市場関係者による不当な市場操作　76
　3　地方主体の地域発展戦略と不動産バブル　77
　　3.1　不動産バブルの発生メカニズム　77
　　3.2　不動産バブルの発生状況　77
　4　「海南国際観光島」の事例分析　81
　5　地域発展戦略による不動産バブルの課題　84
　　5.1　不動産バブルの不確実性　84
　　5.2　地域経済に与える長期的な影響　85
　　5.3　地域発展戦略と不動産バブルの構造的な課題　85
　6　本章のまとめ　86

## 第6章　地域発展の「気運」─河南省の事例　89

　1　はじめに　89
　2　河南省経済に関するこれまでの議論　91
　3　河南省の経済発展政策の変遷　92
　　3.1　河南省の概況　92
　　3.2　中華人民共和国建国から現在までの河南省経済の展開　94
　4　河南省経済の実態　101
　5　河南省の産業構造の変化　106
　　5.1　産業3部門比率の変化　106
　　5.2　河南省の基盤・成長・優位産業　109
　6　本章のまとめ　116

## 第7章　「一帯一路」と地域一体化の展望　123

　1　はじめに　123
　2　地域一体化を目指す開発政策の全体像　123
　　2.1　中央政府が最も重視する「政策主要課題」　123
　　2.2　「都市群」　125
　　2.3　「新区」　125
　　2.4　「自由貿易区・港」　126
　　2.5　「専門分野施策」　127
　3　新しい開発政策の特徴　130
　　3.1　中央政府の強いリーダーシップ　130
　　3.2　複数の省を跨ぐ地域一体化の促進　131
　　3.3　地方主体の発展戦略との継承性　132

4　今後の地域政策と地域経済の展望　　132
     5　本章のまとめ　　134

# 補　章　「地域発展戦略」見て歩き ………………………………… 137
　　（1）東北　137
　　（2）東部　142
　　（3）中部　156
　　（4）西部　165

あとがき　　185
索　引　　187

# ■第1章■ 地方主体の地域発展戦略の提起

## 1 はじめに

　中国の地域政策は，中華人民共和国建国（1949年）直後から2019年現在まで，70年の歴史をたどっている。各時代の特徴や展開の過程について，これまで多くの研究者が様々な角度から議論を行ってきた。本章の目的は，70年の歴史の中で地方政府が主体的な役割を果たした唯一の時期，すなわち2008年から2015年までの期間に行われた地域政策を地方主体の地域発展戦略[1]として提起し，その背景，全体像，内容と実態などを明らかにすることである。

　地方主体の地域発展戦略は，地域政策の策定・施行における中央・地方の役割の変化を示す象徴的な存在である。中国の地域発展戦略は，中華人民共和国建国直後の内陸建設戦略から始まり，三線建設，沿海地域開発戦略を経て，西部大開発・東北振興などまで，主に中央政府の主導で行われてきた。しかし，2000年代後半以降，地方政府が独自に地域発展戦略を策定し，中央政府の承認の下で主に地方の責任で施行するという新しい方式が生まれた。その中心的な存在が地方主体の発展戦略である。地方発の新しい試みや発想が生まれ，地方主体による地域経済の特性を生かした発展戦略の施行が可能となり，それまでの中央政府による全国画一の開発政策と大きく異なるものとなった。

　中国の地域政策に関する日本の研究は，中華人民共和国建国直後の内陸建設から2000年代前半の西部大開発・東北振興などに対する検討が多く[2]，2000年代後半以降の分析は少ない[3]。分析の視点も沿海部と内陸部の地域格差の是正に集中

---

1) 本書では「地域開発政策」，「地域開発戦略」，「地域発展戦略」，「地域戦略」などの用語について，便宜上これらの表現を区別せず使用している。用語の検討は別途行う必要がある。

しており，地方の実態に即した発展の方向性などに関する考察が少ない。また，近年は「一帯一路」が大きくクローズアップされているが，中国全体の地域政策の流れの中で「一帯一路」をとらえる研究はほとんどない。本章は，地域格差の是正を狙う西部大開発・東北振興などを俯瞰したうえで，地域独自の発展モデルの形成を目指す地方主体の地域発展戦略に焦点を当てて検討し，地域経済一体化を促す「一帯一路」との関係を展望することにより，中国の地域政策の脈絡における地方主体の地域発展戦略の位置づけを明らかにする。

## 2 中国の地域政策の歴史的展開

### 2.1 既存の議論

穆［2018］は中国の地域政策の展開過程に関する議論を整理している。それによると，中兼［2012］は，中国全体の開発戦略を時間的順序にしたがって，スターリン型開発戦略（ソ連の中央集権的計画体制の模倣），毛沢東型開発戦略（計画経済[4]），鄧小平型開発戦略（政治優先から経済優先，自力更生から対外開放，行政的統制経済から市場経済への路線転換など）の3つに分けている。この区分法は政治指導者を軸に開発戦略の時期区分を行い，経済政策が国内政治や制度環境と強い関係があることを示している。この点は中国の様々な政策の展開を分析する上で重要な観点である。

加藤［2014］は中国の地域開発政策を社会主義時代（第1次五カ年計画，大躍進と調整期，文革期）と改革開放時代（沿海地域優先発展戦略，T字開発の提起，7大経済圏構想，西部大開発・東北振興・中部崛起[5]，主体機能区）に分けて検討した。この区分法は時代の背景に沿った開発構想やシンボル的な発展戦略を整理しており，中国の地域開発政策の歴史的な展開を理解する上で極めて有益である。政策の特徴として沿海か内陸か，効率か均衡かの関係についても言及してい

---

2）たとえば丸山［1982］，凌［1988］，張［1993］，加藤［1997］，戴［1997］，筆宝・羅［2002］，林［2008］，陸［2009］などがある。

3）たとえば張［2010］などがある。

4）中兼［2012］は，1956年から1978年までは一般的に「計画経済」期と称するが，毛沢東時代に真の意味での「計画」があったかどうかは疑問であるとしている。

5）ここでいう「崛起」とは経済的に隆起，振興する意味である。以下同じ。

る。

　張［2013］は，中国の地域戦略の変遷を内陸建設戦略，三線建設戦略，戦略調整，沿海部発展戦略，地域経済協調発展戦略，生態文明的な地域経済協調発展戦略の6段階に分けた。各時代的な特徴を反映し，開発の重点地域をめぐる空間的な目標の変化（内陸，三線，沿海，協調）や人間・自然の調和などの視点から分析している。さらに，張・蔡［2015］は1990年代初めから2015年現在までの期間も詳しく分類しており，地域開発をめぐる時代環境の変化と開発課題がより複雑で重層的になっていることを指摘している。最近の「一帯一路」構想まで含まれている。

　上記の研究は，政治的な指導者，時代の環境，開発重点地域，人間と自然の調和などの観点から時期を区分しており，中国の地域政策の流れを把握するには不可欠な研究の蓄積である。しかし，中央と地方の役割の変化という視点から分析した研究はなされていない。その背景には，三線建設や西部大開発のような国を挙げての開発政策は，ほとんど中央政府の主導で行われてきた経緯があると考えられる。

## 2.2　筆者による時代区分の整理

　表1-1は筆者がまとめた中国の地域開発政策の展開過程を示すものである[6]。中華人民共和国は1949年に建国されたが，その後の数年間は社会・経済秩序の平穏化，基本的経済制度の確立，少数民族地域の安定化や貿易促進などの政策を遂行した。①1953～1964年は，第一次・第二次五カ年計画が実施され，中部・西部に対する政策的支援を行い，沿海部集中の産業構造を改善して産業配置の空間的均衡を図った。計画経済の時代であり，中央政府の指令・計画は決定的な役割を果たした。②1964～1978年は，国家主導による三線建設が行われ，経済効率より国防重視の観点から沿海地域の産業を強制的に内陸部へ移転させた。③1978～1992年は，改革開放政策の下で経済特区や沿海開放都市を指定し，外国資本の誘致，先進技術の導入，国際市場への参入などの試みを行った。計画経済体

---

6）時期区分の開始年度はその時期に代表的な政策が打ち出された年度であるが，終了年度はその政策が終了した年度を意味するわけではない。新しい政策が打ち出されても，前の政策は引き続き存続していくものもある。以下同じ。

表1-1　中国の地域開発政策の展開

| 順番 | 時期 | 政策の理念 | 政策の内容 | 代表的な政策 | 効率と公平 | 中央と地方 |
|---|---|---|---|---|---|---|
| ① | 1953–1964年 | 産業配置の空間的均衡 | 全国基本建設プロジェクトの中西部への重点配置 | 第一次五カ年計画、第二次五カ年計画等 | 公平優先 | 中央主導 |
| ② | 1964–1978年 | 国防重視 | 沿海地域の産業を強制的に内陸部へ移転させる | 三線建設 | 公平優先 | 中央主導 |
| ③ | 1978–1992年 | 開放政策の試み・実行 | 外国資本・技術の誘致、国際市場への参入 | 改革開放、経済特区、沿海開放都市等 | 効率優先 | 中央主導 |
| ④ | 1992–2000年 | 成長牽引地域の育成 | 沿海地域に対する積極的な政策支援、財政移転 | 上海浦東新区、天津濱海新区等 | 効率優先 | 中央主導 |
| ⑤ | 2000–2008年 | 地域格差の是正 | 内陸地域に対する積極的な政策支援、財政移転 | 西部大開発、東北振興、中部崛起 | 公平優先 効率考慮 | 中央主導 |
| ⑥ | 2008–2015年 | 多様な地域発展モデルの形成 | 地方発の発展戦略への中央政府の認可と地方の実施 | 広西北部湾経済区発展規画等（100件余） | 効率優先 公平考慮 | 中央認可 地方主体 |
| ⑦ | 2015年–現在 | 地域経済一体化 | インフラの連結、発展戦略の協調、行政障壁の打破 | 一帯一路、長江経済帯、京津冀協同発展等 | 効率優先 公平考慮 | 中央主導 |

出所：穆［2018］より修正を加えて作成。

制から脱却するために，中央政府による制度改革の役割が重要だった。④1992～2000年は，沿海地域の開発が優先的に行われ，上海浦東新区を設立するなど，市場経済を導入して成長牽引地域の育成に力を入れた。沿海地域のインフラ整備と都市建設が進み，国内投資，外資誘致，国際貿易などの面で全国の経済成長をリードした。この時期には沿海地域に対する中央政府の政策支援と投資が重要な役割を果たした。⑤2000～2008年は，地域格差を是正するために西部大開発・東北振興・中部崛起が実施された。国家戦略であるため，政策の立案と実行は中央政府の主導の下で行われた。⑥2008～2015年は地方主体の地域発展戦略の時期で，本章の最も注目する内容である。詳細は後述するが，地方政府が地域の特徴を生かして発展戦略を立案し，中央政府の承認を得て実施するという特徴を持っている。地域発展戦略の主要な目的は「地域格差の是正」から「地域発展モデルの形成」に変化し，実施の主体は中央政府から地方政府に移り，そのための

財源は主に地方政府が調達するようになっている。全国に多様な地域発展モデルの形成が促された時期である。⑦2015年～現在は，「一帯一路」・「長江経済帯」・「京津冀協同発展」などの戦略が作成され，先進地域と後進地域の一体化を目指してインフラの連結，地域の発展戦略の協調，行政障壁の打破などの政策が実行されている。これらの戦略は中央政府の強いリーダシップの下で推進されている。

このように，中国の地域開発政策は当時の時代環境に合わせて，産業配置の空間的均衡→国防重視→開放政策の試み→成長牽引地域の育成→地域格差の是正→多様な地域発展モデルの形成→地域経済一体化という明確な脈絡が存在している。その中で，2008～2015年の地方主体の地域発展戦略は，地域格差是正を目指す「西部大開発」などと地域経済一体化を目指す「一帯一路」などを繋ぐものであり，地方政府の役割が強調された極めて重要な時期である。本書はこの時期に特化して分析し，この後の「一帯一路」などは第7章で検討する。

## 3　地方主体の地域発展戦略の内容

### 3.1　定義と全体像

穆［2018］によると，地方主体の地域発展戦略は，地方政府が地域の経済的特徴に基づいて発展戦略を作成し，国務院の承認を通じて全国における当該地域の特徴や重要性に対する共通認識を形成し，中央省庁の支援を得ながらも主に地方政府の責任で実施する開発政策である[7]。地方主体の地域発展戦略では，戦略作りをめぐる地方政府の積極的姿勢が見られ，戦略の方向性や具体的政策について地方政府の意向を反映している。国務院の承認が得られると，戦略の内容が各中央省庁・各地域に通知され，当該地域の特徴や重要性に関する全国の共通認識が形成される。地方政府は戦略を実施するための予算の調達やプロジェクトの創出，企業誘致などを担当する。中央省庁の支援を得るために，地方政府は各省庁と協議することができる。以降，地方主体の地域発展戦略の内容や特徴を詳しく検討する。

中央政府が承認した地域発展戦略の数について，張［2012］は明確な数字を示

---

7) 地域発展戦略の承認権は中央政府に残っているため，「地方主導」ではなく，「地方主体」という表現を使用している。

さず，「数多くの地域発展規画[8]を打ち出した」にとどまった。呉・馬［2013］は「正確に集計をした研究者または研究機関はない」としたうえで，範恒山前国家発展改革委員会地区経済局長の発言を引用し，「過去の6年間（2006-2011年），国は71件に及ぶ地域発展に関する政策文書と地域規画を打ち出した」と紹介した。劉他［2013］は国家戦略性を持つ地域発展戦略に対して，2005年6月21日承認の「上海浦東新区総合配套改革試験区」から2012年9月6日承認の「広州南沙新区発展規画」まで計78件の地域発展戦略があったとした。いずれにせよ，中央政府が承認した数多くの地域発展戦略を詳しく整理し，その全体像を明らかにする必要がある。

表1-2は筆者がまとめた地方主体の地域発展戦略の一覧である。2008年1月，国務院は「広西北部湾経済区発展規画」を承認し，これは中央政府が承認した最初の地方主体の地域発展戦略であった。以降2015年3月の「シルクロード経済帯と21世紀海上シルクロードを共同で建設することを推進するビジョンと行動」（通称「一帯一路」）が打ち出されるまで，中央政府は109件の発展戦略を承認した。政策の目標別に，地域経済の総合的発展の促進，新たな成長地域・産業の創出，制度改革の推進，後進地域の振興の4つに分けられる。以下詳細に検討する。

第1に，地域経済の総合的発展を促進する発展戦略は，省または省間レベル，市・県レベルに分けられ，計47件である。地域別で見ると，複数省にまたがる「長江デルタ地域規画」（上海市・浙江省・江蘇省），「中国東北地区が北東アジア地域に向けて開放する規画要綱」（遼寧省・吉林省・黒龍江省及び内モンゴル自治区の一部）もあれば，1つの省に限って策定された「珠江デルタ地区改革発展規画要綱」（広東省），「中国図們江地域協力開発規画要綱」（吉林省）もある。2015年3月現在ほぼすべての省に中央政府承認の地域発展戦略が存在している。

地域発展戦略の内容は多様である。「雲南省を西南開放の重要な橋頭堡として建設を加速させることを支持することに関する意見」は越境国際協力を促進しているが，「関中－天水経済区発展規画」は陝西省の科学技術の向上と産業への実用化に力を入れている。「長株潭都市群地域規画」は湖南省の都市化の促進，「成

---

8）「規画」は日本語で「計画」の意味だが，張［2012］で指摘されたように，中国では「規画」と「計画」の意味が異なるため，それに従い，原文そのままに「規画」を使用する。違いについては，張［2012］を参照されたい。なお，本書では「規画」を発展戦略としている。

第 1 章　地方主体の地域発展戦略の提起

表 1 - 2　地方主体の地域発展戦略一覧

| 目標 | 分類 | 番号 | 名称 | 承認・公表年月 |
|---|---|---|---|---|
| 地域経済の総合的発展の促進 | 省または省間レベル | 1 | 広西北部湾経済区発展規画 | 2008年1月 |
| | | 2 | 長株潭都市群地域規画 | 2008年12月 |
| | | 3 | 珠江デルタ地区改革発展規画要綱 | 2008年12月 |
| | | 4 | 江蘇沿海地区発展規画 | 2009年6月 |
| | | 5 | 関中－天水経済区発展規画 | 2009年6月 |
| | | 6 | 遼寧沿海経済帯発展規画 | 2009年7月 |
| | | 7 | 中国図們江地域協力開発規画要綱 | 2009年8月 |
| | | 8 | 黄河デルタ高効率生態経済区発展規画 | 2009年11月 |
| | | 9 | 鄱陽湖生態経済区規画 | 2009年12月 |
| | | 10 | 甘粛省循環経済全体発展規画 | 2009年12月 |
| | | 11 | 海南国際観光島建設・発展の推進についての若干の意見 | 2009年12月 |
| | | 12 | 皖江都市帯産業受入移転示範区規画 | 2010年1月 |
| | | 13 | 青海ツァイダム循環経済試験区全体規画 | 2010年3月 |
| | | 14 | 長江デルタ地域規画 | 2010年5月 |
| | | 15 | 大小興安嶺森林生態保護と経済モデル転換規画 | 2010年11月 |
| | | 16 | 東北地区における農業発展方式の転換加速と現代農業建設推進に関する指導意見 | 2010年11月 |
| | | 17 | 海峡西岸経済区発展規画 | 2011年3月 |
| | | 18 | 成渝経済区地域規画 | 2011年4月 |
| | | 19 | 雲南省を西南開放の重要な橋頭堡として建設を加速させることを支持することに関する意見 | 2011年5月 |
| | | 20 | 河南省中原経済区建設を加速させることを支持することに関する指導意見 | 2011年9月 |
| | | 21 | 河北沿海地区発展規画 | 2011年10月 |
| | | 22 | 中国東北地区が北東アジア地域に向けて開放する規画要綱 | 2012年7月 |
| | | 23 | 寧夏内陸開放型経済試験区規画 | 2012年9月 |
| | | 24 | 丹江口庫区および上流地区経済社会発展規画 | 2012年9月 |
| | | 25 | 呼包銀楡経済区発展規画 | 2012年10月 |
| | | 26 | 天山－北坡経済帯発展規画 | 2012年11月 |
| | | 27 | 蘇南現代化建設示範区規画 | 2013年4月 |
| | | 28 | 黒龍江と内モンゴル東北部地域国境地域開発開放規画 | 2013年8月 |
| | | 29 | 晋陝豫黄河金三角区域合作規画 | 2014年3月 |
| | | 30 | 福建省生態省戦略の綿密な実施と生態文明先行示範区の速やかな建設を支援することに関する若干の意見 | 2014年3月 |
| | | 31 | 洞庭湖生態経済区規画 | 2014年4月 |
| | | 32 | 珠江－西江経済帯発展規画 | 2014年7月 |
| | | 33 | 黄金水道に依拠して長江経済帯の発展を推進することに関する指導意見 | 2014年9月 |
| | | 34 | 長江中流域都市群発展規画 | 2015年3月 |
| | 市・県レベル | 35 | 曹妃甸循環経済示範区産業発展全体規画 | 2008年1月 |
| | | 36 | 黒瞎子島保護・開放開発問題に関する返答 | 2009年5月 |
| | | 37 | 横琴全体発展規画 | 2009年8月 |
| | | 38 | 前海深港現代サービス業協力全体発展規画 | 2010年8月 |
| | | 39 | 国家東中西区域協力示範区建設全体方案 | 2011年5月 |
| | | 40 | カシュガル・コルガス経済開発区建設の支持に関する若干の意見 | 2011年9月 |
| | | 41 | 平潭総合実験区全体発展規画 | 2011年11月 |
| | | 42 | 中国図們江区域（琿春）国際協力示範区建設を支持することに関する若干の意見 | 2012年4月 |
| | | 43 | 博鰲楽城国際医療観光先行区 | 2013年2月 |
| | | 44 | 鄭州航空港経済総合実験区発展規画 | 2013年3月 |
| | | 45 | 内モンゴルエレンホト重点開発開放試験区設立への同意に関する返答 | 2014年6月 |
| | | 46 | 中国－シンガポール天津生態城建設国家緑色発展示範区に同意することに関する実施方案 | 2014年10月 |
| | | 47 | 中国（杭州）越境デジタルビジネス総合試験区 | 2015年3月 |

7

| 目標 | 分類 | 番号 | 名称 | 承認・公表年月 |
|---|---|---|---|---|
| 新たな成長地域・産業の創出 | 新区 | 48 | 重慶両江新区設立への同意に関する返答 | 2010年5月 |
| | | 49 | 浙江舟山群島新区設立の発展規画への同意に関する返答 | 2011年6月 |
| | | 50 | 蘭州新区設立への同意に関する返答 | 2012年8月 |
| | | 51 | 広州南沙新区発展規画に関する返答 | 2012年9月 |
| | | 52 | 陝西西咸新区設立への同意に関する返答 | 2014年1月 |
| | | 53 | 貴州貴安新区設立への同意に関する返答 | 2014年1月 |
| | | 54 | 青島西海岸新区設立への同意に関する返答 | 2014年6月 |
| | | 55 | 大連金普新区設立への同意に関する返答 | 2014年7月 |
| | | 56 | 四川天府新区設立への同意に関する返答 | 2014年10月 |
| | 海洋経済発展 | 57 | 山東半島藍色経済区発展規画 | 2011年1月 |
| | | 58 | 浙江海洋経済発展示範区規画 | 2011年2月 |
| | | 59 | 広東海洋経済総合試験区発展規画 | 2011年7月 |
| | | 60 | 福建海峡海洋経済試験区発展規画 | 2012年9月 |
| | | 61 | 天津海洋経済科学発展示範区規画 | 2013年9月 |
| | 海洋機能区画 | 62 | 天津市海洋機能区画 | 2012年10月 |
| | | 63 | 河北省海洋機能区画 | 2012年10月 |
| | | 64 | 遼寧省海洋機能区画 | 2012年10月 |
| | | 65 | 江蘇省海洋機能区画 | 2012年10月 |
| | | 66 | 浙江省海洋機能区画 | 2012年10月 |
| | | 67 | 福建省海洋機能区画 | 2012年10月 |
| | | 68 | 山東省海洋機能区画 | 2012年10月 |
| | | 69 | 広西チワン族自治区海洋機能区画 | 2012年10月 |
| | | 70 | 海南省海洋機能区画 | 2012年11月 |
| | | 71 | 広東省海洋機能区画 | 2012年11月 |
| | | 72 | 上海市海洋機能区画 | 2012年11月 |

| 目標 | 分類 | 番号 | 名称 | 承認・公表年月 |
|---|---|---|---|---|
| 制度改革の推進 | 総合配套改革試験区 | 73 | 上海浦東新区総合配套改革試験区 | 2005年6月 |
| | | 74 | 天津濱海新区総合配套改革全体方案 | 2008年3月 |
| | | 75 | 武漢都市圏資源節約型・環境友好型社会建設総合配套改革試験全体方案 | 2008年9月 |
| | | 76 | 長株潭都市群資源節約型・環境友好型社会建設総合配套改革試験全体方案 | 2008年12月 |
| | | 77 | 重慶市都市・農村統一計画総合配套改革試験全体方案 | 2009年4月 |
| | | 78 | 成都市都市・農村統一計画総合配套改革試験全体方案 | 2009年4月 |
| | | 79 | 深圳市総合配套改革全体方案 | 2009年5月 |
| | | 80 | 浙江省義烏市国際貿易総合改革試験区全体方案 | 2011年3月 |
| | | 81 | 瀋陽経済区新型工業化総合配套改革試験全体方案 | 2011年9月 |
| | | 82 | 厦門市深化両岸交流協力総合配套改革試験全体方案 | 2011年12月 |
| | | 83 | 山西省国家資源型経済転換配套改革試験全体方案 | 2012年8月 |
| | | 84 | 黒龍江省"二大平原"現代農業総合配套改革試験全体方案 | 2013年6月 |
| | 金融改革実験区 | 85 | 浙江省温州市金融総合改革試験区全体方案 | 2012年3月 |
| | | 86 | 福建省泉州市金融による実体経済支援の総合改革試験区方案 | 2012年12月 |
| | | 87 | 広東省建設珠江デルタ金融改革イノベーション総合試験区全体方案 | 2013年7月 |
| | イノベーション | 88 | 中関村国家自主イノベーション示範区発展規画綱要 | 2012年1月 |
| | | 89 | 東湖国家自主イノベーション示範区発展規画綱要 | 2012年3月 |
| | | 90 | 上海張江国家自主イノベーション示範区発展規画綱要 | 2013年6月 |
| | 自由貿易区 | 91 | 中国(上海)自由貿易試験区全体方案 | 2013年9月 |

| 目標 | 分類 | 番号 | 名称 | 承認・公表年月 |
|---|---|---|---|---|
| 後進地域の振興 | 貧困地域扶助 | 92 | 武陵山特別貧困集中区の地域発展と貧困扶助規画 | 2011年10月 |
| | | 93 | 烏蒙山特別貧困集中区の地域発展と貧困扶助規画 | 2012年2月 |
| | | 94 | 秦巴山特別貧困集中区の地域発展と貧困扶助規画 | 2012年5月 |
| | | 95 | 滇桂黔砂漠化特別貧困集中区の地域発展と貧困扶助規画 | 2012年6月 |
| | | 96 | 六盤山特別貧困集中区の地域発展と貧困扶助規画 | 2012年8月 |
| | | 97 | 滇西辺境特別貧困集中区の地域発展と貧困扶助規画 | 2012年12月 |
| | | 98 | 大興安嶺南麓特別貧困集中区の地域発展と貧困扶助規画 | 2012年10月 |
| | | 99 | 燕山－太行特別貧困集中区の地域発展と貧困扶助規画 | 2012年10月 |
| | | 100 | 呂梁山特別貧困集中区の地域発展と貧困扶助規画 | 2012年12月 |
| | | 101 | 大別山特別貧困集中区の地域発展と貧困扶助規画 | 2012年12月 |
| | | 102 | 羅霄山特別貧困集中区の地域発展と貧困扶助規画 | 2012年12月 |
| | 旧革命根拠地 | 103 | 陝甘寧旧革命根拠地振興規画 | 2012年3月 |
| | | 104 | 贛閩粤旧ソヴィエト区域の振興発展規画 | 2014年3月 |
| | | 105 | 左右江革命老区振興規画 | 2015年2月 |
| | 対口支援 | 106 | 汶川震災後復興再建の対口支援方案 | 2008年6月 |
| | | 107 | 贛等旧区域に対する中央省庁及び関係機関の対口支援実施方案 | 2013年8月 |
| | | 108 | 三峡庫区に対する全国対口支援協力規画（2014－2020） | 2014年7月 |
| | | 109 | 四川・雲南・甘粛のチベット区の経済社会発展に対する先進省・市の対口支援方案 | 2014年8月 |

出所：中国政府の公文書，中央・地方政府のホームページ，新華ネット・人民ネットなどの政府系ニュースサイトより筆者作成。

渝経済区地域規画」は四川省・重慶市における農村と都市の一体化改革を推進している。「甘粛省循環経済全体発展規画」は循環型で環境に配慮した経済発展の模索を行っている。いずれも地域の経済的特徴を生かし，地方の自由な発想を重視するものである。対象地域には省内の主要経済都市が含まれており，地域規画の主な目的は地域経済発展にある。

　市・県レベルの発展戦略の対象地域は省内の一般都市・県で狭域的なものであるが，特色が際立つ地域である。たとえば「中国図們江区域（琿春）国際協力示範区建設を支持することに関する若干の意見」は吉林省延辺朝鮮族自治州琿春市という小規模な都市を対象としているが，同市はロシア・北朝鮮と接しているという有利な地理的条件を生かして北東アジア地域協力の窓口として発展している。琿春市の発展戦略は独立しているものではなく，前述の吉林省長春市・吉林市・延辺朝鮮族自治州を主な対象地域としている「中国図們江地域協力開発規画要綱」を支えるものであり，その具現化でもある。「横琴全体発展規画」の横琴も広東省珠海市にある小さな島であるが，中国大陸とマカオを繋ぐ唯一の陸橋を有し，香港とマカオとの交流拠点を目指している。香港・マカオとの交流推進は前述の「珠江デルタ地区改革発展規画要綱」（広東省）の重要な内容である。

　第2に，新たな成長地域・産業の創出を目指す発展戦略は，新区，海洋経済発

展，海洋機能区画に分けられ，計25件である。新区は，都市人口と産業規模の拡大に伴い，既存の開発区や郊外地を合併して新しい行政区を設立し，都市キャパシティと経済規模の拡大を図るものである。特定産業の発展や特定分野の改革などの役割もあるが，都市の新たな成長地点として地域経済を牽引する役割が期待されている。新区内の建設プロジェクトが認可されやすくなり，地域経済の発展につながるため，各地は中央に承認されるよう新区の申請を競い合っている。上海浦東新区と天津濱海新区はそれぞれ1992年，2006年に設立されたため，この表には入れなかった。

　近年，海洋に関連する経済活動の拡大は新しい成長ポイントとして期待され，国務院が2008年2月に「国家海洋事業発展規画綱要」を打ち出した。中国はこれまで陸地において外資誘致を行い，工場建設・インフラ整備・不動産開発などで成長してきたが，沿海部における土地供給の不足とコストの上昇により，陸地での発展は次第に限界に近づいている。海洋という新しい空間を有効に利用することで発展の可能性を拡大する狙いである。造船，海洋エネルギー開発，海洋養殖，海洋観光など海洋に関連する産業を発展させることは中国全体の産業構造の改善につながる。国務院に認められた海洋経済関連の試験地域は山東省，浙江省，広東省，福建省と天津市の5カ所である。海洋機能区画は，海を有する省が海洋関連施設の配置や海洋環境保護などを規定するものである。

　第3に，制度改革の推進を目指す発展戦略は，総合配套改革試験区，金融改革実験区，イノベーション，自由貿易区に分けられ，計19件である。総合配套改革試験区の中で，すべての分野で総合改革試験を行うのは上海浦東，天津濱海と深圳の3カ所で，ほかは個別分野での改革である。具体的には，武漢都市圏（湖北省）と長株潭都市群（湖南省の長沙市・株洲市・湘潭市）は資源節約型・環境友好型社会の建設，重慶市と成都市（四川省）は都市と農村の協調的発展の実現，瀋陽市（遼寧省）は先端工業の発展の試み，厦門市（福建省）は台湾との交流・協力の強化，山西省は資源型経済の構造転換，黒龍江省は現代農業振興を図るものである。

　総合配套改革試験区は前述の新区と同様に都市を対象としているものが多いが，性格は異にしている。新区は主に都市キャパシティの拡大と経済成長の牽引的な役割を果たしているが，総合配套改革試験区は政策の試験に重点を置いている。上海市，天津市と深圳市は中国の改革の先進地域として発展してきたほか，武漢

市，長株潭，重慶市，成都市，瀋陽市，厦門市はいずれも明確なテーマを持って改革を行っている。これらの都市は比較的大きな経済基盤を持っており，各種改革の試験地として適している。他方，「山西省国家資源型経済転換配套改革試験全体方案」と「黒龍江省"二大平原"現代農業総合配套改革試験全体方案」は都市ではなく，省全体を対象地域としている。総合配套改革試験区は地域経済の発展に貢献しつつも，全国に先駆けて当該分野の総合改革を行い，その経験と教訓をほかの地域に提供する役割が期待されている。

　総合配套改革試験区の「配套」について，日本語では「セット」と訳されるが，その意味は必ずしも明確ではない。王・季［2008］は，分散された個別分野の改革ではなく，各方面の関係をうまく調整し，立体的でシステム的な改革だと主張した。許［2011］は既存の経済特区（深圳，珠海，汕頭，厦門）のような重点突破，特定方面の改革と違って，総合配套改革試験区は「生産，流通，分配，消費及び経済，社会，都市・農村，政治，文化，生態環境などの多方面・多分野における改革を行い，相互補完，相互リンクの管理体制及び運営メカニズムを形成し，活力と効率のある持続可能な社会を構築する」ものだと指摘した。また，経済特区が特殊な優遇政策や外資系企業の投資などの外部要因に依存していることに対し，総合配套改革試験区は体制改革や内発的発展などの内部要因に依存していると指摘する。

　金融改革の面では、2010年のヨーロッパ金融不安は浙江省温州市にも大きな打撃を与え，民間金融システムの弱点を露呈した。国務院は2012年3月に「浙江省温州市金融総合改革試験区全体方案」を承認し，中央省庁では人民銀行が中心となって温州金融体系の改革に乗り出している。その後，金融関係の総合改革試験方案は福建省泉州市，広東省の2カ所が追加されている。また，科学技術を振興して自主的なイノベーションを促す地域戦略は北京中関村，武漢東湖，上海張江の3カ所が指定されている。ハイテク技術の蓄積があり，北京中関村はIT企業の集積地として国内外に知られている。近年，技術力の向上・実用化，ブランド力の強化と有力企業の育成などの課題が浮き彫りとなり，産業集積地としてどの方向に向けて発展すべきかについて議論されている。自由貿易区は2015年現在上海1件のみであったが，各地で申請を競い合い，2018年末現在11カ所に拡大している。名称は自由貿易試験区であるが，金融や外国投資など多くの分野において様々な試みを行っている。当初上海市は中心的な役割を果たすとみられたが，そ

の後様々な法律変更が行われ，中央政府による特別法の整備が次々に実施され，主導的な役割を果たすようになったと考えられる。

第4に，後進地域の振興を目指す発展戦略は貧困地域扶助，旧革命根拠地の振興，対口（コウ）支援に分けられ，計18件である。中国政府は2011年12月に「中国農村貧困扶助開発綱要（2011-2020年）」を打ち出し，農村地域の貧困撲滅と地域発展に取り組んでいる。武陵山，鳥蒙山，秦巴山，滇桂黔（雲南省，広西チワン族自治区，貴州省）砂漠化地域，六盤山，滇西辺境（雲南省西部国境地域），大興安嶺南麓，燕山・太行山，呂梁山，大別山，羅霄山などの山地・辺境地を貧困扶助の重点地域として指定し，居住地移転，インフラ整備，産業育成，雇用促進などの施策を行っている。貧困扶助規画は単なる福祉的なものにとどまらず，当該地域のインフラ整備，人材育成，産業促進などを通じて自立的な発展を目指している総合規画である。

旧革命根拠地の振興は中国共産党旧革命根拠地の振興を図るものである。旧革命根拠地は歴史的に中国共産党に対して多大な貢献をしたにもかかわらず，自然条件が厳しくて経済発展に取り残されており，地域振興が求められている。対口支援の「対口」とは，ペアを組むという意味がある。貧困地域や災害を受けた地域などに対し，経済的に先行している地域や中央省庁を指定して支援させる枠組みである。

以上は地方主体の地域発展戦略の全体像である。一部の発展戦略には（海洋機能区画や貧困扶助など）中央政府が大きな調整機能を果たすものもあるが，その実施は地方政府の施策に依存している側面が強く，全体では地方主体の地域発展戦略であるという認識で問題ない。

### 3.2 時代的な背景

各地方政府が積極的に地域発展戦略を作成・実施する背後には，30年あまりの改革開放策及び経済成長を経て，地域によって異なる経済的な特徴が顕著に現れるようになり，それに適合する発展戦略を各地方政府の下で行う必要が生じてきたという背景がある。穆［2018］によれば，工業基盤が比較的整備されている吉林省では，地方政府が開発用地を確保し，工場の建物まで作って外資誘致にとり組んでいるが，観光産業が発展している海南省では，自然・景観保護の観点から環境に影響を与える工場誘致に積極的ではない。また，石油・石炭などの資源型

産業の比重が大きい黒龍江省にとって，産業構造の改善や国有企業の振興，雇用の確保が主要な政策課題であるが，農村人口の多い河南省にとっては食糧生産の確保や都市化政策が重要である。地域によって異なる経済・産業状況が存在し，その実態に沿って地域政策を作成する必要があったといえる。また，地域によっては都市の膨張，資源の枯渇，環境の悪化，技術の進歩や新産業の創出の遅れ，内陸国境の開発不足などに見られるように，地域問題は極めて多様化しており，深刻さを増している。こうした面で，地方政府は地域問題の解決に主導的な役割を果たすことが求められている。さらに，近年，地方政府における財政力が強まったことで，地方独自の発展戦略を作り，それを実行していく力を持つようになったことも誘因だと考えられる。

　政策の背景として，地域発展戦略の作成と中央政府の承認の獲得は，地域にとって大きなインセンティブがあるとみられる。まず，地域発展戦略は地方政府の発展の方針や政策ビジョンを示すものであり，地域住民や識者に夢を与えて，幅広い支持を獲得する役割がある。次に，地域発展戦略に対する中央政府の承認は，全国における当該地域の経済的特性と戦略的重要性が認められたことを意味し，当該地域の知名度の向上に大きく貢献する。地方政府の担当者の政治的業績にもなる。第3に，中央政府が承認しても大型投資や財政移転が行われる保証はないが，中央省庁の支援を獲得しやすくなり，インフラ整備の進展が早くなる可能性は高まる。大型建設プロジェクトの認可も得やすくなる。第4に，全国から当該地域の発展に対する関心が集まり，民間資本や外国資本の誘致を行いやすくなる。第5に，地方発の新しい政策的試みを行う場合，既存の国の制度や慣習などと矛盾しても，中央省庁と交渉して例外的に認めてもらう可能性が出てくる。一言でいえば，地方政府は，中央からの資金や支援が保証されることまでは期待していないものの，その可能性が高まることを期待している。

　中央政府からみれば，2008年の米国発金融危機に対処するために，地方政府の力を最大限に引き出す必要があった。地方発の発展戦略を積極的に承認することにより，地方によるインフラ整備や不動産投資が進み，全国経済への刺激になる。表1-2で示すとおり，2009年に国務院は省または省間レベルの発展戦略を数多く承認したことが確認できる。また，市場経済の浸透に伴い，地域ごとに多様な地域発展モデルの形成を促す必要もある。たとえば，海南島には観光産業の発展，山東省には海洋に関連する経済活動の活発化，重慶には戸籍制度改革の促進，吉

林省には内陸国境地域の貿易振興など，各地方政府に地域の経済的特徴を生かした発展の方向性を模索させ，異なるモデルを構築する狙いがあった。

## 3.3 戦略の構成と内容

地域発展戦略の内容は当該地域の状況や経済的特徴により相違しているが，文書の構成はおおむね共通している。以下，省または省間レベルの総合的な発展戦略を例として説明する。①「はじめに」には，同地域発展戦略の策定の目的，対象地域，対象期間などを規定している。②「意義」では，当該地域をめぐる国内外の情勢の変化，同発展戦略の重大な意義と地域が直面する課題などを明らかにしている。③「全体要求」には，指導的な思想，当該地域の位置づけ，発展戦略の目標などが述べられている。④「本文」では，地域発展戦略の内容を本格的に展開している。具体的には，都市・産業の空間的配置・機能の確定，サービス業・工業・農業などの産業の発展，技術革新の推進，インフラ整備，環境保全，体制の改革，国内地域間協力，国際経済協力（貿易，投資，国際物流，国際金融など）の推進などが挙げられ，包括的な内容となっている。③の「全体要求」の中でなされた位置づけに従って当該地域の特性とそれに適合する政策は重点的に述べられている。特に強調したい分野を前に置き，多くの文字数を割いている。大型国有企業による具体的な建設プロジェクトの整備を明記する場合もある。地域内の資金・技術・市場を有効に活用して内生的な発展を促すほか，中央政府の財政支援や外資系企業の投資誘致など，外部資源の獲得により地域発展を促進する内容も含まれている。⑤「施行」には，地方政府における施行責任を明記するほか，施行プランの策定，施行組織の形成と強化，具体的なプロジェクトの実行などを求めている。中央省庁に対して土地使用，行政許可，インフラ整備，財政・金融面の優遇などの支援を呼びかけている。発展戦略の施行に対する監督・評価の強化も言及している。以上，やや主観的な評価となるが，全体の構成は極めてはっきりしており，一目瞭然である。文章の表現も読みやすく工夫されている。こうした政策文書には政策意図やその内容を明確にして，政策の透明性を高める機能が期待されているが，地域発展戦略の多くはこうした面でその要件を満たしていると考えられる。

## 4 地方主体の地域発展戦略の特徴

### 4.1 地域の経済的特性の重視

　西部大開発・東北振興などは地域格差を是正するために行われてきたが，地方主体の発展戦略の主要な目的はそうではない。沿海地域の発展戦略は早い時期から中央政府の承認を獲得しており，広東省，浙江省，江蘇省などの先進地域には複数の発展戦略が存在している。一方，中央政府が中部，西部の発展戦略に対して優先的に承認することは確認できない。地方主体の地域発展戦略の政策目標は地域格差の是正から地域発展モデルの形成に変化している。中国は30年以上の経済成長を経て，異なる地域にそれぞれ特有の市場要素が形成され，各地域の自然状況，産業構造，市場条件及び国際経済関係などの特性を生かし，異なる地域発展モデルを構築することが必要になった。また，沿海地域など経済の先進地域においては，環境保全，産業構造の調整，新たな成長産業の育成，持続可能な発展の実現の諸問題を抱えており，それを解決するために異なる発展戦略が不可欠である。

　具体的な例を挙げてみよう。広西チワン族自治区はASEAN諸国と地理的に近く，国境貿易や国際協力が盛んに行われている。これを活かしてASEAN諸国との経済連携の促進を取り入れた「広西北部湾経済区発展規画」が作られ，後に地方政府の施策重点分野となった。山東半島は3千345キロと長い海岸線を持ち，海洋資源が豊富で，港整備も進展しているため，山東省を海洋関連経済の成長センター，海洋関連産業の集積地として発展させる「山東半島藍色経済区発展規画」が策定された。また，広東省を中心とした珠江デルタ地域は市場化レベルが高く，改革開放の先行地域として強い産業国際競争力を持っている。そのため珠江デルタ地域を全面的改革の実験地域，先端的製造業，現代サービス業の発展地域及び重要な経済センターとして発展させる「珠江デルタ地区改革発展規画要綱」が作られた。これらは地域の経済的特性を生かしながら，独自の地域発展モデルの構築を模索する地方主体の発展戦略である。

### 4.2 地域発展戦略の全国的な意味

　中国は経済の持続的発展及び成長の質の向上を図るためには，産業構造の改善，環境保全，新たな成長分野の育成，都市と農村の二重構造の改善，地域格差の是

正など数多くの課題を抱えている。国内経済体制改革にとどまらず，地域経済の規模を拡大するために周辺国（地域）との経済協力も促進する必要がある。地域発展戦略の意味は地域にとどまらず，地域の特性を生かしながらも上記の全国的課題を解決するための模索でもある。すなわち，地方主体の地域発展戦略には全国的な意味が含まれている。

　地方主体の地域発展戦略における全国的な意味としては次の事項が挙げられる。①国境地域の地理的特性を生かして周辺諸国（地域）との経済交流を推し進める（広西チワン族自治区など）。②都市群の優位を利用して資源節約型・環境友好[9]型社会の構築を模索する（湖南省など）。③経済の先行地域では産業構造のキャッチアップと国際経済連携の推進を行う（広東省など）。④沿海地域では海洋関連産業を発展する（山東省など）。⑤西部地域では内陸型経済の改革開放の戦略的拠点を育成する（陝西省など）。⑥当該地方の自然環境の特性を利用し，省エネ，環境に優しい節約型・循環型経済の構築を模索し，環境関連産業を育成する（甘粛省など）。⑦内陸国境地域の地理的優位を利用し，内陸国境地域の国際協力の方向性と方策を模索する（吉林省など）。⑧内陸地域の豊富な土地，労働力資源を利用して沿海部からの産業移転を受け入れ，製造業の内陸への移転を促進する（安徽省など）。⑨地域の観光資源を利用して観光分野の改革開放を推進する（海南省など）。⑩内陸部の大都市の経済力を活かして地域の成長センターに育成し，都市と農村との二重構造の改善を模索する（四川省・重慶市など）。このように，全国的な意味は地域の地理的・経済的特性と深く関連している。

### 4.3　地方政府の主体的な役割

　筆宝・羅［2002］の分析で明らかになったように，1950年代から2000年代初頭までの開発戦略は中央政府の強い意向に基づき，主に中央政府の予算，権限及び組織体制で行われた。しかし，2008年以降の地方主体の地域発展戦略の実施は地方政府に委ねられており，中央政府と地方政府の役割分担が変化している。近年，地方政府における財政力の強化や人材の蓄積が進展し，地方政府が自ら発展戦略を策定，実施できるようになったことも背景の一つである。表1−3は既存の西部大開発と地方主体の地域発展戦略の違いを示している。まず，地域発展戦略の

---

9）「環境友好」は環境に優しい意味である。

第1章　地方主体の地域発展戦略の提起

表1-3　既存の西部大開発と地方主体の地域発展戦略の相違点

| 項　目 | 西部大開発 | 地方主体の地域発展戦略 |
|---|---|---|
| 策定の主要な目的 | 地域格差の是正 | 地域の経済的特性を生かし，地方主導により多様な地域発展モデルの形成 |
| 承認機関 | 中央政府 | 中央政府 |
| 策定プロセス | 中央政府主導 | 主に地方政府が発案し，地方政府の組織及び予算により作成される。ただし，中央政府の専門家の意見を取り入れる場合が多い |
| 実施機関 | 中央政府の専門部署（国家発展改革委員会西部開発局） | 各省政府（中央政府に専門部署はない） |
| 財源 | 主に中央政府調達 | 主に地方政府調達（税金，土地譲渡収入，地方債，民間資金活用等） |
| プロジェクト関連 | 中央政府立案・実施 | 地方政府立案・実施 |
| 監督・評価 | 中央政府 | 中央政府と地方政府共同，主に地方政府 |

出所：筆者作成。

策定において，中央政府が主導して作成するのではなく，地方政府の戦略策定部門が経済発展戦略を立案し，中央政府の承認の下で推進するという新しい方式に生まれ変わっている。中央所属のシンクタンクの専門家の知識を借りるが，地方政府が積極的に立案し，発展戦略の策定に主導的な役割を果たしている。次に，地域発展戦略の実施組織について，西部大開発や東北振興のように，中央政府は「国務院西部開発弁公室」，「国務院の東北地区など旧工業基地を振興するための指導グループ弁公室」のような専門的国家機関を設置せず，地方政府の要望について中央省庁が支援する形に変化している。地域発展戦略の実施主体が地方政府になっている。多くの地域発展戦略には地方政府が規画を実施し，詳細な実施プランを作成し，組織体制を整え，関連責任を負うと明確に記している。最後に，地域発展戦略を実施するための財源は主に地方政府が調達している。地域発展戦略を支える具体的なプロジェクトの詳細について詳細に公表する地方政府は少なく，財源の実態について明確ではないが，中央政府が直接に地域発展戦略を施行するための資金を提供することは少ないと考えられる。中央政府は財政的支援，税の減免策などを集中的に提供しない代わりに，地方政府の実験的な施策を積極的に認める。法律に定めがなくても，地方の要望があれば，新たな政策を試行することができる「先行先試」（先に行い，先に試みる）策を導入している地域が

多い。

## 5 地方主体の地域発展戦略をめぐる議論

### 5.1 国家戦略なのか

　中国国内では，国務院や国家発展改革委員会の承認があれば国家戦略であると議論されている。これに対して張［2012］は，地域規画は戦略の手段にすぎず，戦略そのものに昇格できないと論じている。地域規画は地域発展の方向性を決定するが，具体的な建設プロジェクトの配置や資金の移転を意味するものではない。地域規画は中央政府に承認されても国家戦略に昇格できず，「権限」と「資金」が伴うものではないと指摘している。これに対して西部大開発，東北振興，中部崛起は国家戦略である。呉・馬［2013］は「国家戦略型地域発展規画として位置づけられるのは，国全体の戦略的な目標及び具体的な支援政策が含まれる地域発展規画のみである」とした上で，西部大開発，東北振興，中部崛起に加えて主体機能区規画も国家戦略型地域発展規画であると指摘した。劉他［2013］は国務院の承認があればすべて国家戦略であるとし，2005年の「上海浦東新区総合配套改革試験区」から2012年の「広州南沙新区発展規画」まで，計78件の国家戦略があると主張した。本稿でも109件の中央政府承認の地域戦略を取りまとめたが，これらはすべて国家戦略だろうか。

　国家戦略の条件を以下のように提示したい。①地域規画の内容は全国的に意味があり，中央政府に承認されていること。②戦略の実施は完全に地方政府に委ねられるのではなく，中央政府にはそのための専門的な常設執行組織が設置されていること。③中央政府は戦略実施のための制度化された予算を持っていること。このような条件で考えると，国家戦略といえるのは既存の西部大開発，東北振興，中部崛起であろう。西部大開発と東北振興については，国家発展改革委員会に西部開発局と東北振興局が設置されており，中部崛起については地区経済局に中部地区発展課と中部地域政策体制課が設置されている。本章で提示した109件の地方主体の地域発展戦略は，国家戦略ではなく，「全国的に意味のある地域戦略」という言い方が妥当であろう。

## 5.2　中央と地方の関係

　日本では，「国家戦略特区」のような地域振興を目標にしている政策の実施において，国と地方の役割分担は法律によって決められる。中国の場合は，地域戦略の実施は地方政府に委ねられているため，必要な政策支援を個別に中央省庁と交渉する必要がある。たとえば，地域発展戦略における「先行先試」は地方政府に与えられる優遇策とされているが，具体的に何を試みるかについては地方政府が発案し，関係の中央省庁と交渉する必要がある。戦略の実施における中央と地方の役割分担は交渉の結果に依存する側面があるといえよう。「山西省国家資源型経済転換配套改革試験全体方案」で見られるように，山西省は石炭依存の経済構造から脱却し，新産業の育成や技術力の向上を通じて資源型経済の転換を図っているが，このテーマは全国的な課題でもあり，他の資源国にとっても難題である。問題を解決するために，環境規制の強化や投融資改革など全国的な制度改革を行う必要があり，1つの省で解決できる問題ではない。中央政府は，このような全国的な課題の解決に対して国家レベルで組織的に対応する必要があると考えられる。

　また，地域開発をめぐり，中央省庁間の緊密な協力関係が見られる。「寧夏内陸開放型経済試験区規画」（寧夏回族自治区）の実施を支援するために，国家発展改革委員会は国務院の許可を得て39の中央省庁を招集し，共同で支援策を検討している。「浙江省温州市金融総合改革試験区全体方案」については，人民銀行は国家発展改革委員会，財政部，商務部，中国銀行業監督管理委員会，国家外貨管理局など8つの中央省庁と協力して改革試験の指導を行っている。一方，地域戦略の策定において，それぞれの役割分担が必ずしも明確ではないという課題が残っている。

## 5.3　地域発展戦略の制度化

　地域発展戦略の策定，実施，評価については，制度的な保障よりも，過去の慣行や個別事例に対する政府要人の判断に依存している側面があるとみられる。地域発展戦略の策定には，地方政府の積極的な働きかけ・中央政府責任者の地方視察→当該地域発展に関する国務院の意見→地域規画（全体方案も含む）の策定と承認→地方政府による実施プランの作成→地域発展戦略の実施→中央・地方政府の共同評価という流れがみられるが，これは慣行的なもので，制度的に保障され

たプロセスではない。政府要人の判断は地域発展戦略の策定に重要な影響を与えていると考えられる。また，地域発展戦略の実施も地方政府の施策に依存しており，地域によってその効果は大きく相違している。地域戦略を安定的に実施するために，地方議会に相当する地方人民代表大会によって条例が作られ，地域規画の実施を保証する事例もある[10]。孫［2009］によれば，地域発展戦略の策定・実施には公聴会を開いて地域住民の意見を反映させ，公開・透明なプロセスによって策定されることが望ましい。

　日本では，ある政策理念を持って地域振興政策を策定する場合，まず法律によってその理念，目的，モデル地域の選定方法，実施方法，税制や財政的な支援，評価方法などについて詳細に規定する。法律が議会に承認されれば実施に移される。2011年の「総合特別区域法」はその典型的な事例である。中国では，地域発展戦略をめぐる法整備の進展が遅く，制度化されたルールによって運営されておらず，地方政府による国務院承認の獲得レースが発生している。他方，こうしたプロセスは制度で保障されるものではないが，即座に実行に移せる柔軟性もあり，地方政府の積極性を十分に引き出すには，現在の地域発展戦略の策定メカニズムは一定の合理性がある。中国の地域特性は極めて多様化しており，各地が模索しながら発展戦略を策定・実施している現状では，厳格な法整備を行い，明確で統一されたルールによって運営する上で無理な面がある。地方政府のイニシアチブのもとで，地域にとって最も望ましい発展戦略を実施することが有効であろう。

## 6　本章のまとめ

　本章は中国における地域開発政策の歴史的な展開を整理したうえで，2008～2015年までの期間を地方主体の地域発展戦略の時期として区分し，その全体像，内容，特徴と課題などを検討した。70年に及ぶ中国の地域開発の歴史の中で，唯一地方政府が主体的な役割を果たす時期であり，様々な矛盾を内包しながら展開してきた。その背景には，30年以上に渡って市場経済が浸透するにつれ，各地方に異なる経済的な特徴が形成され，全国画一の開発政策で対応するには限

---

10）たとえば，湖南省人民大会常務委員会は「湖南省長株潭都市群地域規画条例」という法律を作って，同規画が継続的に実施されるよう保証している。

界があることがあげられる。独自の取り組みで地域経済を成長させたい地方政府と，全国に多様な発展モデルを形成させたい中央政府の政策インセンティブが一致し，地方主体の発展戦略が大量に作られた。これらの戦略には，地域経済の総合的発展の促進，新たな成長地域・産業の創出，制度改革の推進，後進地域の振興の4分野に分けられ，計109件に上った。国務院が短期間にこれだけ多くの地域戦略を承認したのはこれまでなかったことであり，極めて重要な展開であった。これらの発展戦略は，地方の経済的な特徴を反映しながら全国的な意味を持っており，主に地方政府の責任で実施されているものである。戦略作りをめぐる法整備の遅れや実施の度合いや効果が地方の施策に大きく依存していることなどの課題があるが，中国の実情に合う側面もあると考えられる。

　第2章以降は，地方主体の地域発展戦略の策定プロセスや実施の実態，政策の決定メカニズム，発展戦略の実施の実態，中央と地方の関係などの具体的な課題を分析し，地方の実例を取り上げながら議論を深めていきたい。また最後には，再び中央主導となった「一帯一路」を中心に2015年以降の地域戦略の動向や今後の方向性も検討する。

## 参考文献
### 日本語文献
岡本信広［2013］「胡錦濤政権における地域協調発展戦略は成功したのか？」，『ERINA REPORT』No.108, pp.23-32

加藤弘之［1997］「中国の内陸開発戦略：開発戦略の整理と今後の課題」，『國民經濟雜誌』，Vol.175(5), pp.61-77

加藤弘之［2014］「地域開発政策―新しい経済地理学の観点から」中兼和津次編『中国経済はどう変わったか―改革開放以後の経済制度と政策を評価する』早稲田現代中国研究叢書，国際書院，2014年，pp.55-83

呉昊・馬琳［2013］「中国が大量の地域発展規画を策定する要因と実施上の問題点」，『ERINA REPORT』，No.108, pp.15-22

徐一睿［2011］「中国地方政府の『都市経営』から見る土地と財政」，日本地方財政学会研究叢書18『地方財政の理論的進展と地方消費税』，pp.174-195

戴二彪［1997］「中国における地域開発戦略の推移と地域間所得格差の動向（1952-1992）」，経済論叢別冊，『調査と研究』，Vol.12, pp.27-42

張可雲［2012］「中国が頻繁に地域発展規画を策定する背景，意図及び展望」，『ERINA

REPORT』, No.103, pp.5-9
張可雲［2013］「生態文明的な地域経済協調発展戦略―その背景，内容及び政策動向―」『ERINA REPORT』, No.109, pp.5-14
張可雲・蔡之兵［2015］「グローバル化4.0，地域協調発展4.0とインダストリー4.0―『一帯一路』戦略の背景，その本質と鍵となる動力―」『ERINA REPORT』, No.127, pp.29-45
張紀潯［1993］「中国の沿辺地域発展戦略と国境地域開発―脚光を浴びる国境貿易を中心に」,『茨城大学教養部紀要』, Vol.(25), pp.101-137
張兵［2010］「『国家総合改革試験区』から見た中国の地域政策の方向性」,『山梨国際研究』, Vol.(5), pp.109-123
中兼和津次［2012］『開発経済学と現代中国』, 名古屋大学出版会, 2012年
林忠吉［2008］「中国経済発展の現況と今後の課題―開発戦略の転換と安定的均衡成長へ」,『神戸国際大学経済経営論集』, Vol.28(2), pp.33-60
筆宝康之・羅江［2002］「中国地域開発戦略の展開と近代化の功罪―三線建設・沿海戦略・西部大開発」,『経済学季報』, Vol.51(2), pp.1-76
丸山伸郎［1982］「中国の工業発展メカニズム―開発戦略転換の背景」,『アジア経済』, Vol.23(8), pp.18-39
穆尭芊［2010］「中国における産業国際競争力の変化について：雁行形態中国国内版議論の批判的検討」,『北東アジア地域研究』, No.16, pp.33-45
穆尭芊［2012a］「中国における地域発展戦略の実態と課題：『中国図們江地域協力開発規画要綱』の事例」,『ERINA REPORT』, No.103, pp.38-51
穆尭芊［2012b］「中国における不動産バブルの発生要因：地域発展戦略の視点から」,『北東アジア地域研究』, No.18, pp.73-86
陸亦群［2009］「新シルクロードの地域経済発展と『ビーズ型』開発戦略」,『日本大学経済学部経済科学研究所紀要』, Vol.(39), pp.165-180
凌星光［1988］「沿海地域発展戦略の背景と問題点」,『中国研究月報』, Vol.(486), pp.2-11

**中国語文献**

杜鷹『中国地域経済発展年鑑』, 中国財政経済出版社, 2010-2012各年版
劉雲中・候永志・蘭宗敏［2013a］「我国『戦略性』区域規画的主要特点」,『中国経済時報』, 2013年1月17日
劉雲中・候永志・蘭宗敏［2013b］「我国『戦略性』区域規画的実施効果, 存在問題和

改進建議」,『重慶理工大学学報』(社会科学), Vol.27, No.6, pp.1-5
孫雯 [2009]「論発展規画的法律規制」『南京財経大学学報』, 2009年, Vol.106, pp.58-61
肖金成 [2010]「区域規画:国家推進区域経済発展新挙措」,『中国企業報』, 2010年3月15日
許経勇 [2011]「総合配套改革試験区与経済特区有何異同」,『人民日報』, 2011年9月16日
楊龍・胡慧旋 [2012]「中国区域発展戦略的調整及対府際関係的影響」,「南開学報」(哲学社会科学版), Vol.2, pp.35-47
葉飛文 [2010]「中国総合改革試験区与総合配套改革試験区比較研究」,『総合競争力』, Vol.5, pp.17-21
王家庭・季凱文 [2008]「国家総合改革試験区与区域的経済発展」,『河南科技大学学報』(社会科学版), Vol.26, No.2, pp.69-72
王向東・劉衛東 [2012]「中国空間規画体系:現状,問題与重構」,『経済地理』, Vol.32, No.5, pp.7-15
張京祥 [2013]「国家―区域治理的尺度重構:基於『国家戦略区域規画』視角的剖析」,『城市発展研究』, Vol.20, No.5, pp.45-50
張可雲 [2005]『区域経済政策』, 商務印書館

# ■第2章■ 策定プロセスと合理的調整メカニズム

## 1　はじめに

　中国政府は2000年代後半から2010年代半ばまで、「地方主体」の地域発展戦略を頻繁に打ち出してきた。しかし、これらの発展戦略がどのように作られてきたか、そのプロセスについては、ほとんど研究されていない。地域発展戦略の策定プロセスは、以下の3点において重要な研究テーマである。まず、地域発展戦略はこの時期における中国の地域政策の中心的な存在として、地域経済の構造変化にきわめて大きな影響を持つものであり、その策定プロセスを解明しない限り、地域政策への理解は不十分だと言わざるを得ない。次に、策定プロセスの分析は、地域開発をめぐる中央と地方の関係の解明に重要な役割を果す。後述するように、「地方主体」の発展戦略は主に地方政府が主導して策定するが、中央政府の承認が必要である。地域開発をめぐり、中央と地方は立場や考え方の違いを抱えながらも妥協点を見出して協力している。第3に、策定プロセスの特徴を明らかにし、その実態と課題を指摘することにより、施行に移った後に表れる問題に対する理解を深めることができる。地域発展戦略の施行上の問題点については、これまでも多くの研究で指摘されているが、その根源を遡って探求すると、策定プロセスに辿り着く場合も多い。

　中国における経済政策の策定プロセスに関し、公開される情報は限られており、現地調査で担当者に聞いても、基本的に公知の内容[1]について説明を受けることになる。こうした中、本稿ではこうした公開情報などをベースにして、地域で現実に起きている事象などを組み合わせて、間接的に実態に迫るという手法を取っ

---

1) 現地では公知であっても他地域や国外では必ずしもそうではない内容も含む。

た。

## 2　経済政策の策定プロセスに関する既存の議論

　大西靖［2005］は景気過熱問題や人民元問題等の具体例を通じて，中国における経済政策のメカニズムを検討した。中国共産党，国務院，全国人民代表会議の役割を分析し，政策の策定にかかわるシンクタンクや有力な学者の重要性を強調した。「国務院では，総理責任制のもとで基本的にトップダウンで意思決定が行われる。巨大な総理官邸ともいえる国務院のもとに置かれた各経済官庁のなかでは，国家発展改革委員会が飛び抜けた力を有し，周小川が行長就任以降の人民銀行も急速に力をつけ発言を活発化している」と明らかにした（大西［2005］，p. ⅲ）。

　田中［2007］は中国の統治構造を考察した上で，江沢民指導部から胡錦濤指導部へ移行する過程に発生した中国経済の課題を整理し，それに対応する指導部の指導思想の変化と原因を検討した。経済政策の決定をめぐる中央省庁間の調整問題を提起し，「2002年以降景気が上昇過程に入ったと批判した財政部は，2002年5月と2004年5月に積極的な財政政策の転換を提起したが，いずれも国家発展改革委員会の反対にあい，政策を転換することができなかった」と紹介した（田中［2007］，p.466）。

　唐［2011］は，中国におけるマクロ経済政策の決定と策定プロセスの解明を試みた。結論の一つとして，「マクロ経済に関する最も重要な決定は中央経済工作会議が行っており，その政策決定はすでに制度化されている」と指摘した。また，「草案作成の過程においては，地方や研究機関，大学等から有識者も関与していることが大きな特徴と言える」[2]と述べた。

　以上3件の研究は，経済政策の策定プロセスを理解するうえで重要な論点を提起しているが，マクロ政策の策定を中心に研究しており，地域発展戦略について詳しく分析を行わなかった。また，中央省庁の策定・調整機能を検討したが，地方政府の役割は詳しく考察しなかった。

---

　2）アジア経済研究所ウェブサイトより，http://www.ide.go.jp/Japanese/Publish/Download/Report/2008_01_01.html（2018年11月13日確認）。

地域政策に関して，沙［2012］では，国家発展改革委員会地区経済局の範恒山局長がインタビューに答え，地域発展戦略の策定には国家の意志と地方の経済発展の実態の両方を重視しなければならないと指摘した。地域により異なる内容の発展戦略があり，「1地域1戦略」を目指すべきだと強調した。

汪［2012］は，地域発展戦略と当該地域の土地利用規画や環境保護規画との間に内容上の不整合があり，施行に移った時に問題が生じることもしばしばあると明らかにした。また，地域発展戦略の策定及び承認に関する明確なルールはなく，地方政府の責任者の判断に依拠している側面があると言及した。

笪［2013］は地域発展戦略の件数の増加，重要性の増大及び実施効果の拡大に伴い，策定プロセスの公開，透明性の確保及び科学的・民主的・効率的な政策決定が求められていることを指摘した。政府のほか，発展戦略の策定に参加する研究者・企業・市民・マスコミの役割はますます重要となり，専門性も向上している。今後，民間・独立系シンクタンクの役割を強化する必要がある。

以上3件の研究は，地域発展戦略に特化して分析し，貴重な議論を行った。しかし，策定プロセスに関する詳細な検討は不足しており，その特徴や課題についてより深く掘り下げる余地が残されていると考えられる。また，これらの研究は，地方と中央の関係の分析に至っていないという課題もある。

## 3　地域発展戦略の策定プロセス

中国における経済政策の策定と同様に，地域発展戦略の策定プロセスについても公開されている情報は少ない。政策決定過程には様々な要素が複雑に絡み合っているほか，地域によって策定プロセスが異なることも十分想定されうる。一部の新聞報道では，中央政府に承認された地域発展戦略の宣伝としてその誕生過程を記したものがある。また，現地調査でも，それぞれの地域に関する発展戦略に関し，同様の情報を得ることができる。こうして得られた知見を整理することにより，以下のとおり策定プロセスの基本パターンをまとめることができよう。

まず，省レベルの地方政府は地域発展戦略を作る際に，一般に北京や上海などの大都市にある国レベルの政府系政策研究機関や有名な大学（以下，シンクタンクと総称）に作成の業務を委託する。省レベルの地域発展戦略は当該省の長期的な政策指針となるため，省政府は多額な予算を付けて，信頼できるシンクタンク

に依頼することが一般的である。次に，シンクタンクは担当責任者を決め，所属の研究者を集めてプロジェクトチームを作るとみられる。地域発展戦略は包括的な内容から構成されているため，プロジェクトチームの構成員も空間経済，産業，物流，エネルギー，環境，地域間協力，国際経済等各分野の専門家をそろえる必要がある。第3に，プロジェクトチームは現地調査に入り，現地政府の関係部署や有力企業の責任者に対して聞き取りを行う。現地調査は現地政府の強い支持の下で行われるため，概ねスムーズに実施される。意見聴取のほか，資料収集や実地踏査も行う。地元の人々の意見や地域の経済的特性等はこの段階で整理される。第4に，現地調査が終わると，各専門分野の担当者は聞き取り調査の結果や収集した資料等に基づき，担当部分の内容の執筆に入る。各担当者は背景分析や課題の整理など多くの資料を取りまとめると考えられるが，最終的に地域発展戦略の本文に入るのは結論ともいうべき政策のみである。第5に，プロジェクトチームは検討会議を開き，各担当者がそれぞれの担当内容について議論を行う。こうした会議は策定の進捗に応じて数回繰り返される。地域発展戦略の全体の構成から各分野の政策まで徹底的に議論される。さらに，必要に応じて現地調査を複数回行うこともある。このように修正を繰り返し，地域発展戦略の原案が作られる。第6に，原案は地方政府に提出され，地方政府の意見を聴取し，修正を行うことになる。現地政府は自身で判断するほか，専門家による第三者評価チームを組織して原案の審査を行う場合もある。ここでは，地方政府の責任者の意見が原案の内容に大きな影響を与える。修正を繰り返した後，審査に合格した原案は地方政府に納品される。第7に，地方政府は地域発展戦略の原案を中央政府に提出し，承認の申請を行う。中央政府は全国的な視点から同発展戦略の原案を審査し，地方政府に修正を求めることがある。こうして最終的に，中央政府承認の地域発展戦略が誕生する。以上は基本的な策定プロセスだが，すべての地域発展戦略の策定にあてはまるものではない。例えば，地方政府が一つのシンクタンクではなく，複数の機関に協力させて作成する場合もある。また，北京のシンクタンクが受注した業務の一部を地方のシンクタンクに再委託する場合もある。

　このプロセスから見えるのは，いうまでもなく地域発展戦略の策定における地方政府の主導的な役割である。地方政府の策定予算，依頼先選定，調査発注，現地調査協力，修正，評価などがなければ，地域発展戦略の策定はありえない。地方政府はシンクタンクに指示し，地域発展戦略の内容を決めることができる。中

央政府は全国的な視点から，発展戦略の方向性に対して修正を求めることができるが，地域の特徴に基づく地方政府の基本的な政策を尊重している。発展戦略の施行段階では，地方政府が政策の重点分野を決められることも留意すべきである。また，地域発展戦略に書かれる中央政府の支援策は指針的なもので，それを具体化するために，地方政府は再び個別に中央省庁と交渉する必要がある。どこまで支援してもらえるかは，地方政府の交渉力に大きく依存している。

地域社会とのかかわりの面で，筥［2013］は，地域発展戦略の策定における地方政府，研究者，企業，マスコミの役割を詳しく検討した。より多様な参加者が関与し，制度的に保障されたプロセスにより民主的に進められ，独立系シンクタンクの役割も一層重要視されると指摘した。筆者が注目しているのは地方人民代表大会の役割である。例えば，都市計画に関しては「中華人民共和国城郷規画法」[3]があり，地方の都市計画は地方人民代表大会の承認を得る必要があると規定されているが，地域発展戦略に関してはそのような法律は存在しておらず，地方人民代表大会の承認がなくても施行可能になっている。地域発展戦略は，都市計画と異なり私権制限を伴う拘束性を持つものではなく，地方政府の施政方針の一部として理解されているからであろう。しかし，発展戦略の施行には莫大な資金を要するため，その合理性や透明性を保証するために地方人民代表大会の承認はあるべきであろう。また，長期戦略であるため，地方政府の責任者が交代しても持続的・効果的に施行されるように，地方人民代表大会が承認した法律という形で定めておく必要があると思われる。地域発展戦略に関連する法整備は遅れており，人民代表大会の役割を強化する必要があると考える。

## 4　策定プロセスの特徴

### 4.1　受注競争における「限られた市場原理」

筆者は策定業務の委託先の選定にあたり「限られた市場原理」が機能していると考えている。「市場原理」とは，シンクタンクの中に質の高い地域発展戦略の原案が作成でき，良い評判を得ているものが複数出てきて，競争が行われていることを指している。優秀な研究員を数多く有している，研究体制がしっかりして

---

3）2007年10月28日第10回全国人民代表大会常務委員会第30次会議承認。

いる，真剣で責任のある姿勢で現地調査に臨んでいる，実効性の高い政策提言を行っている，といったシンクタンクは多くの地域発展戦略の作成を受注している。また，地方政府は複数のシンクタンクに競争させることができる環境にある。数多くの中央省庁傘下のシンクタンクのほか，著名な大学も多数存在している。最後に，シンクタンクは報酬の少ないプロジェクトについて受注しないこともできる。例えば，省や省都を除く地級市レベル以下の都市は，財政力が比較的弱いため，国レベルのシンクタンクに依頼することは難しいとみられる。

「限られた」とは，受注競争には市場原理以外の要素が多く入っており，すべて市場の力で動いているわけではないことを指している。まず，地方政府は，地域発展戦略を中央政府に承認してもらうためには，中央省庁傘下のシンクタンクに作ってもらう方が得策だと考えがちだ。中央省庁傘下のシンクタンクは中央政府に様々な人的ネットワークを持つからである。次に，地方政府の責任者の意向が委託先の決定に大きな影響を与えるため，個人的な人間関係や利権等の非市場的な要素が介在することも考えられる。地方政府は地域発展戦略を宣伝するために，地域発展戦略の内容より作成メンバーの顔ぶれに価値を見出し，有名な機関や学者に依頼する傾向がある。しかし，有名な機関や学者は多忙で，特定の地域発展戦略の作成のために費やすことができる人員や時間が少ない。日本で「金太郎あめ」と揶揄される計画が多数策定されたのと同様に，緻密に調査せず，ほかの発展戦略の内容を適当に組み合わせて作るケースも十分想定される。

### 4.2　策定主体の「分層構造」

地域発展戦略の作成には「分層構造」が形成されている。まず，省・省都レベル（一級行政単位）の発展戦略は，主に国レベルのシンクタンクが作成する。策定メンバーには全国的に有名な学者の名前が並び，受託金額は多額である。次に，地級市レベル（二級行政単位）の発展戦略は，主に省レベルのシンクタンクが作成する。策定メンバーは省レベルの社会科学院や省内大学の研究者から構成され，受託金額は前者より少ない。最後に，県レベル（三級行政単位）の発展戦略は，主に地級市レベルのシンクタンクが作成する。市レベルの社会科学院等が担当し，受託金額は低い。県レベルの地方政府も，予算が多ければ，省レベルや国レベルのシンクタンクに作成してもらうことは可能である。このような分層構造が形成された理由として，前述の「限られた市場原理」でも言及したが，下級地方政府

の財政規模の制約，策定機関（例えば国レベルのシンクタンク）と承認機関（例えば中央政府）との人的ネットワークへの期待が挙げられる。

「分層構造」の形成は，地方シンクタンクの成長にマイナスの影響を与えるに違いない。例えば，省レベルのシンクタンクは当該省の経済状況を，国レベルのシンクタンクよりも的確に把握しているにもかかわらず，省政府が地域発展戦略の策定業務を国レベルのシンクタンクに委託しているため，その下請けに甘んじざるを得ない。経験の蓄積や人的ネットワーク形成が阻害されることで，分層構造は固定化する。地域発展戦略の策定の受注をめぐる地方シンクタンクの立場は厳しくなっている。

### 4.3 策定プロセスの未制度化

地域発展戦略の策定プロセスは制度化されたものではなく，いくつかの重要な点で地方政府の責任者による判断に依存している。まず，地域発展戦略は中央政府の承認を申請する必要があるかどうかという基本問題自体を，地方政府の判断に任せている。中央政府が承認すると様々なメリットを得る可能性が広がるが，必ず承認を得なければならないという決まりはない。中央の承認を申請せず，省政府独自の地域発展戦略として策定・施行されるものも多くある。次に，前述のように，地域発展戦略は，地方の立法機関である地方人民代表大会の承認が必要かどうかも定められていない。地域発展戦略の策定をめぐる法整備は遅れている。次に，策定機関に関する資格認定の基準もない。地方政府の受注さえ取れば，どの機関でも策定できる。収益を獲得するために，本来の研究方針や研究業務と関係のないプロジェクトも受託するシンクタンクがある。地域発展戦略の策定機関は人員の規模，業務の質，専門分野の研究蓄積等において大きな格差が生じている。また，地方政府には策定業務の発注プロセス，調査方法，資金管理，評価方法等について明文化されたルールはなく，担当部署は幹部の意向を受けて臨機応変に対応している。策定手法も標準化されておらず，シンクタンクによって異なる方法で原案が作られる。近年，地域政策の策定をめぐる基準化・ルール化は徐々に進展しているが，大きく改善することが求められる。

### 4.4 シンクタンクの学術上の独自性

地方政府が戦略策定業務を外部に委託するのは，高い専門性を期待してのこと

である。その意味で，シンクタンクは，特に学術上の独自性[4]において比較優位を持つと言える。ところが現実には，一部のシンクタンクは質の高い調査を行っているが，全体から見れば，シンクタンクの学術上の独自性の発揮という点には大きな疑問が残る。まず，地域発展戦略の策定の受注は，シンクタンクにとって大きな経済的刺激であるため，短期間で多くの発展戦略を作ろうとの誘因が働く。専門性の低いシンクタンクには発展戦略の客観的妥当性を重視せず，数多く受注することを目指しているものも少なくない。このようなシンクタンクには，十分な人員や時間をかけて緻密な調査を行い，実効性の高い政策提言ができるとは考えにくい。次に，地域発展戦略は地方政府の責任者の意向を強く反映しており，シンクタンクとしてそれに反する意見を提示するのは難しい。地方政府の責任者が交代し，後任者が前任者とまったく異なる意見を持つ場合は，シンクタンクの独自性はさらに保ちにくい。また，中央政府の承認を得るために，地域発展戦略の策定には地域の特色を強調しなければならない。その特色が本当に地域経済の実態を的確に反映しているか，特色を生かすための政策を実施しても地域経済があまり発展しない場合はどうするかについて，しっかり考える必要がある。いずれにしても，シンクタンクは金銭に対する執着，地方政府責任者の意向と中央政府の目線から脱し，真の意味で客観性と実行性の高い地域発展戦略を作成する努力が必要である。また，策定支援の技能集団としてのコンサルタント業の発展を促すことも求められよう。

　以上4つの特徴は，互いに無関係ではない。限られた市場原理だからこそ，分層構造ができており，策定プロセスの未制度化もシンクタンクの独自性の問題に深く関わっている。また，このような特徴は，地域発展戦略の実施の安定性やその徹底及び効果に深くかかわっていると考えられる。一言でまとめると，中国における地域発展戦略の策定は，一部市場原理が働いているものの，策定主体において分層構造が形成されている。ソフトインフラとしてのルール作りや法整備が進まず，シンクタンクの独自性が疑問視されるという状況である。地域発展戦略の客観性を保つには，策定プロセスの制度化を図ることは重要であり，そのことが地域発展戦略の予見性，効率性と政策実効性の向上にも寄与する。

---

4）ここでは，「学術」という用語を，真理を探究する研究活動としてではなく，最先端の研究成果を含む学問的基礎に基づく政策検討活動として用いる。

一方，地方政府の役割を最大限に生かすことができる点において，地域戦略の策定プロセスは現段階の中国地域経済の実態に即している面もあると考える。中国の改革開放の原動力は地方にあり，地方政府の大胆な試みと果敢な施策は中国全体の政策転換に強い影響を及ぼしている。また，各地方の経済事情は大きく相違しており，中央政府が画一的な政策を施行することは困難であるため，地方政府の役割を強化しなければならない側面もある。

## 5 政策の決定―合理的調整メカニズム

地域発展戦略の策定プロセスとその特徴への分析から，中国における政策決定には「合理的調整メカニズム」が存在していると考える。合理的調整メカニズムとは，政策の決定にかかわる様々な参加主体が，多層的な利害関係及び目まぐるしい情勢に対応しながら，自身の受益最大化や価値観の維持を図るために行動し，複数の参加主体による実務的な調整が行われた結果，政策の方向性が全体として合理的に決定されることである。

合理的調整メカニズムにはいくつかの要件がある。まず，複数の参加主体があり，ある種の競争・共存関係が存在している。地域発展戦略の決定には，地方政府，国務院，シンクタンク，地域住民，開発業者，地域の有力企業，マスコミなど様々な形で関係する参加主体があり，地方政府の中でも複数の参加者が存在する場合がある。これらの参加主体は互いに依存し，共生関係にあるが，競合する側面もみられる。次に，参加主体が置かれる環境として多層的な利害関係と変わりやすい情勢があげられる。多層的な利害関係は経済的な利益のみならず，政治，社会などの面においても複雑に絡み合い，重層的な関係になっている。変わりやすい情勢には参加主体の構成と力関係，社会の注目点，国際政治経済の影響，中央政府の政策などにおける様々な変化が含まれる。第3に，参加主体の目的として自身の受益最大化と価値観の維持があげられるが，受益は経済的な利益のみならず，政治，社会的な利益も含まれているほか，譲歩の対価として当該政策以外の分野において他の参加主体から受益する場合も含まれる。短期的な受益に加えて長期的なバランスも重要視している。また，参加主体は地域経済の発展，住民利益の確保，中央政策の実行，環境の保護，国際化への対応などにおける使命感と価値観を持って行動する性格を持っている。第4に，調整の方式として，地方

政府や国務院などのような比較的大きな役割を果たす調整者が存在し，特定の欧米発の経済理論や思想に頼ることなく，極めて実務的で問題解決型の調整が行われている。第5に，調整の結果として，全体では合理的な政策方向が決定されるが，一部では不利益を受ける場合がある。バランスの良い政策決定には参加主体による調整の知恵が含まれている。また，短期のみならず，長期的視点からみても正しい政策の決定を行うことが求められる。

合理的調整メカニズムは，地域発展戦略のみならず，他の政策決定を観察する際にもみられることであり，中国経済の変化と政策の方向性を理解するうえで一つの視点を提供していると考える。確かに多くの政策決定には参加主体と相互の利害関係が明確ではなく，外部のみならず一部の参加主体も全体の流れを把握しきれないような，分かりにくい面がある。また，目まぐるしい国内外の情勢及びそれに関連する参加主体の対応変化も、政策決定の流れの把握を困難にしている。しかし，政策の決定には必ずそれなりの理由があり，調整に深くかかわる参加主体にとってはその流れは明確なものである。また，加藤［2016］が主張した「曖昧さ」が「柔軟さ」として理解できるであれば[5]，その「柔軟さ」の背後には参加主体の極めて明確な計算があり，多層的な利害関係と目まぐるしい情勢において自身の受益最大化または損害最小化を図るために，「曖昧」ではなく合理的に行動している。すなわち，「曖昧」の背後には明確な理由がある。ここで重要なのは，参加主体が理解する受益は経済利益よりはるかに広いものであり，短期的なものより長期的なものである。また，調整の結果として，その時点では全体として合理的なものになることも重要である。合理的調整メカニズムは，これまで述べてきた策定プロセスの4つの特徴と深くかかわっている。中国経済の成長とグローバル化の浸透により，参加主体は経済的な合理性を追及し，伝統的な社会関係より市場的な要素はますます重要になっている。

---

5）加藤［2016］は中国経済の特質として「曖昧な制度」を提起しており，その定義は「高い不確実性に対処するため，リスクの分散化をはかりつつ，個人の活動の自由度を最大限に高め，その利得を最大化するように設定された中国独自のルール，予想，規範，組織」というものである。また，「『曖昧さ』は柔軟さやしたたかさの裏返しでもある」とも述べている（加藤［2016］，p.30より）。

## 6 本章のまとめ

　本章は，中国における地域発展戦略の策定プロセスに焦点を当てて，その特徴と課題を検討した。中国政府が次々に「地方主体」の地域発展戦略を打ち出し，それが地域政策の中心となっている現状において，地域発展戦略の策定プロセスの研究は重要である。

　本章の結論は以下のとおりである。地域発展戦略の策定において，地方政府は中心的な役割を果たしている。シンクタンク（政府系研究機関や大学）は地方政府から策定業務の委託を受けている。地域発展戦略は，調査プロジェクトチームの形成，現地調査，原案作成，地方政府との検討・修正，中央政府への原案提出・承認等の段階を経て生まれる。地域発展戦略の方向性について，地方政府の意向は極めて重要である。策定プロセスの特徴として，限られた市場原理，策定主体の分層構造，策定プロセスの未制度化とシンクタンクの独自性の不足等の課題が見られた。また，中国における地域政策の決定には，「合理的調整メカニズム」が機能していると考えられる。

　これらの課題は，地域発展戦略の策定分野に特有の問題ではなく，中国全体の発展段階を反映しているものとしてほかの分野でも見られている。例えば，制度化のあり方など，必ずしも全て法制化すればよいとも限らない。日本でも，地方議会の関与は間接的であるとみられる。上述の諸課題は，今後，社会のニーズ及び経済構造の変化により徐々に克服されるものであろうが，まず問題の所在をはっきり認識する必要がある。

　中国の地域発展戦略の策定は今後どのような方向に進むのか？　短期的には，日本のような法律によって完全に制度化する方向に進むとは思えない。現実問題として，地方政府の責任者が地域発展戦略の策定を中央に昇進するための業績として取り組んでいる側面があることや中央省庁の出先機関に対する地方政府の影響力が強いことの影響は大きい。地域発展戦略の策定は，地方政府の役割を最大限に生かすことができる点において，中国の地域経済の実態に即している面もある。その上で，中央政府には，実効性と効率性を兼ね備えた戦略策定を可能とする法制度整備，市場原理に基づく透明性の高いルールづくり，独立した職能集団としての民間コンサルタントの育成などが求められよう。

　本章に残された課題として，事例分析の不足を認めざるを得ない。具体的な事

例を検討すれば，策定プロセスの実態と課題をより明確にすることができる。しかし，このテーマにおいては，個別の事例を記述することには諸般の困難も予想される。個別の事例から一般化した議論を展開するため，今後より一層の工夫が必要と考える。日本や欧米諸国の策定プロセスとの比較検討も必要であろう。

**参考文献**
**日本語文献**
大西隆他［2004］『都市を構想する』鹿島出版会
大西靖［2005］『中国における経済政策決定メカニズム―景気過熱，金融改革，人民元はどうなるのか』社団法人金融財政事情研究会
加藤弘之［2016］『中国経済学入門―「曖昧な制度」はいかに機能しているか』名古屋大学出版会
呉昊・馬琳［2013］「中国が大量の地域発展規画を策定する要因と実施上の問題点」『ERINA REPORT』No.109, pp.15-22
筐志剛［2013］「中国における地域発展戦略の策定プロセス：黒龍江省の事例」『ERINA REPORT』No.109, pp.33-40
田中修［2007］『検証 現代中国の経済政策決定』日本経済新聞出版社
張可雲［2012］「中国が頻繁に地域発展規画を策定する背景，意図及び展望」『ERINA REPORT』No.103, pp.5-9
唐成［2011］「中国におけるマクロ経済政策の決定メカニズムに関する研究」佐々木智弘編『中国「調和社会」構築の現段階』アジ研選書 No.24
日本まちづくり協会［2001］『地域計画（第2版）』森北出版
穆尭芊［2012a］「中国における地域発展戦略の実態と課題：『中国図們江地域協力開発規画要綱』の事例」『ERINA REPORT』No.103, pp.38-51
穆尭芊［2012b］「中国における不動産バブルの発生要因：地域発展戦略の視点から」『北東アジア地域研究』No.18, pp.73-86

**中国語文献**
沙磊［2012］「制定区域政策要立足各地実際―訪国家発改委地区経済司司長範恒山」『経済』No.11, pp.18-20
汪陽紅［2012］「優化国土空間開発格局的体制機制研究」『経済研究参考』No.49, pp.21-34

# ■第3章■ 中央と地方の関係──国境隣接地域を中心に

## 1 はじめに

　本章は，国境隣接地域を中心に，地方主体の発展戦略における中央と地方の関係を考察する。広大で多様な国土を持つ中国において，地域開発における中央と地方の関係は常に重要な課題であり，2008年以降の地方主体の発展戦略の段階では，両者の関係は複雑でダイナミックな変化を呈してきた。内陸国境に立地している地域は，国境貿易や外国直接投資によって地域経済を発展させる願望があり，その取り組みは国レベルの外交方針と深くかかわっている。中央政府は隣国との関係を築くために国境地域における越境経済活動を活発化させ，法律や外交方針に従って有効にコントロールする必要がある。内陸国境地域における発展戦略の策定と実施は，地域開発における中央と地方の関係を集中的反映している分野であり，詳しく検討する必要がある。

　2008年1月，国務院は「広西北部湾経済区発展規画」を承認し，以降2015年3月までに計109件の地域発展戦略を承認した。これらの地域発展戦略は地方政府が積極的に策定し，中央政府の承認を経て地方のイニシアチブで実施され，地方による斬新な政策実験も盛んに行われている。こうした状況の中で，経済発展に後れを取っている内陸国境地域は，地理的優位を生かした隣接国との経済連携を打ち出し，中央政府の視線を引きつけながら地域発展戦略を実施している。常に中央の目が注がれ，その意図を反映しやすい沿海部の大都市に比べて，内陸国境地域は地域発展戦略に対する中央の支援を渇望している。中央政府は国境地域の発展や民族地域の安定などを図るために，こうした取り組みを支持し，中国の対外戦略の変化にともない，重視するようになった。その背景には，近年の中国の国際影響力の増強に伴い，中国を取り巻く国際環境が大きく変化している現状が

ある。このため，中国政府は「以隣為善・以隣為伴」（隣国と善をなし，隣国を伴となす）の外交方針を打ち出し，「睦隣・安隣・富隣」（隣国との親睦，隣国の安定，隣国を富ませる）に努めると表明している。2015年に「一帯一路」構想の具体的な政策が打ち出されてから，内陸国境地域の経済発展と国際連携がますます重要な課題となっている。

本章は，このような国境隣接地域における地域発展戦略をめぐる中央と地方の関係を考察し，その実態と問題を整理したい。第2節では先行研究をサーベイし，本章の研究目的を明確にする。第3節では国境隣接地域の地域発展戦略の展開の背景，策定状況と具体的な内容を整理する。第4節では中国全体の国境隣接地域の発展戦略の形成について考察する。第5節では中央と地方の補完関係と不整合の側面を分析する。第6節は本章を取りまとめ，残された課題に言及する。

## 2　国境隣接地域の経済開発に関する既存の議論

国境隣接地域は，遼寧省，吉林省，黒龍江省，内モンゴル自治区，甘粛省，新疆ウイグル自治区，チベット自治区，雲南省，広西チワン族自治区の9省を指す。国境隣接地域の発展戦略に関する研究については，個別の地域を取り上げ，特定の国（地域）との経済・貿易関係を考察する研究が多い。たとえば，郭［2011］は黒龍江省の経済発展と対外開放戦略を考察し，ハルビン市・大慶市・チチハル市などの省内大都市中心の「綏芬河〜満洲里経済地域」と，牡丹江市・ジャムス市・黒河市などの国境都市を中心とする「国境地域開放」の両方を重視する必要があると指摘した。満［2012］は東北地域における対北朝鮮政策を分析し，北朝鮮側の投資環境の未整備，不安定な国際情勢，地域開発をめぐる中朝間の国家レベルの協力メカニズムの欠如などの課題を指摘した[1]。これらの研究は，国境地域特有の興味深い論点を提示しているが，分析地域が一部であり，国家間の問題の議論にとどまっている。張［2014］は，沿海地域における海洋進出・海洋関連経済の推進戦略について考察したが，内陸国境地域の発展戦略を対象とした分析ではない。

国境地域を対象とする研究は以下のようなものがある。湯［1991］は，沿海地

---

1）ほかに岩下［2005］，西口・西澤編［2014］なども挙げられる。

域に比べて内陸国境地域の改革開放は後れを取っていることを指摘し，国境貿易の拡大や全面的な開放戦略の実施など，国境地域における対外開放の強化の必要性を強調した。麻薬取引・密輸・治安・民族・宗教などの面において厳しく管理する必要もあり，国境地域の経済発展の難しさを指摘した。龍［1995］は，内陸国境地域における経済発展と隣接国との貿易拡大の重要な意味を強調した。国境貿易は国境地域の経済振興のみならず，国際分業に参加する重要な手段でもあると指摘した。また，中国と北東アジア・中央アジア・南アジア・東南アジアの経済状況を分析し，こうした周辺国との経済協力の可能性を考察した。内陸国境地域の経済発展戦略は，中央政府・国境隣接地域・非国境隣接地域が共同で推進する必要があると強調した。ほかに国境貿易に関する研究は張［1993］も挙げられる。こうした研究は国境貿易に特化して分析しており，国境地域の経済発展戦略に関するものではなく，中央と地方の関係についての分析に至っていない。

　その中で，張・李［2012］は国境地域における中央と地方政府の関係を詳細に議論した研究である。まず，市場経済の発展が後れているため，内陸国境地域の対外開放における地方政府の役割は沿海地域よりも大きいとした上で，地方と中央の利益調整に矛盾が存在していると指摘する。具体的には，①経済発展を重視する地方と外交問題を重視する中央，②インフラ整備で国家支援を求める地方と地域間バランスを重視する中央，③経済発展の質より量を求める地方と産業構造の改善や国際連携の質を重視する中央，④財政収入の拡大・雇用の創出を重視する地方と環境保護を重視する中央というように，中央と地方の方向性の違いを明確にする。さらに，地方政府のトップは，国内では昇進レースに勝つためにほかの地域トップと競争関係にある一方，国外では隣接国の地方政府と協力関係にあるというように，対外開放をめぐっては国家間より国内における中央・地方間問題が大きいことを示唆しており，さらに詳細な分析が必要である。

　本章では，張・李［2012］の論点をベースにし，地域戦略をめぐる中央・地方関係の実態と問題点を地域開発政策の視点からより深く検討する。まず，内陸国境地域における地域発展戦略の背景を整理した上で，その策定状況と内容を吟味する。

## 3 国境隣接地域の地域発展戦略の展開

### 3.1 展開の背景

　中央政府は2000年代の初頭に西部大開発や東北振興策を打ち出し，沿海地域との格差が広がっていた内陸地域の振興に乗り出した。国境隣接地域の9省はその中に入っており，中央政府の主導の下で交通インフラ建設，国有企業改革，市場経済の浸透促進などの施策が行われた。このような政策は，省都をはじめ省内の大都市に重点が置かれており，経済の規模からみて重要性の低い国境地域に対する積極的な投資は行われなかった。一部の施策として国境における通関ポイントの整備や開発区の建設などがあったが，地域開発の方向性は国内経済の振興にあり，国際連携を重点的に進めることではなかった。

　しかし，2000年代の後半になると状況が大きく変わった。まず，地方主体の発展戦略では，国境は遠くて親しみがない存在ではなく，一転して地域の特色を反映するホットなキーワードとなった。たとえば，中国とロシアの経済関係といえば黒龍江省の役割が重要であるというように，地方政府は国境を積極的に利用して発展戦略を立案し，中央政府の承認を得て，主に地方政府の力で実施するようになった。中央政府からみると，地方の取り組みは国家間の関係の進展に寄与する面があるため，地方の特色として積極的に認め，支援している。この時期に，中国の経済成長により国際的なプレゼンスが向上し，中国を取り巻く国際環境の変化により，周辺国外交が重要な政策分野になったことも大きな背景の一つである。

　国境地域の地方政府が積極的に地域発展戦略を策定する背景には，地域経済の厳しい現実がある。内陸国境地域は高原・山地・ゴビ・砂漠・寒冷地など自然条件の厳しい地帯に立地する地方が多く，人間活動が相対的に希薄であるほか，交通インフラの整備も容易ではない。過去，ベトナム戦争・中ソ関係の悪化などで見られたように，国境地域における国際間の緊張関係が長く続き，経済発展より政治的・軍事的な安定が主要な政策目標であった。その後，中国を取り巻く国際環境が安定し，改革開放政策が実行されるようになるが，内陸国境地域は沿海地域と比べて後れを取り，市場経済の浸透は進んでおらず，格差は拡大した。地域経済の持続的成長を支える民間企業の発展・地場産業の振興・資源依存の脱却・技術力の強化などにおいて課題は山積している。また，隣接する相手の地域には

先進国がないほか，途上国・新興国の中でも発展が後れている地域に属しており，国際協力を行う経済的基盤が弱い。こうした状況の中で，内陸国境地域は地方主導による発展戦略の策定に積極的に取り組み，中央政府の支援を獲得しながら地域の経済的特徴を生かした経済政策を実施する必要があった。

## 3.2 策定の状況

　表3-1は内陸国境地域における発展戦略を示している。上段は省レベル，下段は市・県レベルである。チベット自治区・甘粛省を除くすべての国境隣接地域に中央政府承認の地域発展戦略が存在している。特定の国との経済協力において，全国から見て当該地域の発展戦略が重要な役割を果たしていることがわかる。承認元はほとんど国務院であるが，「雲南橋頭堡滇中産業集中区発展規画」だけは発展改革委員会，工業・情報化部，国土資源部，住宅・都市農村建設部，商務部による共同承認である。

　地域別で具体的に見てみよう。「広西北部湾経済区発展規画」の対象である広西チワン族自治区は，北海市・防城港市などの港湾都市に加えて，ベトナムとの国境貿易拠点を生かして東南アジアとの経済協力を推進している。「雲南省を西南開放の重要な橋頭堡として建設を加速させることを支持することに関する意見」の対象である雲南省は，東南アジアに加えてインド・バングラデシュを中心とする南アジアとの経済連携を進めている。「天山―北坡経済帯発展規画」の対象である新疆ウイグル自治区は，カザフスタン・キルギスなどの中央アジア諸国との国際協力に加えて西ヨーロッパまで視野を広めている。内モンゴル自治区には「呼包銀楡経済区発展規画」があり，モンゴル・ロシアとの経済協力を通じて北方に向けて開放する重要な玄関口を目指している。黒龍江省はロシアとの国境線を利用し，「黒龍江と内モンゴル東北部地域国境地域開発開放規画」によりロシアとの国際連携を推進し，その中には内モンゴル自治区のフルンボイル市も含まれている。「中国図們江地域協力開発規画要綱」の対象である吉林省は，北朝鮮・ロシア・日本・韓国などを含む北東アジアとの連携を促進している。「遼寧沿海経済帯発展規画」の対象である遼寧省は，丹東市を拠点にして北朝鮮との国境貿易・インフラ整備などを行っている。このような省レベルのほかに，雲南省，内モンゴル自治区，吉林省，新疆ウイグル自治区，黒龍江省において，国境地域にある市・県を中心に地方都市レベルの地域発展戦略も承認されている。これら

表3-1　国境隣接地域の地域発展戦略の承認状況

| 省レベル | 国境線 | 隣接国 | 地域戦略名 | 承認年月 | 戦略の位置づけ |
|---|---|---|---|---|---|
| 広西チワン族自治区 | 1020キロ | ベトナム | 広西北部湾経済区発展規画 | 2008年1月 | 東南アジアとの協力による自由貿易地域の発展 |
| 雲南省 | 4060キロ | ミャンマー・ラオス・ベトナム | 雲南省を西南開放の重要な橋頭堡として建設を加速させることを支持することに関する意見 | 2011年5月 | 西南開放の門戸 |
| 新疆ウイグル自治区 | 5600キロ | モンゴル・ロシア・カザフスタン・キルギスタン・タジキスタン・アフガニスタン・パキスタン・インド | 天山－北坡経済帯発展規画 | 2012年11月 | 対外開放, 輸出加工基地 |
| 内モンゴル自治区 | 4200キロ | モンゴル・ロシア | 黒龍江と内モンゴル東北部地域国境地域開発開放規画 | 2013年8月 | ロシアと北東アジアに向けた開放 |
| | | | 中国東北地区が北東アジア地域に向けて開放する規画要綱 | 2012年7月 | 北東アジアに向けた開放, 海外進出と海外企業誘致による現代産業基地形成 |
| | | | 呼包銀楡経済区発展規画 | 2012年10月 | 北への開放の重要な玄関口, エネルギー基地 |
| 黒龍江省 | 3045キロ | ロシア | 中国東北地区が北東アジア地域に向けて開放する規画要綱 | 2012年7月 | 北東アジアに向けた開放, 海外進出と海外企業誘致による現代産業基地形成 |
| | | | 黒龍江と内モンゴル東北部地域国境地域開発開放規画 | 2013年8月 | ロシアと北東アジアに向けた開放 |
| 吉林省 | 1384.5キロ | ロシア・北朝鮮 | 中国図們江地域協力開発規画要綱 | 2009年8月 | 内陸国境地域の開発開放の重要な拠点, 北東アジアに向けての玄関口, 北東アジア経済技術協力のプラットフォーム |
| | | | 中国東北地区が北東アジア地域に向けて開放する規画要綱 | 2012年7月 | 北東アジアに向けた開放, 海外進出と海外企業誘致による現代産業基地形成 |
| 遼寧省 | 200キロ | 北朝鮮 | 遼寧沿海経済帯発展規画 | 2009年7月 | 対外開放のプラットホーム, 国際水運センター |
| | | | 中国東北地区が北東アジア地域に向けて開放する規画要綱 | 2012年7月 | 北東アジアに向けた開放, 海外進出と海外企業誘致による現代産業基地形成 |
| 寧夏回族自治区 | 0キロ | アラブ諸国（交流対象国） | 寧夏内陸開放型経済試験区規画 | 2012年9月 | 西方にむけた戦略の成長地点, イスラム・ムスリム関係の産業集中区 |
| | | | 呼包銀楡経済区発展規画 | 2012年10月 | 北への開放の重要な門戸, エネルギー基地 |

第3章　中央と地方の関係―国境隣接地域を中心に

| 市・県レベル | 国境線 | 隣接国 | 地域戦略名 | 承認年月 | 戦略の位置づけ |
|---|---|---|---|---|---|
| 黒龍江省撫遠県 | - | ロシア | 黒瞎子島保護・開放開発問題に関する返答 | 2009年5月 | ロシアとの国境開放・生態保護・ビジネス・観光等での協力 |
| 新疆ウイグル自治区カシュガル市，イリカザフ自治州コルガス（霍城）県カシュガル経済開発区（新疆生産建設兵団も含む），コルガス経済開発区（新疆生産建設兵団，伊寧市，清水河配套産業パークも含む） | - | モンゴル・ロシア・カザフスタン・キルギスタン・タジキスタン・アフガニスタン・パキスタン・インド | カシュガル・コルガス経済開発区建設の支持に関する若干の意見 | 2011年9月 | 中央アジア・南アジア・西アジア・東ヨーロッパと密接な協力の強化，東西物資の流通，産業移転受入 |
| 吉林省延辺朝鮮族自治州琿春市 | - | ロシア・北朝鮮 | 中国図們江区域（琿春）国際協力示範区建設を支持することに関する若干の意見 | 2012年4月 | 北東アジアに向けた開放，北東アジアの交通の中枢・ビジネス拠点 |
| 雲南省昆明市官渡区，安寧市，嵩明県，尋甸県，玉渓市の易門県，楚雄州の楚雄市と禄豊県，曲靖市の馬龍県 | - | - | 雲南橋頭堡滇中産業集中区発展規画 | 2014年5月 | 橋頭堡建設の新しい牽引役，開放型経済の産業基地，対外開放の試験区 |
| 内モンゴル自治区エレンホト市 | - | モンゴル | 内モンゴルエレンホト重点開発開放試験区設立への同意に関する返答 | 2014年6月 | モンゴルへの開放窓口，シルクロード経済帯の重要な結節点 |

注：寧夏回族自治区は国境隣接地域ではないが，少数民族の回族が多数居住しており，イスラムの宗教的・文化的な共通性から，アラブ諸国との経済協力を推進しているため，この表に含めた。
出所：中国政府の公文書，省・市・県の地方政府のウェブサイト，各種新聞報道より筆者作成。

の地域は国際連携の前線拠点であり，省レベルの発展戦略を補っている[2]。

上記以外のいくつかの特例について補足しておく。まず，寧夏回族自治区は国

---

2）このほかに，黒龍江省日報2013年12月9日の記事によると，黒龍江省綏芬河市は国務院の承認を得てルーブルの市内流通ができるようになった。これに関する国務院の文書は見つからなかったが，中華人民共和国にとって外国（ロシア）の貨幣が中国の特定地域で流通することが許可された初めての事例である。

境隣接地域ではないが,「寧夏内陸開放型経済試験区規画」が国務院に認められており,アラブ諸国との交流拡大に取り組んでいる。寧夏回族自治区の人口は600万人,うち3分の1は少数民族の回族であり,イスラムのアラブ諸国と宗教的・文化的な共通点が多い。寧夏回族自治区は「西に向けて開放する」を掲げて中国とアラブ諸国との交流拠点地域を目指している。次に,中央政府が承認する地域発展戦略がまだ存在しない唯一の国境地域としてチベット自治区がある（環境保護関連の地域発展戦略を除く）。チベット自治区はインド・ネパールなどと国境を隣接しているが,ヒマラヤ山脈に遮断されている高原地域で,経済活動は内陸地域ほど活発ではない。チベット自治区は全国では経済発展が比較的遅い地域で,地域の経済的特色を強調する地域発展戦略の承認が難しく,中央政府が別の形で支援を行っている[3]。中央政府にとって,チベット自治区の経済社会の安定は重要な政策目標である。また,甘粛省はモンゴルとの国境を有しているが[4],国境線はわずか65キロしかなく,国境地域に砂漠・ゴビ地帯が広がっていて人間活動が希薄であるため,中央政府承認の国際協力を促進する発展戦略はない。

### 3.3 地域発展戦略の内容

　国境隣接地域の発展戦略の内容は,国内の経済発展と国際連携の促進に大きく分けられる。国内では,地域経済の空間的配置の合理化,産業の発展と産業構造の改善,インフラ整備の強化などがあり,国際連携を推進するための経済的基盤の強化に重点が置かれている。このほか,都市インフラの整備,都市間連携の強化,都市化の推進,サービス業の発展,国内諸地域との連携,環境保護,公共サービスの充実,社会福祉の促進,少数民族地域の社会的安定の確保なども挙げられる。国際連携の促進では,国際輸送ルートの整備,国境貿易の発展,外資誘致,隣接国の経済特区の支援,中国企業の対外進出などがあり,各地域の実態に従って隣接国との具体的な協力方策が考案されている。このほか,経済協力を促進するための国際協力体制の構築,辺境経済区・産業園区（団地）の整備,人民元の

---

3) 例えば,中央政府は1980年代からチベット自治区を対象にした専門会議を5回にわたって開催し,チベットの経済社会の発展に具体的な支援策を行ってきた。

4) 甘粛省の国境線は,甘粛省粛北モンゴル自治県とモンゴルとの間にある。国境の状況については,以下の新華社ウェブサイトが参考になる。(http://www.xinhuanet.com/chinanews/2005-08/01/content_4766749.htm, 2014年10月20日確認）

国際化の推進と外貨の流通許可，国境観光の推進，博覧会の開催，国際空港・港湾の整備，検疫・通関体制の強化，越境環境協力，技術・教育文化交流の推進などが挙げられる。豊富なエネルギーを有する新疆ウイグル自治区，内モンゴル自治区などでは，全国レベルのエネルギー供給基地の整備が重要な内容となっている。これらの政策内容は発展戦略の本文に明確に書かれており，各地域の実態や隣接国の状況に沿って考案されている。

## 4　中国における国境隣接地域の発展戦略の形成

　国境隣接地域は，中国の周辺国戦略を実施する前線拠点であり，その地域の発展戦略が当該地域の経済成長のみならず，中国全体の国際展開にも大きな意味を持っている。国際影響力が急速に増強している中国にとって，安定した周辺環境の確保が重要な政策課題であり，国境隣接地域はその地理的先端性・拠点性から無視できない役割を果たしている。中国全体における国境隣接地域の地域発展戦略は徐々に形成されてきたと考える。

### 4.1　中央政府における周辺国政策の強化

　中央政府は周辺国に対して「以隣為善・以隣為伴」の外交方針を打ち出しており，国をまたいだ地域間の経済協力を通じて「睦隣・安隣・富隣」を目指している。この外交方針は，2002年11月に開催された中国共産党第16回全国大会において江沢民共産党書記（当時）によって初めて打ち出され，以降，歴代の政府に継承されている。たとえば，胡錦濤国家主席（当時）が2003年6月にモンゴルを，同年10月に温家宝首相（当時）がインドネシアを訪問した際に，この方針を繰り返し表明している。直近の2014年11月，北京で開催されたアジア太平洋経済協力（APEC）会議において習近平国家主席がこの方針の継承を表明している。中央レベルでは，経済交流を通じて周辺国との友好関係を構築し，共に発展していくという明確なビジョンを持っている。

　周辺国政策の推進について，中央政府の動きはますます活発化している。2013年10月，周辺国外交に関する専門の座談会が中国共産党中央によって北京で初めて開催され，習近平総書記は「我が国の発展にとってより良い周辺環境を構築すること」を指示した。中国の発展のメリットが多くの国に伝わり，周辺国との共

同発展を目指すことが強調された[5]。また，中央政府において内陸国境地域に特化した全国レベルの発展戦略「沿辺地区開放開発規画」が策定中であると報じられた[6]。各国境隣接地域の発展戦略を取りまとめ，国際地域協力をより総合的・効果的に推進する狙いがあった。2014年7月，国家発展改革委員会西部開発局は北京で「重点開発開放試験区座談会」を開催し，国境隣接都市の広西チワン族自治区東興市・雲南省瑞麗市・内モンゴル自治区満洲里市・内モンゴル自治区エレンホト市の開発開放の経験を取りまとめ，内陸国境地域の対外開放における試験区の先導的な役割を強調した[7]。2014年11月，内陸国境地域の9省の社会科学院は共同で「中国沿辺省区新型智庫戦略連盟」（中国内陸国境地域新型シンクタンク戦略連盟）を結成し，内陸国境地域における対外開放の政策研究を強化し，情報の共有・学術交流・政策提言に努めている[8]。

## 4.2 すべての周辺国に対応する地域発展戦略の形成

中国を取り巻くすべての周辺国（地域）に対応する地域発展戦略が形成されている。東南アジアには広西チワン族自治区の「広西北部湾経済区発展規画」があり，南アジアには雲南省の「雲南省を西南開放の重要な橋頭堡として建設を加速させることを支援することに関する意見」がある。中央アジア（西ヨーロッパも含む）には新疆ウイグル自治区の「天山―北坡経済帯発展規画」があり，中国北方のモンゴル・ロシアには内モンゴル自治区の「呼包銀楡経済区発展規画」がある。北東アジアには東北3省（遼寧省・吉林省・黒龍江省）と内モンゴル自治区を網羅する「中国東北地区が北東アジア地域に向けて開放する規画要綱」があり，省別では黒龍江省・内モンゴル自治区の「黒龍江と内モンゴル東北部地域国境地域開発開放規画」，吉林省の「中国図們江地域協力開発規画要綱」，遼寧省の「遼

---

5)「中国共産党新聞ネット」(http://cpc.people.com.cn/n/2013/1026/c64094-23333683.html, 2014年10月15日確認)より。

6)「沿辺地区開放開発規画或在三中全会後出台」，中国連合商報，2013年10月21日付より。なお，国務院は2015年12月に「国境重点地域の開発開放を支援すること若干の政策措置に関する意見」を承認した。

7) 国家発展改革委員会のウェブサイト (http://www.ndrc.gov.cn/gzdt/201407/t20140725_620039.html, 2014年8月24日確認)より。

8) 新華社ウェブサイト (http://news.xinhuanet.com/local/2014-11/09/c_1113174153.htm, 2014年11月10日確認)より。

寧沿海経済帯発展規画」がある。さらに，国境のない寧夏回族自治区では，イスラムの宗教・文化的共通性からアラブ諸国との経済連携を行う「寧夏内陸開放型経済試験区規画」が存在している。チベット自治区には中央政府承認の発展戦略が存在していないが，隣接している南アジアとの経済協力については雲南省が補っている。これらの地域発展戦略は，主に地方政府によって実施されているが，外交レベルの課題については中央政府の支援の下で進められている。

これらの発展戦略は地方政府のイニシアチブで実施され，地域の実態に沿った斬新な政策的試みが行われ，国際連携の成果が徐々に出始めている。たとえば，吉林省は「中国図們江地域協力開発規画要綱」の下で国際輸送ルートの整備に力を入れており，ロシア・ザルビノ港を経由する日本海横断航路を開設したほか，北朝鮮の羅津港を経由して上海への越境輸送を実現した。海への出口がない吉林省にとって，経済発展のボトルネックの解除に繋がる取り組みが行われている。

## 5　中央と地方の関係

### 5.1　補完関係

まず，国境隣接地域の経済振興において，中央と地方は共通の目標を持っている。国境隣接地域は様々な面において経済発展の条件が不利な地域であり，沿海地域と比べて後れを取っている。中央政府は地域格差の是正，貧困の削減，国境インフラ整備などを図る目的で，国境隣接地域の開発を支援し続けている。西部大開発・東北振興を実施することは好例である。地方政府も沿海部との格差を縮小するために，懸命に地域経済発展に取り組んでいる。2000年代後半，地方主体の発展戦略が作られ，地域の経済的特徴を生かした取り組みが行われるようになった。国境地域はこの流れに敏感に反応し，特定の隣接国あるいは地域を対象にして国際協力を推進する発展戦略を作り，中央政府の承認を競っている。近年における地方政府の財政力の増強により，都市インフラの改善・国境輸送ルートの整備・国際ビジネスの推進，域内企業支援などにおいて地方政府が積極的にかかわれるようになった。中央と地方は，国境地域の経済発展の促進という共通の目標を持っている。

次に，国境地域の発展戦略には全国的な課題への取り組みが含まれている。中国は30年以上の高度成長を経て世界2位の経済大国になったが，持続的な成長を

実現するための課題も山積している。これらの課題を解決するために，中央政府は地方の発展戦略を承認する形で，地方政府にその役割の一部を担わせている。たとえば，中国と東南アジアとのFTAの推進，人民元の国際化，中国企業の国際展開などの全国的な課題への取り組みにおいて，広西チワン族自治区の「広西北部湾経済区発展規画」，雲南省の「雲南省を西南開放の重要な橋頭堡として建設を加速させることを支持することに関する意見」が重要な役割を担っている。また，エネルギー資源及びその輸送ルートの確保においては，新疆ウイグル自治区の「天山―北坡経済帯発展規画」，内モンゴル自治区の「呼包銀楡経済区発展規画」の役割が大きい。中国の沿海地域の開発開放は急速に進んできたが，内陸国境地域は後れているという全国レベルの課題に対し，吉林省の「中国図們江地域協力開発規画要綱」にその解決の方策を模索する使命が与えられている。地域発展戦略は全国的経済課題の解決に貢献することが期待できるからこそ中央政府に承認されている。中央政府はこのような形で地方政府に使命感と高揚感を与えて，地方による大胆な試みを促している。

　第3に，周辺国への経済展開において共通の方向性を持っている。中国経済の膨張により，安価な労働力・資源・エネルギー・土地などの生産要素が相対的に不足し，中国企業による国際展開は不可避である。中国政府はこれを支援しており，周辺国への企業進出を後押している。中央政府のみならず，地方政府による国際経済協力が活発化している。中央政府は，地方政府に隣接国への経済展開の役割を果たさせ，周辺国外交の一部を担わせている。地方による国際経済交流の実績を材料にし，更なる国際展開を図っている。地方政府は，中央の具体的な支援を獲得し，地方経済発展のボトルネック（国際輸送ルートの不備，通関点の設置不足，農産品加工技術の後れなど）を取り除くことを望んでいる。特に，中央政府のバックアップの下で大型国有企業と交渉し，当該地域に対する大型投資を呼び寄せることに懸命である。積極的な国際経済交流を通じて地域経済の活性化を図り，税収の拡大や生活水準の向上，魅力的な地域性の形成と観光客の誘致に努めている。周辺国への経済展開に関しては，中央と地方は同じ方向性を持っている。

　第4に，社会的安定に関わる諸要素があげられる。国境隣接地域は，貧困集中地域・少数民族地域と重なる部分が多い。中央と地方は積極的に経済発展を促進し，国境地域の安定，貧困撲滅及び少数民族の生活レベルの向上に努めている。

たとえば、「雲南省を西南開放の重要な橋頭堡として建設を加速させることを支持することに関する意見」では、雲南省が「我が国の民族の団結、国境の繁栄と安定のモデル地区」になることを目指している[9]。吉林省の「中国図們江地域協力開発規画要綱」でも、民族や国境地域の繁栄と長期にわたる安定の実現を掲げている[10]。寧夏回族自治区の「寧夏内陸開放型経済試験区規画」は、西側に向けて開放することを目指し、アラブ諸国の政府・企業・教育研究機関・民族などと多面的な交流を行っている。国境隣接地域の発展戦略は、経済発展の前提となる社会的・政治的安定を実現する意味が含まれている。

## 5.2 不整合な側面

国境隣接地域における発展戦略の策定と実施において中央と地方との間に協力関係があるが、双方の立場や利益所在の相違から様々な不整合も存在している。これらの不整合は地域発展戦略の実施の効果に大きな影響を与えており、詳細に検討する必要がある。本項では、張・李［2012］の分析をベースにしてより深く掘り下げたい。

まず、地域発展戦略の方向性と地域の交流の実態との間に大きな距離がある。中央政府は全国の視点から国際経済協力を促す発展戦略を承認するが、地方によっては隣接国との経済交流の実績が少なく、国際協力を支える経済的基盤が弱い場合がある。表3-2は国境隣接地域における対象国との貿易シェア（全国比、以下同じ）であるが、地方によって状況が相違していることが分かる。東南アジアとの国際連携を推進する広西チワン族自治区はマレーシア・シンガポール・タイ・インドネシアとの貿易額が全国の10％前後を占めており、一定の経済的基盤があるといえよう。特に、隣接するベトナムとの貿易シェアは2008年の20.5％から2013年度の25.7％に上昇し、上海市（29.0％）に次ぐ全国2位となった。他方、南アジアとの経済協力を進める雲南省は状況が違っている[11]。インド・パキスタン・バングラディシュ・スリランカ・ネパールとの貿易において全国に占める

---

9) 雲南省は26の少数民族が居住している多民族地域である。
10) 吉林省の延辺朝鮮族自治州は、中国最大の朝鮮族集中居住地である。
11) 雲南省は東南アジア・南アジアとの経済協力を推進しているが、東南アジアに関しては広西チワン族自治区という強力なライバルが存在しているため、南アジアのほうに力を入れている。

表3-2 国境隣接地域の国別貿易シェア（全国比，2008・2013年）

| 広西チワン族自治区（南寧税関） | マレーシア | | シンガポール | | タイ | | インドネシア | | ベトナム | |
|---|---|---|---|---|---|---|---|---|---|---|
| | 2008 | 2013 | 2008 | 2013 | 2008 | 2013 | 2008 | 2013 | 2008 | 2013 |
| | 16.1% | 7.3% | 12.4% | 11.0% | 12.8% | 10.2% | 8.9% | 8.2% | 20.5% | 25.7% |
| 雲南省（昆明税関） | インド | | パキスタン | | バングラディシュ | | スリランカ | | ネパール | |
| | 2008 | 2013 | 2008 | 2013 | 2008 | 2013 | 2008 | 2013 | 2008 | 2013 |
| | 0.1% | 0.0% | 0.0% | 0.1% | 0.1% | 0.1% | 0.5% | 0.0% | 0.0% | 0.0% |
| 新疆ウェグル自治区（ウルムチ税関） | カザフスタン | | トルクメニスタン | | キルギスタン | | ウズベキスタン | | タジキスタン | |
| | 2008 | 2013 | 2008 | 2013 | 2008 | 2013 | 2008 | 2013 | 2008 | 2013 |
| | 85.7% | 79.8% | 60.9% | 93.2% | 99.0% | 96.1% | 44.4% | 53.8% | 90.4% | 94.8% |
| 寧夏回族自治区（銀川税関） | サウジアラビア | | イラク | | オマーン | | クウェート | | エジプト | |
| | 2008 | 2013 | 2008 | 2013 | 2008 | 2013 | 2008 | 2013 | 2008 | 2013 |
| | 0.0% | 0.0% | 0.0% | 0.0% | 0.0% | 0.0% | 0.0% | 0.0% | 0.0% | 0.0% |
| 内モンゴル自治区（フフホト・満洲里税関） | 日本 | | 韓国 | | ロシア | | 北朝鮮 | | モンゴル | |
| | 2008 | 2013 | 2008 | 2013 | 2008 | 2013 | 2008 | 2013 | 2008 | 2013 |
| | 0.0% | 0.1% | 0.0% | 0.1% | 20.3% | 6.4% | 0.0% | 0.0% | 85.9% | 86.3% |
| 黒龍江省（ハルビン税関） | 日本 | | 韓国 | | ロシア | | 北朝鮮 | | モンゴル | |
| | 2008 | 2013 | 2008 | 2013 | 2008 | 2013 | 2008 | 2013 | 2008 | 2013 |
| | 0.0% | 0.0% | 0.0% | 0.0% | 11.2% | 24.2% | 0.0% | 0.0% | 0.0% | 0.0% |
| 吉林省（長春税関） | 日本 | | 韓国 | | ロシア | | 北朝鮮 | | モンゴル | |
| | 2008 | 2013 | 2008 | 2013 | 2008 | 2013 | 2008 | 2013 | 2008 | 2013 |
| | 0.4% | 0.5% | 0.1% | 0.0% | 1.1% | 0.6% | 27.9% | 14.5% | 0.0% | 0.0% |
| 遼寧省（大連・瀋陽税関） | 日本 | | 韓国 | | ロシア | | 北朝鮮 | | モンゴル | |
| | 2008 | 2013 | 2008 | 2013 | 2008 | 2013 | 2008 | 2013 | 2008 | 2013 |
| | 5.9% | 5.6% | 5.2% | 4.2% | 2.6% | 2.7% | 60.0% | 60.8% | 0.3% | 0.2% |

注：①国際協力を目的とする発展戦略がある寧夏回族自治区も表に取り入れた。それがないチベット自治区・甘粛省を省略した。②満洲里税関・大連税関は省都ではない満洲里市，大連市にあるが，中国税関総署の直轄税関であり，省都に立地するフフホト税関，瀋陽税関から独立している。
出所：中国税関統計のデータより筆者算出。

雲南省のシェアは少ない。雲南省はこれらの国と国境を接しておらず，直接的な経済交流が難しい面がある。中国と南アジアとの貿易の中心は上海市（36.6%，2013年），広東省（17.1%，2013年）にあり，雲南省ではない。また，中央アジアとの貿易に占める新疆ウイグル自治区のシェアは圧倒的に大きく，2013年度ではカザフスタンが79.8%，トルクメニスタンが93.2%，キルギスタンが96.1%，ウズベキスタンが53.8%，タジキスタンが94.8%を占め，すべて全国1位である。

中央アジアとの経済協力を推進する地域発展戦略は新疆ウイグル自治区が策定・実施することは当然であろう。アラブ諸国については，サウジアラビア・イラク・オマーン・クウェート・エジプトとの貿易に占める寧夏回族自治区の割合は0％である。内モンゴル自治区のモンゴルとの貿易シェアは2013年で86.3％，全国１位である。ロシアとの貿易シェアは2013年で6.4％だったが，その９割近くは満洲里税関によるものである。ロシア貿易における黒龍江省の割合は2013年で24.4％，2008年の約２倍となり，全国１位である[12]。黒龍江省と内モンゴル自治区フルンボイル市[13]を対象地域としてロシアとの経済交流を推進する「黒龍江と内モンゴル東北部地域国境地域開発開放規画」は地域の実態に合っていると考えて良いであろう。北東アジアとの協力を行う吉林省は日本・韓国・ロシア・モンゴルとの貿易シェアが少ない。北朝鮮との貿易シェアは2013年で14.5％であったが，2008年の約半分に縮小した。丹東税関を有する遼寧省は６割のシェアを維持している。遼寧省は日本・韓国との貿易シェアも一定程度持っているが，大連税関によるものが多い。このように，地域によって隣接国との経済交流の実態が相違しており，地域発展戦略がその実態に沿って作られているかは疑問であろう。表３－２は貿易の視点から見たものであり，経済交流の基盤は直接投資・金融・観光・人的移動など多岐にわたっていることに留意したい。

　次に，政策の重点が大都市か国境地域かで見解が異なる場合がある。国境隣接地域における発展戦略は，一般に相手国との経済連携の促進を重要な目的としている。しかし，国境地域の経済開発は難しい面があり，経済規模も限られているため，国境開発で省全体の経済成長を大きく押し上げることは容易ではない。地域の経済発展を効果的に促進するには国境地域ではなく，省内の大都市を中心に施策すべきだとの見方がある。国境地方の経済開発は大都市中心か国境中心かとの疑問は常に付きまとう問題である。吉林省の「中国図們江地域協力開発規画要綱」は長春市・吉林市・図們江地域（延辺朝鮮族自治州）の連携を推進して北東アジアの経済協力を促す「長吉図一体化」を提唱しているが，吉林省の中で２大都市の長春市・吉林市の連携を促す「長吉一体化」の政策もある。どちらを重視するかについては時期によって違っている。黒龍江省でもロシアとの経済交流を

---

12) この後の全国シェアは減少傾向に入った。
13) 満洲里市はフルンボイル市の一部である。

促進する「黒龍江と内モンゴル東北部地域国境地域開発開放規画」があるが，ハルビン・大慶・チチハルの省内3大都市の一体化を進める省内の戦略がある。新疆ウイグル自治区には「天山－北坡経済帯発展規画」があるが，ウルムチ市・石河子市・カラマイ市などの省内主要都市の開発に重点を置くべきだとの見方もある。

　短期的・効果的に省内の経済成長を押し上げるには大都市中心の政策が適しているが，地域経済のボトルネックを解除して長期的な発展を実現するには，国境地域の開発を一歩一歩行っていく必要がある。中央政府承認の地域発展戦略では後者を重要視しているが，地方政府のトップは前者を重視する傾向がある。この点について，張・李［2012］は経済発展を重視する地方と外交問題を重視する中央，経済発展の質より量を求める地方と産業構造の改善や国際連携の質を重視する中央と分類している。より具体的に分析すると，大都市中心か国境地域中心かの開発方針をめぐる中央と地方の不整合は，短期的な経済成長の追求か長期的なボトルネックの解除かという選択の側面がある。その結果は地方政府トップの意向に左右されるほか，その時の国内・国際情勢にも左右される問題であろう。

　第3に，地域発展戦略における全国的な経済課題の解決の難しさがあげられる。中央政府承認の発展戦略には全国的経済課題の解決に向けた役割がある。その課題は一般に地方政府にとっても大きな問題であり，地方政府は中央の承認で得られたいわゆる「国家戦略」の使命感と高揚感を持って問題の解決に取り組んでいる。しかし，一地方政府の力で全国的な課題を解決するには限界がある。張・李［2012］が指摘したように，国家間の外交調整における地方の限界，税関・検査検疫など中央直轄部門との調整における地方の限界，地方企業の規模の限界などが存在している。このほか，地方によっては中央政府承認の発展戦略を実施する程度の違いがあることを指摘できよう。たとえば，相手国との経済交流において，ほかの国内地域と比べて圧倒的に不利な地域は，発展戦略を効果的に実施することが難しい。また，地方政府責任者の異動により，大都市中心か国境開発中心かの開発方針が変化した場合，既存の発展戦略が効果的に実施されるかどうかも疑問である。さらに，地方政府は中央の支援を獲得するために，各中央省庁と個別に交渉する必要があるが，交渉力の強さは地方によって大きく異なる。中央政府承認の地域発展戦略の実施は，制度的・財政的に保障されるものではなく，地方に全国的な経済課題の解決を期待するのは難しい面がある。

第4に，地方は複雑で絶えず変化する国際情勢に対応しきれない面がある。地域発展戦略の多くは2020年までの長期戦略であるが，国際連携の促進を目的とする発展戦略の実施は，複雑で変化の多い国際情勢の影響を受ける。張・李［2012］が指摘した地方政府の外交交渉の限界とは別に，時には中央政府も予測・対応しきれない国際情勢の劇的な変化が，国境地方の発展戦略に多大な影響を与えている。影響はプラスとマイナスの両方があるとともに，不確実性が問題となる。たとえば，中朝関係の変化は吉林省の「中国図們江地域協力開発規画要綱」に，中国とベトナム・フィリピン関係の変化は広西チワン族自治区の「広西北部湾経済区発展規画」の実施に大きな影響を与える。中ロ関係の緊密化は，黒龍江省の「黒龍江と内モンゴル東北部地域国境地域開発開放規画」の実施に良好な政治環境を提供している[14]。地方政府はこのような国際情勢の変化に完全に対応することが難しく，国際連携の促進を目的とする発展戦略には不確実性が残る。地方政府としてどこまで国際協力を推進できるかという問題である。

　張・李［2012］は，地方政府のトップが国内では昇進レースに勝つためにほかの地域トップと競争関係にあり，国外では隣接国の地方政府と協力関係にあると指摘した。しかし，この点については疑問が残る。地方政府のトップによる開発方針の決定は，本人のこれまでの経験やその時の政治・経済情勢に対する判断に依存しており，常に全力を注いで国際連携を進めるわけではない。また，昇進レースの結果に影響する要因は個人の人間関係なども含み多岐にわたり，国際連携の成果だけで判断されるものではない。国際連携の成果は，その時の国際情勢や国の外交政策にも左右されており，地方政府トップの能力だけで説明されない面がある。外交・宗教・少数民族に関連する分野において，どこまで国際連携を進めるかという政治的判断も必要になってくる。また，各地域の隣接国が異なるため，国によって中国への対応が違ってくることは十分ありうることである。

　2015年以降，「一帯一路」構想の具体化に伴い，国境地域の発展戦略は大きく変貌し，新しい段階に入った。これまで地方政府が行ってきた隣接国との経済協力は「一帯一路」という大きな枠組みの中で取り組むことになり，国の方針を反映しながらより範囲を広げ，欧州に向けて伸ばしている。資金面では，中国主導

---

14）ただ，良好な政治環境は国内の他の地域にとってもプラス要素となり，黒龍江省の対ロ経済交流は他の省から競争を受けることもあり得る。

で進められているアジアインフラ投資銀行（AIIB）や中国の出資によって設立されたシルクロード基金などの支援もあり，国をまたいだ地域間の輸送インフラ整備・国境貿易・国際投資・人的移動がいっそう促進されると考えられよう。周辺国に関連する発展戦略の策定・実施は，中央レベルでより統合的・組織的に行うことになっている。

## 6　本章のまとめ

　本章は国境隣接地域の地域発展戦略を対象に，その形成と実態を分析し，中央と地方の関係を考察した。地方主体による地域発展戦略が形成されるなか，経済発展に後れを取ってきた国境地方は，相手国との経済連携を打ち出して中央政府の支援を求め，国境などの利点を生かした発展戦略を実施するようになった。中国における国境隣接地域の発展戦略が徐々に形成され，その内容も充実してきたと考えられる。中央と地方は国境地域の開発促進・全国的な経済課題の解決・周辺国への経済展開・社会的安定の実現において共通の方向性があり，補完的な関係を有している。一方，発展戦略の方向と地域交流の実態，大都市中心か国境地域中心か，全国的経済課題の解決の難しさ，複雑でめまぐるしい国際情勢への対応などにおいて限界もみられる。国境地方の経済発展は市場だけでは支えきれない面があり，地域戦略における中央・地方の複雑でダイナミックな関係は今後も続くと考えられる。

　残された課題としては，国境隣接地域の発展戦略に関して，実施の状況や効果を検証する必要がある。その際，隣接国の対応や国内政策，経済状況も注視する必要がある。また，地域経済の実態研究に関しては，貿易のみならず，投資・金融・人的移動・観光など多方面から検討したい。さらに具体的な地域を絞り，さらに深く掘り下げる必要がある。

**参考文献**
**日本語文献**
岩下明裕［2005］「現地報告：中国と中央アジア─接触地域の現場検証」『スラブ・ユーラシア学の構築』研究報告集，No.8，2005年7月，pp.39-72
郭力［2011］「中国黒龍江省における経済発展と国境地域の対外開放戦略」『ERINA

REPORT』，No.102，2011年11月，pp.3-8
呉昊・馬琳［2013］「中国が大量の地域発展規画を策定する要因と実施上の問題点」，『ERINA REPORT』，No.109，2013年1月，pp.15-22
西口清勝・西澤信善編著［2014］『メコン地域開発とASEAN共同体：域内格差の是正を目指して』，晃洋書房，2014年
張可雲［2012］「中国が頻繁に地域発展規画を策定する背景，意図及び展望」，『ERINA REPORT』，No.103，2012年1月，pp.5-9。
張紀潯［1993］「中国の沿辺地域発展戦略と国境地域開発—脚光を浴びる国境貿易を中心に」『茨城大学教養部紀要』，通号25，1993年，pp.101-137
張兵［2014］「中国における海洋経済発展戦略の政策展開とその実態：『山東半島藍色経済区発展規画』を事例に」『ERINA REPORT』，2014年1月，pp.22-32
穆尭芊［2012］「中国における地域発展戦略の実態と課題：『中国図們江地域協力開発規画要綱』の事例」，『ERINA REPORT』，No.103，2012年1月，pp.38-51
穆尭芊・天野祐子［2014］「中国の地域発展戦略の策定状況：その特徴と課題」，『ERINA REPORT』，No.115，2014年1月，pp.33-45
満海峰［2012］「中国の東北地域発展戦略と対北朝鮮経済貿易協力の現状及び展望」『ERINA REPORT』，No.107，2012年9月，pp.3-11

**中国語文献**

龍京紅［1995］「周辺経貿発展戦略研究」『鄭州大学学報』，1995年第2号，1995年4月，pp.7-15
湯国輝［1991］「関於沿辺発展戦略」『雲南社会科学』，1991年第1号，1991年3月，pp.34-38
張玉新・李天籽［2012］「跨境次区域経済合作中我国沿辺地方政府行為分析」『東北亜論壇』，2012年第4号，pp.77-84

# ■第4章■ 実施の実態―吉林省の事例

## 1 はじめに

　本章は，吉林省の事例を用いて地方主体の地域発展戦略の実施状況を検討する。国務院承認の地域発展戦略は地方政府によって具体的に実施されており，その実態を明らかにすることは地方主体の発展戦略を理解するうえで不可欠である。

　地方発の発展戦略は，一般に地域経済の特徴を反映しており，地域の長期的な課題の解決を目指している。地方政府は地域の特徴を生かしてより良い成長を促進するほか，地域発展の長年のボトルネックの解消を狙っている。一方，短期的には地域経済の成長目標を達成する必要もあり，効果的に政策を実施して目に見える成果を作り出すことも求められる。また，地域課題の解決が既存の制度や慣行と矛盾する場合は，中央政府の支援を獲得して「先行先試」（先に行い，先に試みる。）を行い，法改正や特例扱いを受ける必要がある。これは地方政府の交渉力に大きく依存している部分である。国境隣接地域では，地域発展の方向性は国際情勢の変化に強く影響されるため，地方政府はもちろん，中央政府でさえ完全にコントロールできない不確実性が含まれている。エネルギーの対外依存度が高い地域では，国際エネルギー価格が地域の経済成長に極めて重要な意味を持つことも推測できる。このように，地域の長期・短期的な政策課題の取り組み，中央政府の支援に基づく法改正や特例扱い，複雑で目まぐるしく変化する国際政治・経済情勢などの要素は，地方主体の地域発展戦略の実施に大きな影響を及ぼすとみられ，その実態を明らかにすることは重要である。

　吉林省は，このような実態を反映する典型的な地域である。ロシアと北朝鮮に国境を接しており，日本海を通して日本と韓国へ経済展開することもできる。北東アジア国際連携の進展に大きなメリットを得る可能性があるが，地理的には海

へ の 出口 が なく，ロシアか北朝鮮の港を借りて海上輸送ルートを作らなければならない。海に出ることは吉林省の長年の悲願であるが，実現の可能性は複雑な北東アジア国際情勢に大きく左右されている。また，吉林省内に自動車や鉄道車両，重化学工業の生産で全国的に有名な長春市と吉林市の2大都市があり，経済の規模では省内 GRP の6割を占めている。吉林省にとって経済成長を効果的に実現するには政策の重点をこの2大都市に置かなければならない。一方，長年のボトルネックである海への出口問題を解決するには，国境地域である延辺朝鮮族自治州（以下，延辺州）を通してロシアや北朝鮮との連携関係を強化することが求められる。国際輸送ルートの構築に中央政府の支援を獲得することも不可欠である。これらの課題は，吉林省における地方主体の発展戦略である「中国図們江地域協力開発規画要綱」（以下「規画要綱」）の実施に集中的に反映していることから，本章はこれを事例にして分析していきたい。

## 2　吉林省の概況

　吉林省は東北地域の中間に立地し，北は黒龍江省，南は遼寧省，西は内モンゴル自治区と隣接している。東部にはロシアと233キロ，北朝鮮とは1206キロの国境線を有している[1]。中朝国境を流れる図們江は日本海に注ぐが，中国の国境は河口を遡って約15キロのところで終わり，その先の図們江下流はロシアと北朝鮮の国境線となっている。吉林省は実質上，海への出口がないため，太宗貨物を海上で輸送するためにはロシアか北朝鮮の港を借りて行う必要がある。吉林省は，面積・人口・GRP などの面で全国の約2％前後を占めているが，貿易・外資利用など国際経済に関連する面についての割合はやや低い。産業構造をみると，第二次産業の割合は全国より高く，第三次産業の割合は低い（表4-1）。

　吉林省は長春市と吉林市の2大工業都市を有し，自動車，化学，食品加工，製薬などの産業が発展している。長春市には大手国有自動車メーカーの第一汽車と鉄道車両を生産する中国中車グループ[2]の工場があり，トヨタ自動車のエンジン組み立て工場も進出している。吉林市には中国石油（CNPC）の吉林石油化学会

---

1）吉林省人民政府のホームページ（http://www.jl.gov.cn，2018年11月27日確認）より。
2）前身は北車グループである。

第4章　実施の実態―吉林省の事例

表4-1　吉林省の経済状況（2010年）

| 項目 | 分類 | 単位 | 吉林省 | 全国 | 全国比 |
|---|---|---|---|---|---|
| 概況 | 面積 | 万平方キロメートル | 18.7 | 960.0 | 2.0% |
| | 人口 | 千人 | 27,460 | 1,339,720 | 2.0% |
| 域内総生産 | GRP（名目） | 億元 | 8,577 | 397,983 | 2.2% |
| | GRP成長率（実質） | % | 13.7 | 10.3 | ― |
| 投資 | 固定資産投資額 | 億元 | 7,870 | 278,140 | 2.8% |
| 産業構成比 | 第一次産業 | % | 12.2 | 10.2 | ― |
| | 第二次産業 | % | 51.5 | 46.9 | ― |
| | 第三次産業 | % | 36.3 | 43.0 | ― |
| 貿易 | 輸出額 | 億ドル | 45 | 15,779 | 0.3% |
| | 輸入額 | 億ドル | 124 | 13,948 | 0.9% |
| | 収支 | 億ドル | ▲79 | 1,831 | ― |
| 外資利用 | 外国直接投資受入額 | 億ドル | 13 | 1,057 | 1.2% |

注：「規画要綱」が国務院に承認された翌年（2010年）のデータを使用している。
出所：「中国統計摘要」2011年版，吉林省統計局「吉林省2010年国民経済・社会発展統計公報」より筆者作成。

社や吉林化学繊維グループがあり，石油や化学産業の関連企業が多い。2市間の鉄道距離は約120キロ，約40分で結ばれている。長春市と吉林市は，吉林省の経済基盤を支える最も重要な拠点都市である。

　一方，吉林省の東部にはロシアと北朝鮮の国境に接している延辺州があり，古くから日本・朝鮮半島・ロシアとの交流が深く，北東アジア国際連携を推し進める重要な拠点地域である（図4-1）。延辺州は朝鮮族が集中的に居住している地域で，中国で指定された唯一の朝鮮族自治州として知られている。言葉・文化の類似性や親族の関係から朝鮮半島との交流が盛んに行われ，1992年の中韓国交正常化を機に韓国とのビジネスが発展し，2000年代初頭から中盤にかけて全国でも有名な韓国製品集積地となった。延辺大学日本語学部を中心に日本語が堪能な人材を数多く輩出しており，日本との人材交流も行われている。北朝鮮・ロシア国境にある延辺州琿春市には，看板に中国語・ロシア語・朝鮮語を併記する店が多く，ロシア人観光客の誘致などに力を入れている。

　吉林省では1980年代から中朝国境の図們江下流域を中心に国際開発を行う議論が始まり，1992年に国連開発計画（UNDP）の主導により中国・ロシア・北朝

図4-1 吉林省の行政区画

鮮・韓国・モンゴルが参加する図們江地域開発計画が打ち出された。韓国の技術と資金，中国と北朝鮮の労働力，ロシアの天然資源を生かして生産ネットワークを構築し，国際連携を通じて図們江地域を発展させる構想であった。中国政府は1992年に国境都市の琿春市を国境地域経済協力区に指定し，1999年に延辺州全域に拡大した。2009年8月に国務院は「規画要綱」を承認し，長春市・吉林市の2大都市も対象地域に取り入れた。しかし，北東アジアの複雑な国際情勢の変化や関係諸国の事情や思惑の相違などにより所期に期待した進展を実現しないまま今日を迎えており，当初想定していた生産ネットワークの構図も大きく変貌している。図們江地域開発に関する様々な問題点や課題について，日本では豊富な研究があり[3]，本章の分析にたいへん参考になった。本章は中国国内の視点から，図們江地域開発をめぐる「規画要綱」の実態と課題を明らかにし，中国の地域発展戦略における地方政府の行動を考察する。

---

3) たとえば，鄭［2010］，李［2003］，岩下［2000］，小川［1995］，李［2009］などがあげられる。

## 3　「規画要綱」の背景と内容

　2009年8月30日，国務院が「規画要綱」を承認し，吉林省における地方主体の発展戦略が誕生した。吉林省の地理的・経済的特徴が認められ，長春市・吉林市・図們江地域の開発が全国の「内陸国境地域」の発展に有効なモデルを提供することが期待されている。「規画要綱」は2009年から2020年までとされており，産業振興，インフラ整備，制度改革，地域間協力の推進，国際協力の強化などが挙げられている。吉林省は内陸地域として，沿海部に比べて経済の規模が比較的小さく，市場経済の浸透はやや後れを取っている[4]。同発展戦略は，国境地域の延辺州を中心に図們江地域開発をめぐる国際連携を力強く推し進めながら，吉林省経済の中心都市である長春市・吉林市を取り入れて地域経済の成長を押し上げることを目指している。図4-2は「規画要綱」の対象地域を示している（長春市，吉林市の一部と延辺州）。

### 3.1　背景

　「規画要綱」が策定された背景として，国家発展改革委員会は下記4つがあると指摘している[5]。①長春市・吉林市の2大都市を取り入れることにより，中国が図們江地域の国際協力に参加する経済的基盤を強化し，より効果的に図們江地域開発を推し進めることができる。②吉林省の経済力を強化し，東北地域の振興に貢献する。③内陸国境地域における国際協力の方向性及び方策を探り，全国のモデル地域として期待されている。④辺境少数民族地域の繁栄と安定を維持する。権［2010］によれば，「規画要綱」には内陸部の振興及び東北振興の推進という国内経済構造の調整，ASEAN諸国・上海協力機構参加国・北東アジア諸国の国際協力の協調という国際協力推進の2つの目的がある。呉・應［2010］は，「規画要綱」の承認は従来の国境都市を核心とする拠点式開発から国境地域と内陸奥

---

4）たとえば，工業総生産に占める民営企業と国有企業の比率（2009年）について，吉林省（0.5）は浙江省（3.3），江蘇省（3.1），遼寧省（1.1）より低いが，雲南省（0.4），黒龍江省（0.3），甘粛省（0.1）より高い（国家統計局「中国統計年鑑」2010年版のデータより算出）。

5）吉林省政府「長吉図開発開放先導区特別専題」（http://www.jl.gov.cn/zt/cjtkfkfxdq，2011年10月19日アクセス）より。

図4-2 「規画要綱」の対象地域

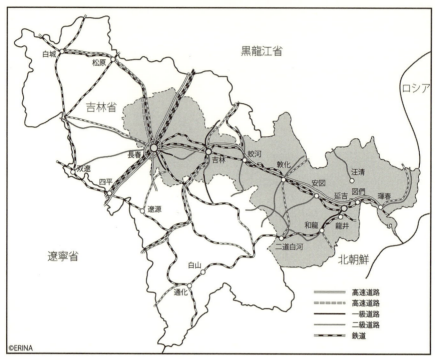

出所:ERINA作成。

地との連動式開発へ,国際協力重視から国内・国際協力の両方を重視する方向転換を示していると指摘している。

「規画要綱」の背景を理解するには,全国と地方の両方から検討する必要がある。全国からみれば,2000年代中盤以降に地域開発における地方の役割が強化され,各地の発展戦略が次々に中央政府に承認されるという流れが作られ,「規画要綱」もその一環である。中央政府はこれから図們江開発に大きく力を入れて重点的に行うとの見方もあったが,中央政府は他の地域を顧みず,図們江地域開発だけに全力を注ぐわけではない。地方の取り組みだけでは不十分で,多くの限界がある国際連携の部分については,中央政府が国の立場から支援することを確認している。また,経済規模の小さい国境都市のみならず,省内の大都市も取り入れて国際連携を促進し,地域全体の経済成長を押し上げるという開発方針に対し,

中央政府が指導的な立場を取っている。地方政府からみれば、「規画要綱」の承認と実施によって中央政府の外交的な支援を獲得し、長年の課題である海に出るという課題の解決に突破口を開くことができれば、吉林省経済の国際化が大きく前進する可能性があるため、積極的に取り組む必要がある。したがって、「規画要綱」は全国における地方主体の発展戦略の流れに沿って承認されたもので、地域経済の長期的な課題として長年取り組んできた地方政府の施策方向を反映するものであり、単独で唐突に打ち出されたものではない。

## 3.2 内容

「規画要綱」の内容については権［2010］により詳しく紹介されている。本章はそれを一覧表の形でまとめ、全体像が俯瞰できるようにする（表4-2）。具体的な内容として、①「規画要綱」には「長吉図（長春市・吉林市・延辺州）を開発開放先導区とする」の副題を付けており、経済規模からみると吉林省の最重要地域を重点的に発展させる意図があることが窺える。②国家的意味として、「内陸国境地域の開発開放の重要な拠点、北東アジアに向けての重要な玄関口、北東アジア経済技術協力の重要なプラットフォーム、東北地域の新たな成長拠点」としており、図們江地域の国際協力の推進に関する中央政府の期待が大きいことが窺える。③対象地域の経済・産業の空間的配置について、国境都市の琿春市を対外開放の窓口、延龍図（延吉市・龍井市・図們市）地域を対外開放の最前線、長春市・吉林市を背後地として位置づけしており、長吉図地域が一体となって国際協力に参加する意欲を見せている。④具体的な施策として、製造業8分野、サービス業7分野及び農業の発展を促し、インフラ整備と技術革新の促進を強調している。国際協力の面では、国際物流ルートの整備、越境経済協力区、国際環境協力、新たな国際協力枠組みの形成などを記している。⑤吉林省政府の役割については実施プランの作成、組織体制の強化、実行責任の明確化、専門分野の規画の作成、具体的なプロジェクトの実行などを記しており、「規画要綱」の実施は吉林省政府主体で行われることが確認できる。その実施の実態について以下詳しく検討する。

表4-2 「規画要綱」の概要

| 項　目 | 概　　要 | | | |
|---|---|---|---|---|
| 規画名 | 中国図們江地域協力開発規画要綱－長吉図を開発開放先導区とする | | | |
| 対象地域 | 長春市（市街地，徳恵市，九台市，農安県），吉林市（市街地，蛟河市，永吉県），延辺州全域 | | | |
| 対象期間 | 2009年－2020年 | | | |
| 戦略的意味 | ①内陸国境地域の開発開放の重要な拠点，②北東アジアに向けての重要な玄関口，③北東アジア経済技術協力の重要なプラットフォーム，④東北地域の新たな成長センター | | | |
| 目標 | ①長吉図地域のGRP4倍増，②森林保有率68％以上，③大・中都市廃水処理率100％等 | | | |
| 施策 | 1. 長吉図地域の発展 | (1)経済・産業の空間的配置構造の改善 | ①分業体制の明確化 | 琿春市：対外開放の窓口 |
| | | | | 延龍図：対外開放の最前線 |
| | | | | 長春市・吉林市：背後地 |
| | | | ②都市部と農村部の協調的発展 | |
| | | (2)産業構造の改善 | ①先端的製造業 | 自動車，石油化学，農産品加工，電子情報，冶金建材，機械製造，バイオ，新材料 |
| | | | ②現代サービス業 | 本社機能誘致，現代物流，観光，文化関連産業，アウトソーシング，展覧・展示，金融保険 |
| | | | ③現代農業 | |
| | | | ④科学技術の革新 | |
| | | (3)インフラ整備と環境保全 | ①交通，②水利，③エネルギー，④情報インフラとサービス，⑤生態と環境保全 | |
| | | (4)体制改革 | ①政府，市場，企業の関係の明確化 | |
| | | | ②対外協力，国際交流関連の体制改革 | |
| | 2. 長吉図地域と国内他地域との協力の推進 | (1)吉林省内の他地域との協力 | | |
| | | (2)東北地域の他地域との協力 | | |
| | | (3)沿海地域との協力 | | |
| | 3. 長吉図地域の国際協力の推進 | (1)国際物流ルートの整備 | ①越境経済協力のインフラ整備 | |
| | | | ②国際空港の物流機能の強化 | |
| | | (2)越境経済協力区の整備 | | |
| | | (3)国際環境協力の推進 | | |
| | | (4)国際産業協力園区の建設 | | |
| | | (5)知識・文化・観光面の国際協力の推進 | ①知識・人材の育成と協力の推進 | |
| | | | ②対外文化交流の推進 | |
| | | | ③国境観光協力 | |
| | | (6)図們江地域の新たな国際協力枠組みの形成 | | |

| | | |
|---|---|---|
| 規画の実施 | 1. 組織体制の強化 | (1)吉林省政府：①実施プランの作成，②組織体制の強化，③実行責任の明確化，④専門分野の規画の作成，⑤具体的なプロジェクトの実行 |
| | | (2)中央省庁：①連絡・調整機能の強化，②施行に伴うトラブルや重大な問題の解決における地方政府への支援 |
| | | (3)中国図們江地区開発プロジェクト調整グループ：地方政府と中央省庁との調整等 |
| | 2. 政策支援の強化（中央省庁） | (1)土地の使用許可 |
| | | (2)プロジェクトの行政許可 |
| | | (3)交通インフラ整備の支援 |
| | | (4)資源型都市の構造改革への支援 |
| | | (5)図們江協力開発銀行の研究，金融面の支援 |
| | | (6)人材誘致と人材育成 |
| | 3. 監督検査体制の強化 | 発展改革委員会：①規画の施行について追跡調査を行う，②吉林省政府と共に規画の施行について定期検査・評価を行う，③国務院に報告する |

出所：「中国図們江地域協力開発規画要綱」より筆者作成。

## 4 「規画要綱」の実施

### 4.1 実施の概況

　地方主体の発展戦略が国務院に承認されると，省政府内に実施担当部署が設立され，関係部門や省内地方の調整・指導に当たることが一般的である。吉林省では，行政トップを責任者とする吉林省長吉図開発開放先導区戦略実施指導グループ弁公室を設立し，「規画要綱」の実施に当たっている[6]。戦略実施の財源について詳細に公表されていないが，各種新聞報道から地方政府予算内資金，地方政府融資プラットフォーム調達資金，中央政府支援資金，民間・外資系企業の資金など複数の資金源を活用していると考えられる。中央政府は「先行先試」の政策優遇を与えるが，直接的に地方プロジェクトの資金を提供することは少ないとみられ，地方政府が主体となって積極的に財源を集める必要がある。具体的なプロジェクトについては，一般に省政府は発展戦略の趣旨に基づいて立案し，その範囲はインフラ整備・民生の改善・企業の支援・資源開発・国際協力まで多岐にわ

---

6) 国務院新聞弁公室のホームページ（http://www.scio.gov.cn/xwfbh/gssxwfbh/xwfbh/jilin/document/1361309/1361309.htm，2018年11月29日アクセス）より。

たっている。地域発展戦略を実施するために新規に考案されるものもあれば，既存のプロジェクトをレベルアップするものもある。中央省庁による支援プロジェクトが獲得できれば，それも取り入れる。「規画要綱」に関してプロジェクトの詳細は公表されていないが，新華社吉林チャンネルの記事（2014年6月17日）によれば，2013年に長吉図地域には3000万元以上のインフラ整備プロジェクト383件が実施され，投資額は492億元に達した。うち，交通関係45件，エネルギー関係38件，水利42件，都市インフラ186件，環境関連18件，社会福祉関連54件であった。中央政府の支援の有無は，地方政府の交渉に大きく依存しているとみられる。地方政府は具体的な支援を獲得するために各中央省庁と個別交渉する必要がある。地方政府によって交渉力が異なることが推測される。吉林省は「規画要綱」を実施するため，中央政府から年間8億元の支援資金（2013年から3年間）を獲得したと報じられている（新華毎日電訊2014年2月15日記事より）。「規画要綱」によれば，実施の際に重大な事項が発生した場合は，地方政府が国務院に報告しなければならない。

### 4.2　越境輸送の「先行先試」

　「規画要綱」において，国際協力推進の項目のトップに挙げたのは国際物流ルートの整備である。その中で，吉林省の石炭をロシアか北朝鮮の港を使用してエネルギー需要の高い上海やほかの中国沿海地域に送る越境輸送は重要な課題の一つである。中国の貨物が外国の境界を超えて再び中国に入る形になるが，輸出入ではなく，国内貨物として取り扱うには税関，検査検疫，港の使用などを管轄する中央省庁の許可が必要である。越境輸送は中国で前例がなく，各省庁に対する吉林省の提案と交渉に基づく「先行先試」を行う必要がある。

　「先行先試」は「規画要綱」の重要な内容の一つである。中央政府が発展戦略を認可した地域に対して「先に行い，先に試みる」権利を与えることであり，前述のように法律に定めがなくても，地方の提言があれば，中央省庁と協議のうえ新たな政策を試行することができる。地域の試みがうまく行った場合はそれを全国に適用し，国全体の政策とする。中央政府は大規模な財政支援，税の減免などを提供しない代わりに，地域の発想を重要視し，制度変更に対する地方政府の要望を特例で認める。「先行先試」は地方主体の地域発展戦略に頻繁に採用され[7]，地方政府による発展戦略の実施にとって重要な意味を持っている。

前述の越境輸送に関連して，「規画要綱」では，「『先行先試』を行って内陸国境地域の越境経済協力モデルを構築し，図們江地域国際協力のレベルアップを促し，全国の内陸国境地域にその経験及び模範を提供する」と記されている。これを実行するために吉林省は中央省庁と協議し，北朝鮮の港を利用して省内の石炭を上海と寧波に運ぶ越境輸送を全国に先駆けて取り組んだ。その結果，関税を所管する中国税関総署は2010年第49号公告（2010年8月4日），検疫検査を所管する国家質量監督検験検疫総局は2010年第118号公告（2010年10月28日），港の使用を所管する交通運輸部は2010年第36号公告（2010年8月17日）という形で吉林省の取り組みを特例として認め，越境輸送を実現した。実績として，2011年1月に2万トン，2011年5月に2万トン，2012年4月までに延べ10万トンの石炭が輸送された。吉林省にとって海に出るための極めて重要な一歩となった。このほか，ロシアと北朝鮮への「国境観光」を促すために，国内の他地域住民の通行証の現地申請受付制度を導入し，国内他地域の住民は戸籍所在地ではなく，延辺州で手続きができるようにした。また，延辺州内の都市機能と経済力を強化するために，延龍図一体化の試みが行われた。開発戦略の連動や交通・通信・金融システムの一元化管理などが促された。

　上記の具体的な施策はいずれも地域発のアイディアをベースにしたもので，中央省庁と協議のうえ実現した。ここでは，吉林省や延辺州から出された要望が重要であり，「先行先試」の具体化について地方政府が大きな役割を果たしている。「先行先試」の具体策の効果は地方政府に依存しており，地方によってまったく違うアイディアを出す可能性がある。地域の発想はその地域の自然環境の影響を受けており，地域の地理的・経済的特性，国際環境及び地方政府のリーダーシップにも依存している。

　「先行先試」は地域発展戦略における中央と地方の関係の変化を反映する典型的な事例であるが，新しいものではない。たとえば80年代から進められてきた改革開放，外資誘致，市場経済の導入などは既存の制度や体制に対する改革である

---

7) たとえば，「珠江デルタ地区改革発展規画要綱」，「江蘇沿海地区発展規画」，「黄河デルタ高効生態経済区発展規画」，「鄱陽湖生態経済区規画」，「皖江都市帯産業受入移転模範区規画」，「長江デルタ地域規画」，「海南島国際観光島規画要綱」，「山東半島藍色経済区発展規画」，「海峡西岸経済区発展規画」，「浙江海洋経済発展モデル地域規画」，「成渝経済区地域規画」，「広東海洋経済総合試験区発展規画」などに使用されている。

ために，ある意味で「先行先試」と言える。既存の地域発展戦略は中央主導であったため，中央政府による「先行先試」が多く，地方政府によるものは極めて少なかった。しかし，中国経済の発展につれて，地域間に異なる課題を抱えるようになり，中央政府が画一的な「先行先試」策を施行することが困難となった。地域発展戦略の実施は地方政府に委ねられ，既存の体制に対して地方発の「先行先試」が多く見られるようになった。

　「先行先試」の地域経済に与える影響として，吉林省の施策は内陸国境地域の国際協力モデルの構築，すなわち国際輸送の実現，国境観光の振興及び国境地域の都市化の進展などに示唆的な意味を持つと思われるが，短期的には延辺州ないし吉林省の経済発展のために中心的な役割を果たすことはできないと考える。吉林省政府は「先行先試」策を通じて国際協力モデルの模索を重要視しているが，経済政策の重点は長春市・吉林市の２大都市にあり，その効果も主に２大都市に表れている。延辺州では越境国際協力に関わる「先行先試」を行っているが，すぐに地域経済の成長を牽引する役割を果たすものではない。しかし，吉林省の「先行先試」は全国に良い先例を作ったこととなり，越境輸送はその後に黒龍江省にも広がるなど，全国的な意味があったといえよう。

## 4.3　開発重点地域

　「規画要綱」では長吉図地域を「内陸国境地域の開発開放の重要な拠点」として記している。国境都市の琿春市を開放の窓口，延龍図地域を開放の最前線，長春市・吉林市をその背後地として発展させ，長吉図地域が一体となって図們江地域の国際協力に参加することを明確にしている。しかし表４-３で示すように，GRP・固定資産投資・工業総生産・社会消費品小売総額・外国直接投資受入額などの指標において，長春市と吉林市の２大都市の合計が吉林省全体の６割前後を占めていることに対し，延辺州は同４％～８％にすぎない。吉林省の経済成長を効果的に促すためには，この２大中心都市の都市間交通インフラの整備や工業発展に力を入れなければならない。近年，地方政府はますます地域発展における中心都市の重要性を認識するようになり，中心都市を取り入れて沿辺地域と内陸地域の経済関係を緊密化させようとしている。そのために長春市と吉林市の都市・産業・物流・情報機能をより一層強化する必要がある。長期的にみれば，長吉図の発展を促して国際連携を促進し，吉林省のボトルネックである国際輸送ルート

表4-3　長春市・吉林市・延辺州の経済状況（2009年）

| 項　目 | 単位 | 吉林省 | 長春市 (a) | % | 吉林市 (b) | % | (a) + (b) | % | 延辺州 | % |
|---|---|---|---|---|---|---|---|---|---|---|
| 人口 | 万人 | 2,719 | 757 | 28% | 434 | 16% | 1,191 | 44% | 218 | 8% |
| GRP（名目） | 億元 | 7,279 | 2,849 | 39% | 1,500 | 21% | 4,349 | 60% | 450 | 6% |
| GRP成長率（実質） | % | 13.6 | 15.0 | ― | 16.5 | ― | ― | ― | 18.2 | ― |
| 固定資産投資額 | 億元 | 5,959 | 2,082 | 35% | 1,240 | 21% | 3,322 | 56% | 455 | 8% |
| 工業総生産 | 億元 | 10,027 | 4,493 | 45% | 1,698 | 17% | 6,191 | 62% | 434 | 4% |
| 社会消費品小売総額 | 億元 | 2,957 | 1,089 | 37% | 579 | 20% | 1,668 | 56% | 218 | 7% |
| 外国直接投資受入額 | 億ドル | 11.4 | 6.4 | 56% | 1.2 | 11% | 7.6 | 67% | 0.5 | 4% |

注：2009年は「規画要綱」が国務院に承認された年であるため，当時のデータを使用している。
出所：吉林省統計局「2010吉林統計年鑑」のデータより筆者作成。

の不足を解消すべきであるが，短期的にみれば，長春市と吉林市の一体化を促して大都市間連携を強化し，吉林省経済を力強く成長させることも重要である。

　2008年12月に行われた吉林省政府第18次常務会議では，「長吉図の開発開放は吉林省共産党委員会と吉林省政府の重大な政策決定であり，中央政府の早期承認に努める」と宣言し，地域戦略に対する国務院の認可に積極的に取り組む姿勢を示した。2009年12月の吉林省経済工作会議では，「全省の視点に立って，長吉一体化の発展を推進し，長春・吉林の2大都市の更なる発展を支援する」とも強調している。また，2010年3月に開かれた吉林省幹部研修会議では，「長春・吉林の2大都市は全省人口の45％，域内総生産の60％以上を占める。長吉一体化の推進は長吉図の開発開放を加速するのみならず，全省の都市・産業の空間的配置構造の改善に極めて重要」と指摘している。2012年12月に開催された吉林省経済工作会議は「長吉図開発開放先導区戦略を全省の発展の旗として掲げ，先行先試・改革開放・新たな成長拠点の形成の重要なプラットフォームと見なし，強力に推進する」としている。図4-3は吉林日報（吉林省政府の機関紙）が取り上げた「長吉図」と「長吉一体化」の記事数の変化を示している。「長吉図」の取り上げ記事数は一貫して「長吉一体化」より多いが，後者が急に増えた時期が数回あり，根強い存在感を示している。地方政府の施策の強調点は当時の経済情勢や地方の実情に伴って変化するが，国境開発を中心とする国際協力策と大都市を中心する国内開発策を相互に連動させ，協調的な地域政策の実施を目指す必要がある。後に習近平国家主席によって提唱された「一帯一路」は，このような国際協力と国

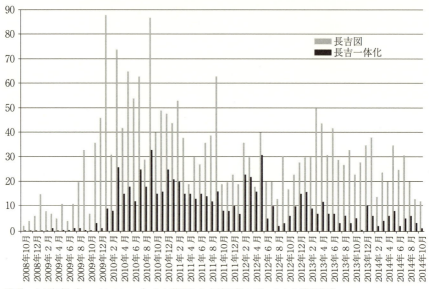

図4-3 「吉林日報」のキーワード取り上げ記事数の変化

出所：中国知網（http://cnki.net/）から整理した吉林日報のデータより筆者作成。

内開発を融合させる重要な政策であると考えられ，第7章で詳しく検討する。

## 5　実施の課題

　地方主体の発展戦略は，地方政府の積極性を引き出し，地域の特色に基づく独自の取り組みや「先行先試」が盛んに行われ，全国では多様な地域発展モデルを形成する有益な試みである。地方主体であるゆえに，様々な課題も浮き彫りとなっている。地方政府はどのように財源を調達してプロジェクトを立案し，中央省庁とどのような交渉を行っているかについては十分な情報が提供されず，外部から見えにくい状況にある。同じ中央政府に承認された地域発展戦略であるが，地方政府の間に財政力の格差が存在しているほか，民間資本の実力や中央政府との交渉力も相違していることから，実施の状況は地方によって大きく異なると推測される。全国的な課題の解決における地方政府の限界もみられ，たとえば国際政治環境の変化，不安定なグローバル経済の影響，大きな制度変更の難しさ，地方

財政規模の制限などがあげられ，地方政府では対応しきれない部分がある。プラスとマイナスの両面があるが，吉林省の国際輸送ルートの開拓も北朝鮮をめぐる北東アジア国際情勢の変化に揺られている。地方主体の発展戦略は長期戦略であるが，地方担当者の交代による実施の不確実性も含まれている。

## 6　本章のまとめ

　本章は吉林省の「規画要綱」を事例に挙げて，地方主体の発展戦略の実施の実態について検討した。いうまでもなく，地方政府は中心的な役割を果たしており，プロジェクトの立案，財源の調達，中央政府との交渉などでは地方独自の取り組みが含まれている。吉林省における国際輸送ルートの「先行先試」は国内貨物の越境輸送を実現し，吉林省の長年の悲願である海に出るという解題の解決に突破口を開き，国内のほかの地域にも良い先例を作った。政策実施の重点が省内大都市か国境地域かは状況によって変化するが，「一帯一路」によって調和の取れる政策になることが望まれる。地方主体の発展戦略であるゆえに様々な課題もあるが，徐々に改善していくことが期待される。

　残された課題としては，「規画要綱」の実施によって吉林省にもたらされた経済効果について，統計的に分析する必要がある。また，内陸部の吉林省のみならず，経済先行地域の沿海部の事例も検討したい。市場経済が浸透し，民間企業の力が強く，国際化のレベルが高い沿海地域はどのように発展戦略を実施しているか，内陸部とどう異なるかは興味深い課題である。今後の研究に託したい。

**参考文献**
岩下明裕［2000］「図們江の「夢」の彼方：対峙する中国とロシア」山口県立大学國際文化學部紀要，Vol.6，2000年3月，pp.114_a-103_a
苑志佳［2006］「中国における地域開発の課題と可能性に関する一考察：企業の視点から見た『東北再開発』戦略の行方」経済学季報，Vol.55（3/4），2006年3月，pp.111-145
岡本信広［2011］「胡錦濤政権における地域協調発展戦略は成功したのか」ERINA REPORT，No.109，2013年1月，pp.23-32
小川和男［1995］「中ロの経済協力は政治障壁を乗り越える―図們江周辺の国境地域で

実見した現状（中ロ関係）」世界週報，Vol.76(31)，1995年8月，pp.54-57

金向東［2010］「図們江地域の新地域開発計画（西口清勝教授退任記念論文集）」立命館經濟學，Vol.58 (5/6)，2010年3月，pp.785-804

権哲男・舒毅［2011］「中国の図們江地域開発の新しい動きと今後の課題」ERINA REPORT，Vol.98，2011年3月，pp.45-50

権哲男［2010］「『中国図們江地域協力開発計画要綱』の内容とその評価について」ERINA REPORT，Vol.92，2010年3月，pp.95-101

呉昊・應雋［2010］「長吉図開発開放先導区と中国国境地域開発開放モデルの革新」ERINA REPORT，Vol.96，2010年11月，pp.33-40

戴二彪［1997］「中国における地域開発戦略の推移と地域間所得格差の動向（1952-1992）」経済論叢別冊，調査と研究，Vol.12，1997年1月，pp.27-42

張紀潯［1993］「中国の沿辺地域発展戦略と国境地域開発―脚光を浴びる国境貿易を中心に」茨城大学教養部紀要，Vol.(25)，1993年，pp.101-137

鄭雅英［2010］「中国・図們江開発の新展開：先導する『長吉図』と『延龍図』」經濟學雜誌，Vol.111(3)，2010年12月，pp.54-73

野村允［1998］「図們江（豆満江）地域の動向―琿春市小史」えーじぇっくれぽーと，Vol.(18)，1998年12月，pp.35-44

穆尭芊［2011］「図們江地域協力開発計画網要からみた中国の地域発展戦略の実態」会議・視察報告 ERINA REPORT，No.101，2011年9月，pp.72-74

李聖華［2009］「図們江地域開発の進展と課題-延辺朝鮮族自治州を中心に」ERINA REPORT，Vol.88，2009年7月，pp.14-19

李燦雨［2003］「図們江地域開発10年―その評価と課題」エリナブックレット，Vol.2，2003年2月，pp.1-81

# ■第5章■ 不動産価格──海南省の事例

## 1　はじめに

　本章は，地方主体の地域発展戦略と不動産価格の関係を検討する。中国における不動産価格の変動は，人々の生活に直結していることや土地財政・バブル経済の行方を占うなどの意味で極めて重要なテーマで，国内外から注目されている。日本では，中国の不動産バブルの発生要因に関する様々な分析が行われているが，地方主体の発展戦略の観点から検討した研究はまだない。一方，地方主体の発展戦略は地域経済に様々な影響を及ぼしているが，不動産価格の変動は重要な一側面であり，不動産バブル発生メカニズムや今後の展望について考察する必要がある。

　不動産バブルの概念について，定説は見つからないが，『経済辞典』（金森久雄等編，有斐閣，p.1025）における「バブル」の概念を不動産分野に限定すると以下のとおりとなる。すなわち，不動産バブルとは，不動産価格が投資家の期待によってファンダメンタルズの価値から乖離することである。投資家の上昇期待が招く不動産価格の上昇はファンダメンタルズと無関係に起こりうるため，実体のない価格上昇として「バブル（泡）」と称される。

　中国の不動産バブルをめぐるこれまでの議論は，不動産バブルの発生状況とその実態，不動産バブルの発生要因とメカニズム，中国政府による政策対応の展開状況，不動産バブルの影響と今後の方向性にまとめられる。中国政府は2008年の米国発金融危機に対応するために4兆元政策を打ち出し，その前後に不動産バブルに対する関心も高まった。梁・陸［2008］は「不動産価格対家計平均年間収入比率」と「不動産購買価格対賃貸価格比率」を計算し，2006年から2007年にかけて深圳市と広州市の不動産価格が異常ともいえるほど膨らんだと指摘した。吉冨

［2008］は全国レベル及び地域別のデータを検証し，不動産価格が全国一律ではなく，地域ごとにかなり異なる動きを示していることを明らかにしている。

本章は，中国の不動産バブルの発生要因に関するこれまでの議論を整理したうえで，地方主体の地域発展戦略による不動産バブルへの影響とそのメカニズムを検討する。第2節では不動産バブルの発生要因に関するこれまでの議論を整理する。第3節では地方主体の発展戦略と不動産バブルとの関係を考察し，第4節では海南島の事例を挙げて分析する。第5節では地方主体の発展戦略による不動産バブルの課題を明らかにし，第6節でとりまとめる。

なお，不動産バブルであるかどうかの判断基準については，本章の主要な分析対象ではなく，説得力のある基準を見出すことが困難である。たとえば，不動産価格の時系列データを取れたとしても，標準価格の何倍をバブルと判断するのか，また，中国では標準価格がどのように決まるのか，定説は見当らない。したがって，本章で検討する不動産バブルは，不動産価格の急激な上昇を指していることにとどめる。

## 2　不動産バブルの発生要因に関する既存の議論

日本には中国の不動産バブルの発生要因に関する研究が豊富に蓄積されている。これらの先行研究を整理し，代表的な論点を紹介する。具体的には，以下5つの論点が浮かび上がってくる。

### 2.1　不動産市場の需給関係のアンバランス

吉冨［2008］は，都市人口の増加，都市再開発による土地利用の拡大，結婚，居住環境改善などによる不動産需要が増大しているにもかかわらず，都市における土地の払い下げ面積は2005年から減少傾向が続いており，竣工面積は販売面積を下回っていると指摘した。不動産市場における供給の先細りが一部地域で発生している。宋［2010］は，都市部住民の可処分所得が最近10年間で約3倍に増加したため，不動産購買能力が拡大していることを紹介した。不動産需要の内訳としては，前述の都市人口の増加及び居住環境改善のための買換えのほか，住宅賃貸市場の未整備が実需の増大に繋がった。

## 2.2 投機目的による資金流入

吉冨［2008］は，中国では国外への投資が制限され，預金金利が消費者物価上昇率よりも低いため，余剰資金の行き場がなくなり，不動産に投機的資金が集まる結果になったと力説した。個人が所有する住宅に関しては，取得や転売の際に複数の税が課せられているが，保有に関しては事実上課税されていないため，投機対象としての住宅の魅力が高い。梁・陸［2008］は深圳市の不動産バブルの要因を分析した。具体的には，購入と転売を繰り返すことで得られる莫大な利益，産業構造の転換の遅れによる投資先の欠如，人民元の切り上げによる外国資本の流入等が挙げられた。孟［2005］は「温州の住宅購入集団」という投資グループの動きに注目した。温州人は2001年に上海の不動産市場に投資し，巨額な利益をあげた後，北京，山東，四川，重慶などの市場にシフトし，これら地域の不動産価格の急上昇をもたらした。特定の地域集団による不動産バブルへの影響を分析したユニークな研究である。

## 2.3 金融市場における過剰流動性の発生

吉冨［2008］によると，中国は，外貨準備を確実に積み上げており，過剰流動性の発生に対する圧力は依然として大きいため，バブルになりやすい環境である。梁・陸［2008］は，拡張的な金融政策の下で住宅に対する融資が急速に増加したと指摘し，2001年から2007年までのM2の年平均増加率は17.18％に上り，2007年12月末時点でM2の総額は40.34兆元になったと紹介した。柯・王［2010］は国有銀行における過剰な融資について，国有銀行が国有企業グループに融資し，その資金が国有企業グループ傘下の「財務公司」のようなノンバンク金融機関を通して，資金管理使途のルールに触れることなく不動産や株式市場に流れたと指摘した。国有企業の投機活動の仕組みを明らかにした研究である。

## 2.4 地方政府の土地頼みの財政事情

徐［2011］は，「土地財政」[1]は中国特有の土地依存型の地方財政システムであり，土地使用権の譲渡収入は地方財政にとって決定的に重要であると指摘した。これによると，地方政府の土地譲渡金収入は，2010年に2.9兆元（約41兆円）に達し，同期の地方財政の予算内収入（4.1兆元，約57兆円）の3分の2規模に膨らんだ。また，中国の土地市場における二重価格構造の存在も明らかにした。す

なわち，地方政府は企業を誘致するために工業用地を低い価格で提供する一方，土地譲渡金などの収入を得るために住宅用地・商業用地を高い価格で競売するという二重構造が形成されており，地方政府にとって利益の最大化が図られている。

　孫［2008］は地方財政の構造を検討した。地方政府の財政収入は，予算内収入と予算外収入の2つに分けられ，予算内収入の1割前後は土地取引・建設関連の税収で，予算外収入の半分は土地払い下げによるものだと言われている[2]。梁・陸［2008］は税制面からのアプローチを行った。中央と地方政府の分税制には，国税が大きな割合を取り，地方に残された分は，地方政府が担う公共サービスの規模に比べどうしても足りない。財政支出と収入の溝を埋めるために，地方政府は別の収入源を探さなければならず，現時点では，土地使用権の譲渡収入は最大の源泉であると指摘した。

## 2.5　市場関係者による不当な市場操作

　宋［2010］の分析によると，土地取引の過程において，地方政府あるいはその担当者は，巨額な経済的利益を享受することが可能である。デベロッパー・仲介業者・金融機関・投資家・地方政府などの市場関係者は，一種の利益共同体を形成し，不動産投資利益の長期化かつ最大化を追求している。また，地方政府が不動産市場への関与を推し進めている背景には，巨大な経済的利益だけでなく，政治的な利益もあると指摘した。GRP 成長率が地方政府幹部の業績を評価する主要な指標であるという状況においては，不動産バブルを引き起こしてでも，それを最大限利用しようとしている。これは地方政府の担当者にとって，一種の合理的な選択肢である。任［2009］は，不動産市場における国有不動産企業の行動を検討した。それによると，国有不動産企業は，政府との強い関係を利用して土地

---

1）徐［2011］によれば，土地財政（土地関連収入）の構成は以下のとおりである。①土地の使用，売買に直接的に関わる土地使用税，土地増値税（付加価値税），耕地占用税，契約税関連収入，②土地の使用，売買に間接的に関わる税収入（たとえば，不動産販売する際にデベロッパーに課する営業税など），③土地を管轄する関連部門の徴収費用（耕地開墾費，新増城鎮〈都市〉建設用地有償使用費など），④制度化されず，予算外収入に属する行政的な費用の徴収，土地使用権を売買することで得られる土地譲渡金収入。①～③は予算内収入，④は予算外収入である。

2）地方政府の予算外収入について，甘［2010］も検討を加えている。

を取得し，莫大な投資利益を上げている。一部の政府機関は出資して国有不動産企業を立ち上げて政策的な便宜を図っている。以上のように，中国の不動産バブルの発生要因をめぐり，様々な分析が展開されている。次節では，これまでの分析とは別の側面，すなわち，地域発展戦略という新しい視点から不動産バブルの発生要因を検討する。

## 3　地方主体の地域発展戦略と不動産バブル

### 3.1　不動産バブルの発生メカニズム

まず，地方主体の地域発展戦略が不動産バブルの発生を誘発するメカニズムを分析する。地方の行政担当者が地域の経済発展や自身の業績のために，地域の特色を生かして積極的に発展戦略を策定する。発展戦略が国務院に承認されると，当該戦略は各省庁・地方に通知されるため，当該地域に対する理解や認知度が向上する。マスコミはこれを大々的に報道し，いわゆる「国家戦略」として全国の投資家の関心を呼び寄せる。国務院の承認は「国家戦略」への格上げとみなされ，当該地域の発展促進に対する中央政府の決意が示され，当該地域は全国にとても重要であると宣伝される。国からの財政的・政策的支援が重点的に行われると報道され，地方政府も発展戦略を実行するために，大規模な経済プロジェクトを実施すると見込まれるようになる。当該地域の経済発展が加速し，インフラ整備・工業・商業・住宅・レジャーなど様々な土地需要が生まれ，土地価格が急速に高騰すると予測される。マスメディアの報道と相まって，投資家による心理的期待が連鎖的に拡大し，全国からの投機的資金が当該地域に流入する。大量の資金が株式市場に流れ込み，不動産・インフラ整備関連の株価が一気に上昇する。これらの結果，土地価格が高騰し，不動産バブルが発生する。これが，地域発展戦略に起因する不動産バブルの発生メカニズムである（図5-1）。

### 3.2　不動産バブルの発生状況

まず，地域発展戦略が中央政府に承認されると，当該地域の不動産関連株価が上昇し，不動産価格が高騰する傾向が顕著にみられる。たとえば，2007年，広西チワン族自治区（以下広西省）では，中央政府が広西北部湾に対する経済支援策を打ち出すと報道された関係で，投機的資金が当該地域に流入した。その結果，

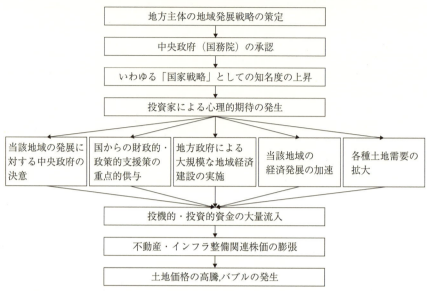

図5-1 地方主体の地域発展戦略による不動産バブルの発生メカニズム

出所：筆者作成。

2007年半ばから年末にかけて，注目地域である北海市（広西省）の新築不動産価格は17％から20％前後上昇した[3]。2008年2月21日，国務院が「広西北部湾経済区発展規画」を承認したと公表されると，広西省関連企業の株価が一斉に上昇し，「五洲交通」，「北海港」，「河池化工」，「桂冠電力」などインフラ関連株価も大きく高騰した[4]。また，海南省では，国際観光リゾート地を目指す発展戦略を中央政府が認可すると（2010年1月4日），海南島の不動産価格は異常に高騰した。「21世紀経済報道」の記事によると，同省三亜市にある高級物件の「鳳凰島」では，1月11日の発売当日に700件の部屋が完売し，最高価格は7万元／平方メートルを記録した[5]。吉林省では，「中国図們江地域協力開発規画要綱」が国務院に承認（2009年11月）されてから1年余りで，対象地域の1つである延辺朝鮮族自

---

3)「掘金投資鎖定北部湾」南寧日報，2008年3月3日より。
4)「北部湾能否成為新投資主題」証券時報，2008年2月22日より。
5)「我為島狂的熱情何時退―海南概念股衆生相」21世紀経済報道，2010年2月1日より。

治州琿春市の住宅価格が倍以上に高騰した。このように，地方主体の発展戦略は不動産バブルが発生するきっかけであり，時系列的に見て国務院の認可と不動産関連株の上昇に因果関係があると認められる。地域発展戦略は不動産市場の需給関係に影響を与えるほか，外部から投機的資金の流入を引き起こし，地方政府の土地財政の運営にも大きな影響を及ぼしている。

次に，中国の株式市場では，2007年から「地域ブロック」[6]という新しい概念が生まれ，投資家の資本はこの概念に誘導されてバブルの発生に貢献している。「地域ブロック」とは株式市場における地域別上場企業の集合であり，金融取引の専門用語になっている。地域発展戦略が中央政府に承認されると，投資家による当該地域への関心が高まり，当該「地域ブロック」の関連株が上昇する。たとえば，2011年3月2日，中央政府が「成渝経済区区域規画」（重慶市・四川省）を承認したことが公表されると，「重慶（成渝）ブロック」関連78社の株価は平均0.73％上昇した。中でもインフラ整備・不動産関連企業の株価の上昇が顕著であった[7]。この頃から「地域ブロック」は業界用語として，証券専門誌に頻繁に取り上げられるようになった。2010年，中国証券報が「地域ブロック」を取り上げた記事は20本，証券日報は13本，上海証券報は15本，証券時報は9本であった[8]。また，中国証券報は有望な地域を「上海ブロック」，「海南ブロック」，「新疆ブロック」など12のブロックに分類し，地域ごとに政府の政策動向を紹介した[9]。

さらに，地域発展戦略の策定及び中央政府の承認は，投資家の取引行動に実質的な影響を与えている。投資家の関心は，かつて自動車，環境，エネルギーなどの有望と言われる産業に向けられていたが，次第に地域発展戦略が中央政府に承認される可能性の高い地域はどこかに変化してきた。「中国地図を見て株を買う」投資家が増え[10]，株を売買しているというより，「地域」を売買していると指摘されるほどである[11]。投資家は今後承認される地域発展戦略を予測しながら，

---

6）中国語では「区域板塊」である。
7）「成渝経済区獲批，帯給重慶5,000億投資」重慶商報，2011年3月3日より。
8）「中国知網」の新聞記事データベース（http://dlib.cnki.net）より（2012年3月6日確認）。
9）「中国証券報」のホームページ（http://company.cnstock.com/industry/rdzt/yzjrqy/）より（2012年3月6日確認）。
10）「区域振興継続深入　区域概念能否熱点重燃」通信信息報，2010年9月1日より。

政府からの情報収集を懸命に行い，一部のマスメディアも，発展戦略対象地域における不動産関連株価の上昇を予測し，投資家に株の購入を検討するよう勧めた[12]。このような投資家の行動により，地域発展戦略が公表されると，不動産のみならず，当該地域の建材，港，道路，鉄鋼，化学工業，素材，家電，自動車，ホテル，観光，流通など幅広い分野の上場企業の株価が上昇する。しかし，不動産関連株の高騰が最も顕著である。したがって，地域発展戦略による不動産バブルは，当該発展戦略が中央政府に承認される前から始まる場合がある。ある地域発展戦略がいわゆる「国家戦略」に昇格するという情報は事前に金融市場に流れ込むことがあり，投資家は事前に土地を取得する（あるいは土地を所有する企業の株を取得する）ことを狙っている。地価が高騰したら，それを売却して高い利益が得られるからである。

　しかしながら，以上のような地方主体の発展戦略に対する投資家の理解には，大きな間違いがあると思われる。すなわち，地域発展戦略は中央政府の承認を経ていわゆる「国家戦略」に昇格し，中央政府から財政的・政策的な支援策が重点的に供与されるという認識が間違っている。穆［2012］が示したように，地域発展戦略には，国家的な意味があると認められるが，中央政府が実施するものではなく，地方政府が主導的な役割を果たして実施するものである。中央省庁からの支援はあり得るが，地域発展戦略の実行は基本的に地方政府の財源及び施策に依存している。中央政府は，それぞれの地域の経済的特性を生かし，多様な地域発展モデルを地方主導で構築することにより，地域間の経済協力が促進されることを期待している。中央政府から，個別の地域に集中的財政支援や優遇策が提供されることは考えにくい。このような投資家の認識の違いは，後述の地域発展戦略によって誘引される不動産バブルの早期の終結に関係している。

　他方，地域発展戦略による不動産関連株価の上昇は，その発生の程度により，必ずしも当該地域の不動産バブルを意味するものではない。地方にとって，地域開発に必要な資本を誘致する意味において，一定の範囲内の株価の上昇は有意義であろう。また，投機的資金が一部の地域に流れることにより，マクロ的には全

---

11)「区域主題輪番唱戯，火爆勢頭能否延続」金融時報，2010年2月9日より。
12) たとえば，経済日報の記事（2010年3月26日）では，「成渝経済区」（成都・重慶）の10社の有望上場企業を紹介している。

国における不動産バブルの発生の圧力が低減することも考えられる。地域発展戦略による不動産バブルへの影響は，地域性の制約を受けながら，その度合により地方経済ないし全国経済にとってプラスの影響を与える側面もある。しかしながら，地域発展戦略により集まった資金は明らかに投機的なもので，地域の関連株価を大きく変動させ，不動産価格が急激に上昇する場面においては，不動産バブルを誘発する危険性がある。

地域発展戦略が，地方の不動産バブルを誘発する具体的な態様について検証することは難しい。不動産バブルの発生要因は複雑で，地域発展戦略のみで説明されうる部分は限られている。不動産バブルの要因として様々なことが考えられるが，それぞれの要因を定量的に検証することは難しい。この点では，既存の不動産バブルに関する先行研究も同様である。また，地域発展戦略の公表時期とバブルの発生時期は必ずしも一致しておらず，その関連性を検証することも困難である。なぜなら，地域発展戦略の承認時期に対する投資家の予測は，政府関連情報の収集状況に依存しているからである。情報が確実でない場合もあれば，政府の承認時期が変わる場合もある。このような状況の中で，海南島に発生した不動産バブルは，その時期及び不動産関連株価の動きからみると，地域発展戦略が不動産バブルを誘発した典型的な事例であると考えられ，以降詳細に検討したい。

## 4 「海南国際観光島」の事例分析

海南島の事例検討は，以下3つの理由で本章の分析に有益である。第1に，地方主体の発展戦略による不動産バブルの発生について，その程度からみて最も顕著に表れたのが海南島である。第2に，ほかの地域と比較すると，海南島の不動産バブルの発生時期と，当該地域発展戦略の承認時期との間には明確な関連があると認められる。第3に，利用可能なデータとして海南島の不動産関連上場企業の株価があり，その変化に対する検討が可能である。

海南島は海南省政府の所管地域で，暖かい気候と美しい海を持ち，中国では有名な観光リゾート地である。海南省政府は，「海南国際観光島」を目指す発展戦略を策定し，中央政府の承認を申請した。2010年1月4日，中央政府は「海南国際観光島の建設と発展の促進に関する若干の意見」（2009年12月承認）を公表し，海南島の地域開発を国家レベルで支援することを明確にした。さらに，2010年6

表5-1 海南省の一部不動産関連上場企業の概要と土地所有状況

| No. | 会社名 | 上場名 | 上場市場 | 証券コード | 業　種 | 所有土地 |
|---|---|---|---|---|---|---|
| 1 | 羅頓発展株式会社 | ST 羅頓 | 上海証券取引所 | 600209 | ホテル経営，建築，エネルギー，電子設備，不動産など多業種経営 | 所有土地120ヘクタール以上 |
| 2 | 海南高速道路株式会社 | 海南高速 | 深圳証券取引所 | 000886 | 高速道路の設計・工事・保全，不動産，流通，観光，エネルギー，港開発など多業種経営 | 海口，三亜などに20万平方メートル以上の不動産物件を開発。所有土地62ヘクタール以上 |
| 3 | 海口農工貿（羅牛山）株式会社 | 羅牛山 | 深圳証券取引所 | 000735 | 農産品，農畜，不動産，建築，自動車部品，化学工業，家電製品など多業種経営 | 所有土地660ヘクタール以上，うち130ヘクタールが開発可能 |

出所：http://stock.cn.yahoo.com（2012年3月16日確認）及び各種新聞報道より作成。

月19日，国務院は「海南島国際観光島規画要綱」を正式に承認し，海南島をめぐる地域発展戦略を政策的に具体化した。このような動きから，海南島を「中国のハワイ」として発展させる国の決意が示されたと見られ，海南島に投資する機運が高まった。金融市場では，中央政府が海南島に対して重点的に支援することが期待された。また，地方政府である海南省政府の強力な支援の下，道路，港，空港，ホテル，観光施設，不動産などの建設プロジェクトが始まることも予測された。海南島の地域開発が急速に進み，土地需要の拡大が必至であると見込まれた。

　2010年1月4日，海南島に多くの土地（使用権）[13]を所有する不動産関連上場企業の株が上昇し始めた。表5-1は，海南島では良く知られている不動産関連上場企業「羅頓発展（ST 羅頓）株式会社」，「海南高速道路株式会社」，「海口農工貿（羅牛山）株式会社」3社の概要を示しているが，いずれも広い土地を所有する多業種経営の企業グループである。海南国際観光島に対する中央政府の支援の姿勢が明らかにされてから，前述の地域発展戦略による不動産バブル発生メカニズムが働き始め，3社の株価が急激に高騰した[14]。「ST 羅頓」の株価は，2010年1月4日の1株6.73元（始値）から2月12日の1株16.27元（終値）に上

---

13) 中国では都市土地の所有権は国にあり，個人又は企業はその使用権のみを所有することができる。

昇し，わずか1カ月余りの間に2.4倍に高騰した。「羅牛山」は同6.28元から同12.60元に上昇し，2.0倍に高騰した。「海南高速」は2010年1月4日の同5.66元から2月4日の同10.94元に上昇し，1.9倍に高騰した。また，中国経営報の記事では，1月4日から2月9日まで，海南省上場企業全体の売買回転率[15]は6.57%となり，海南企業の株が頻繁に取引されたことが確認できる[16]。

不動産関連株価の高騰の背景には，地域発展戦略に関連する海南省政府の土地利用制限策の影響もあったと考えられる。海南省政府は2010年1月15日に，海南島における土地の譲渡及び新規開発プロジェクトの認可を一時ストップさせた[17]。国務院による「海南島国際観光島規画要綱」の正式認可を待ち，それまでは土地に関する大規模な譲渡や開発を行わないことを決めた。この政策決定は，海南島における土地供給量の減少をもたらし，一部の不動産企業に大きな打撃を与えた。一方，すでに土地を持っている不動産会社にとって，その土地の価値が高く評価されるようになり，この政策は不動産関連株価の高騰に拍車をかけた結果となった。上述の3社の場合，海南省政府の土地制限策が公表される前から土地を所有していたため，投資家に株を買われて株価が高騰した。

不動産市場の状況を見てみよう。2010年1月に，いわゆる「国家戦略」への期待に加え，海南省政府の制限策が響いた結果，海南島の不動産価格は「爆発的」ともいえる高騰ぶりを見せた。合徳成強［2010］によると，省都海口市の住宅価格は，1月からわずか数カ月の間に，4千元／平方メートルから1万8千元／平方メートルに高騰した。著名な観光地で知られる三亜市では，中国大陸から大量の投機的資金が流れ込み，住宅価格は6千元／平方メートルから一気に2万元／平方メートルに高騰した。住宅価格が1平方メートルにつき，1日に3千元以上値上がりした事態が起こり，一等地では最高7万元／平方メートルまで上昇した[18]。不動産価格は，海南島の経済規模と人々の生活水準から大きくかけ離れ，

---

14) 以下3社の株価に関するデータの出所は，http://stock.cn.yahoo.com（2012年3月16日確認）である。
15) 売買回転率とは，一定期間の売買高を上場株式数で割ったもので，市場や個別銘柄の活況の度合いを表す指標である。
16)「虎年看"板"」中国経営報，2010年2月22日より。
17) http://news.qq.com/a/20100119/002466.htm より（2012年3月16日確認）。
18)「海南，你発焼了嗎」広州日報　2010年2月3日より。

深刻な不動産バブルが発生した。前述のように，不動産バブルの発生には様々な要因があるが，海南国際観光島をめぐる地域発展戦略の策定と承認が，当該地域の不動産バブルを誘発したものであることは明らかである。

しかし，2010年4月以降になると，前述の3社の株価は急激に下落し，6月には早くも1月4日以前の水準に戻った。不動産関連株価の高騰は短期間に終わった。国務院が「海南島国際観光島規画要綱」を正式に承認した6月19日前後も，3社の株価には目立った動きはなかった。投資家にとって，海南国際観光島という「国家戦略」の蓋をいったん開けてしまうと，投資の魅力を維持することは難しいものであった。当該地域に対する投資家の短期的な期待は，経済発展を促すための投資行動に変化しなかった。不動産関連株に対する投資家の売買行為は，明らかに投機的なものであった。地域発展戦略がいったん承認されると，関連株は短期の投機対象としての価値がなくなるため，新規の資金流入は考えられない。すでに投資した投資家も地域の成長に関する予測が明確ではないため，保有株を高値で売り出す行動に出る。このことが関連株価の急落をもたらす。地域発展戦略をめぐる短期的な資金の出入りには，投資というより投機的な行動を選択する傾向がある。

以上，海南国際観光島の事例検討を通じて，地域発展戦略に起因する不動産バブルの実態を明らかにした。海南島における不動産バブルの発生には複雑な要因があると思われるが，地域発展戦略は重要なファクターの1つであった。上述の先行研究で指摘されたとおり，不動産市場における需給関係のアンバランスや金融市場の過剰流動性の発生なども不動産バブルを助長したと考えられる。

## 5 地域発展戦略による不動産バブルの課題

### 5.1 不動産バブルの不確実性

地方主体の地域発展戦略による不動産バブルには，発生の地域，時期，規模の不確実性があり，政策的に対応することが難しい。地域発展戦略には明確な対象地域はあるが，すべての対象地域に不動産バブルが発生するわけではなく，当該地域に対する投資家の行動は把握しにくい。また，不動産バブルの時期は様々であり，その程度も異なる。この不確実性は，当該地域の知名度が関わっているほか，投資家における発展戦略の具体的な政策に対する理解，地域の経済発展に対

する予測，地方政府の施策など多くの要素と関連している。前述の海南島では，不動産関連株価の高騰が見られ，短い期間ではあるが続いた。一方，安徽省では，「皖江都市帯産業受入移転模範区規画」という地域発展戦略があり，中央政府に承認される前には，港関連企業の株価が上昇したが，当該戦略の承認が公表された途端に，その企業の株価が逆に下落したケースがある[19]。投機的な期待が消えたからであろう。地域発展戦略がどの地域に，どの程度の不動産バブルを引き起こすかについて，事前に把握することは困難であり，対応することも難しい。

## 5.2　地域経済に与える長期的な影響

地域発展戦略がもたらす不動産バブルは，長期的にみて地域経済にマイナスの影響があると考えられる。投機的資金が，短期利益を求めて不動産市場に流入した結果，長期投資に必要な資金が抑えられる恐れがある。地域発展に必要な長期的なインフラ整備，企業の技術革新と国際競争力の強化などに対して，投資家の関心は薄いと言わざるを得ない。国際商報によると，2009年に海南島における不動産開発投資は287.9億元に達し，前年比44.3％増加したが，製造業関連投資は同33.9％減少し，重点工業企業50社の営業利益も同36.9％減少した。不動産開発で工業関連企業への投資が抑えられたと指摘されている[20]。また，先行研究にあったとおり，不動産バブルは土地頼みの地方財政に大きな影響を及ぼしている。土地価格が上昇しているときには，地方政府の土地関連収入が増えるが，不動産バブルが崩壊した時に，高価格で土地が販売できなくなり，深刻な財政難に陥る恐れがある。また，不動産価格が上昇する前に市街地や郊外の土地を安く確保し，しばらくして高く譲渡するというビジネスサイクルが成り立つが，地方によってバブルが崩壊したらそれが維持できなくなる。

## 5.3　地域発展戦略と不動産バブルの構造的な課題

地方都市における不動産バブルは，投機的資金の動きと地方財政の構造問題と深くかかわっている。投機的な資金の急速な流入と流出は，中国金融市場における過剰流動性の発生，情報の非対称性，多元的で長期的な投資先確保の困難さ，

---

19)「虎年看"板"」中国経営報，2010年2月22日より。
20)「区域規画遍地開花　熱潮中須防中暑」国際商報，2010年7月1日より。

金融税制の問題などと関連している。また，土地財政と呼ばれる地方財政の収入構造は，高い不動産価格の維持を望み，地方政府が土地価格を引き下げるインセンティブは弱い。したがって，不動産バブルの根源は金融市場と地方財政の構造問題にあり，地方主体の地域発展戦略はこのような構造問題が浮き彫りになる一つのきっかけを提供したといえよう。金融市場と地方財政の構造改革は長時間を要することから，地域発展戦略による不動産価格の急激な変動と地方政府の行政的なコントロール策がしばらく続くことになった。

## 6 本章のまとめ

中国の不動産バブルの発生要因に関するこれまでの研究では，不動産市場における需給関係のアンバランス，投機目的による資金流入，金融市場における過剰流動性の発生，地方政府における土地頼みの財政事情，市場関係者などによる不当な市場操作の要因が挙げられている。本章は，これらの研究で注目されていない地域発展戦略という新しい視点から，海南島の事例を通じてその発生要因とメカニズムを検討した。

地方主体の地域発展戦略は，中央政府の承認を経て，いわゆる「国家戦略」に昇格して知名度を高め，金融市場における投資家の関心を呼び寄せる。投資家は，当該地域に対する国の重点的な政策支援，地方政府による経済開発の推進，地域経済発展の加速などを予測し，土地需要の拡大を見込んで投機的資金を投入する。その資金が短期的に大量に流入した場合，当該地域の不動産関連株価を上昇させ，不動産価格の高騰をもたらす要因となっている。

地域発展戦略は中央政府の支援の下，地方政府が実施し，当該地域の長期的な経済発展を促進する役割を担うはずである。本章の分析で明らかにしたように，地域発展戦略の承認は，当該地域の不動産関連企業の株価を高騰させ，不動産バブルを引き起こすという側面もみられる。不動産バブルは，市場の動きではあるが，地域住民の生活を直撃するほか，中央政府のマクロ経済の運営に対してもマイナスの影響を与える。また，過度な不動産バブルは，工業関連企業への投資資金が抑えられ，地方財政に危険をもたらして，長期的にみて地域経済へのマイナスの影響が大きい。今後は，地域発展戦略による不動産バブルの影響を認識し，投資家に対して発展戦略の意義や政策内容を説明し，当該地域への投機的資金の

流入を最小限にとどめるべきであろう。

　本章にはいくつかの課題が残されている。地域発展戦略に起因する不動産バブルの全容について，地域別不動産価格の変化のデータを用いて検証する必要がある。本章は事例分析を利用してその実態とメカニズムを解明したが，すべての地域に対する検証を今後の課題にしたい。また，代表的な地域を選定し，地方政府・不動産企業・個人投資家などの市場プレーヤーの行動パターンを分析し，不動産バブルの実態をより詳しく把握する必要がある。不動産バブルの発生要因について，地域発展戦略とほかの要因との関連性を検証する課題も残っている。

## 参考文献
### 日本語文献
柯隆・王炎侠［2011］「中国不動産バブルの背景，現状と行方」『国際金融』Vol.1213, pp.6-13

甘長青［2010］「中国の地方財政は黒字なのか」『RIKIIS journal』Vol.5, pp.1-13

甘長青［2011］「還暦を迎えた中国における地方財政調整の新動向」『九州情報大学研究論集』Vol.13, pp.35-55

孫一萱［2001 a］「改革・開放後中国地方財政の発展と政府間財政関係―天津市の事例を中心に」『調査と研究』Vol.21, pp.65-81

孫一萱［2001 b］「分税制改革以後の中国の地方財政に関する考察--天津市地方財政を中心に」『アジア研究』Vol.47(2), pp.1-15

孫田夫［2008］「中国動態 China Watch 不動産救済策の狙いは地方財政のテコ入れ」『週刊東洋経済』Vol.6172, pp.136-137

徐一睿［2011］「中国の不動産バブルと土地財政（特集 安定化めざす中国の社会経済事情）」『東亜』Vol.527, pp.24-33

舒瑾［2009］「中国の財政改革と地方財政の変容―長春市を中心として，1984～2007」『現代社会文化研究』Vol.46, pp.35-48

宋涛［2010］「中国における不動産バブルの形成メカニズム―見える手によるバブル化」『金沢星稜大学論集』Vol.43(3), pp.27-40

任哲［2009］「中国不動産業界における政府関与のジレンマ―中央・地方関係の視点から」『アジア研究』Vol.55, pp.1-18

穆尭芊［2012］「中国における地域発展戦略の実態と課題―中国図們江地域協力開発規画要綱の事例―」『ERINA REPORT』Vol.103, pp.38-51

孟芳［2005］「中国の不動産バブルの行方―中央と地方の確執」『Rim：環太平洋ビジネ

ス情報』Vol.19, pp.36-56
吉冨拓人［2008］「中国の地域別不動産価格の動向：価格変動要因と価格抑制策」『中国経済研究』Vol.5(2), pp.61-80
梁堅・陸小媛［2008］「珠江デルタ地域における不動産バブルの発生とその要因」『現代中国事情』Vol.22, pp.20-27

**中国語文献**

方傑・高雅瑞・銭葉舒［2009］「区域板塊概念与産業転移」『中国証券期貨』Vol.5, pp.13-16
高凌江［2008］「地方財政支出対房地産価値的影響—基于我国35個大中城市的実証研究」『財経理論と実践』Vol.29, pp.85-89
合徳成強［2010］「区域板塊機会此起彼伏」『財富縦横』Vol.9, p.19
簡暁彬・劉寧寧・劉麗［2011］「論地方政府在房地産調控中的多重博弈」『国土与自然資源研究』Vol.4, pp.24-26
喬坤元［2011］「房地産価格波動対地方政府財政収入影響」『新疆農墾経済』Vol.6, pp.89-92
趙息・孫継国［2012］「中国房地産価格与地方財政収支関係的実証研究」『華東経済管理』Vol.2(2), pp.95-97

# ■第6章■ 地域発展の「気運」──河南省の事例

## 1 はじめに

　本章は，地域開発政策から半歩離れて，地域経済の実態を検証する。具体的には，代表的な地域に焦点を当てて，建国から現在までの経済発展の歴史を整理し，統計データを駆使してその実態を明らかにする。現地調査で得られた知見を取り入れながら，地域の経済はどのように自身の特性に合わせて成長し，産業構造はどのように変化してきたかを考察する。これらの実態分析を通じて，地域経済にとって時代の環境が持つ意味や地域が目指す方向性などの「気運」について考える。

　経済的な言葉ではないが，地域経済の成り行きを観察する際に留意しておきたいものに「気運」というものがあると思える。小さな漁村だった深圳は改革開放を機に中国有数の大都市に成長したが，国際連携で資本・技術・労働力・天然資源などの生産要素がすべて揃っている図們江地域開発は当初の期待とまだ大きな距離がある。人口が多くて貧しいイメージがあった安徽省は近年長江デルタからの産業移転を受け入れて大きく発展しており，長年開発資金と人材の不足によって悩まされてきた河南省は地域一体化と「一帯一路」の取り組みで大きく注目されるようになっている。計画経済時代には共和国の長男と呼ばれた東北地域[1]は2000年代初頭の東北振興策によって大きく盛り上がったが，近年は厳しい経済情

---

1) 本章における地域区分は，東北地域が遼寧省，吉林省，黒龍江省の3省，中部地域が山西省，安徽省，江西省，河南省，湖北省，湖南省の6省，東部地域が北京市，天津市，河北省，山東省，上海市，江蘇省，浙江省，福建省，広東省，海南省の10省，西部地域が内モンゴル自治区，広西チワン族自治区，重慶市，四川省，貴州省，雲南省，チベット自治区，陝西省，甘粛省，青海省，寧夏回族自治区，新疆ウイグル自治区の12省である。

勢に直面するようになった。このように，20年や30年のスパンで地域経済を観察すると，激動ともいえるほどの変化が起きており，その成り行きを事前に把握することはほぼ不可能である。しかし，地域の興隆と停滞は必ず経済的な要素で説明される部分があり，たとえば世界の市場動向，全国の経済情勢，中央政府の政策，地域経済の特徴，地方政府の取り組みなどは地域経済の「気運」に大きな影響を与えると考えられる。これらの要素は地方にとってコントロールできる部分とできない部分があるほか，時代とともに激しく変化していくため，不確実性が高い「運」的な側面が強い。しかし，興隆する地域はこれらの要素の流れをつかんで成長しているとみられ，その理由について合理的で説得力のある答を出すことも可能である。地方はこのような流れをしっかり捉え，地域の特徴を生かしながら，程度の差があるとしても地域成長の「気運」を醸成する必要がある。その取り組みが，地域成長の流れを変えるほどの効果を得られるかどうかは別であるが，地域の経済発展に有効な政策を行うためには必要不可欠である。

　本章は，中部地方に属する河南省に焦点を当てて，地域発展の歴史的な展開を整理するとともに，地域の経済・産業・政策を分析し，河南省経済の実態と成長の構図を明らかにする。中華人民共和国建国から現在までの河南省経済の展開を踏まえ，最近の経済発展状況を分析し，省内産業の構造変化を明らかにする。また，最近の中国政府の政策構想である「一帯一路」に関連した河南省の取り組みを整理し，地域経済にもたらす影響を検討する。河南省の事例検討を通じて，地域経済の「気運」についての議論を深めたい。

　河南省を取り上げる理由は以下の3つがあげられる。まず，近年中国の地域経済は大きな転換点を迎えている。東北地域の低迷と対照的に，中部地域は力強い成長を見せており，今後の中国の経済発展の重要な支えになると推測される。河南省は中部地域最大の域内総生産（GRP）と人口規模を有しており，高い経済成長率を実現していることから，中部地域の代表的な存在といえる。次に，中国経済はこれまで沿海地域を中心に，主に国外市場を利用して発展してきたが，これからは経済規模の拡大により国内市場を利用して発展する地域も現れると考えられる。急速に進む国内地域経済の一体化も新たな人口・産業集積の形成を促している。河南省は交通の要衝に立地し，豊富な労働力資源，良好な農業・工業基盤を持っているほか，沿海地域に隣接して産業移転を受け入れやすいなどの利点を有している。河南省は国内市場の拡大と地域一体化の波に乗り，これまでの沿海

地域と違う形で人口・産業が集積し，中国の経済地図においてより重要な存在になる可能性がある。第三に，習近平国家主席によって打ち出された「一帯一路」構想の実施にあたり，河南省の取り組みは極めて活発であり，欧州と結ぶ国際鉄道輸送や航空貨物便の増強に大きな成果を挙げている。地方政府としての河南省がどのように「一帯一路」を生かして成長を遂げようとしているかは興味深い問題である。中部内陸地域に立地する河南省は，長い間後進地域とみられていたが，近年は目覚ましい経済成長を実現し，「一帯一路」によって大きく注目される存在になっており，ダイナミックに変化している地域である。河南省の実態分析は，中国のある一地域の変化のみならず，地域経済全体を理解するための手がかりとなる。

## 2　河南省経済に関するこれまでの議論

　日本の研究では，中嶋［1992］は河南省の基礎情報を自然，人口，資源，工業，農業，交通，運輸，対外関係，主要都市などの面から的確に整理しており，河南省の概況を把握している。陳［2012］は産業移転の受け入れの視点から河南省の経済発展を分析し，平原地帯特有の地理的優位性と東西を結ぶ交通の利便性が産業移転受け入れ先や中継点としての魅力を有することを指摘した。河南省を含む中部地域全体は新たな経済発展の転機を迎えつつ，新しい発展段階に入ろうとしている。村上［2016］も地縁的な商会を生かすという観点から産業移転の受け入れ可能性を検討している。小島［1995］は都市の視点から分析し，河南省内の地方都市を6つの類型に分類し，それぞれ工・商業における都市の規模や産業の特徴を明らかにした。殷・劉［2010］は鶴壁市の事例を通じて，都市形成における地方政府の役割の大きさを分析した。市政府が行政的手段によってインフラ建設を主導し，公共機関の移転と住宅建設を通じて人口を集積した実態を明らかにし，河南省のような内陸部では，土地を資金源として新たな都市空間を創出することで発展を求めるという方式が一般的であると指摘した。これらの研究は様々な論点を提示しているが，河南省経済の変容を理解するための政策展開過程や産業構造の特徴，「一帯一路」の影響などは含まれていない。

　中国国内の研究に目を向けると，河南省の経済発展と産業構造の関係に関する研究は数多くある。劉・岳［2003］は1991年から2000年までの産業データを分析

し，河南省の産業発展は第一次産業の比重が低下し，第二次産業，次いで第三次産業の比重が高まるというペティー・クラークの法則に沿ってなされていると指摘した。魯・張［2008］は1980年から2005年までのデータに基づいて，河南省を5つの経済区に分けて産業構造と経済成長の関係を検討した。産業構造の転換・レベルアップが課題となっており，地域間において大きな差異が存在していることから，各地域の特徴にあわせて産業政策を策定する提案を行った。劉［2013］は河南省の工業化水準が初期段階にあり，全国平均より低くいことを明らかにした。工業は河南省経済にとって極めて重要で，主導的な産業に育てる必要があると指摘した。湯・尚・苗［2010］は政府がハイテク産業を積極的に支援しているが，河南省の主導産業は依然としてエネルギー資源，原材料，機械設備，食品加工などであり，これらの産業の発展が今後重要であると指摘した。さらに，李・黄［2010］の研究によれば，資源型産業に依存する構造は河南省のみならず，中部地域全体に広がっており，今後技術革新などによる産業構造の転換が求められる。これらの研究は河南省の産業構造を理解するうえで有益な論点を提供している。本章はこれを踏まえて，河南省の産業の特徴を分析し，産業連関表を用いてより詳細に産業構造の特徴と変化を明らかにしたい。また，河南省政府が力を入れている「一帯一路」政策について，地域の取り組みを整理し，河南省経済にとっての意味を検討する。

## 3　河南省の経済発展政策の変遷

### 3.1　河南省の概況

「河南」という地名は，省内の大部分が黄河の南にあることに由来する。河南省の北部は黄河の下流地域にあり，南部は淮河流域にあり，省全体に広大な平原が広がるため「中原」と呼ばれている。古くから農業が盛んで，中華文明の発祥地の一つである。河南省は東では山東省・安徽省，北では河北省・山西省，西では陝西省，南では湖北省と6つの省と接しており，海に面していない。省都の鄭州は，中国の南北を繋ぐ「京広線」（北京市―広東省広州市）と東西を繋ぐ「隴海線」（江蘇省連雲港市―甘粛省蘭州市）の2つの鉄道大動脈が交差する交通の要衝である。省面積は16.7万 $km^2$ で，中国全体の1.74％を占め，全国第17位である。常住人口は9532万人（2016年度末）で，広東省・山東省に次ぐ全国第3位

図6-1　河南省の位置と省内の地方都市

出所：http://www.togenkyo.net/modules/area/293.html（2018年5月18日確認）とhttp://blog.livedoor.jp/chinamaps/archives/51576963.html（2018年5月18日確認）より筆者作成。

である。主な産業は化学工業，非鉄金属工業，アパレルと鉄鋼産業が挙げられ，エネルギー，自動車，電子情報，設備製造業，食品産業，軽工業と建材工業など重点産業の育成に取り組んでいる[2]。河南省は鄭州市，南陽市，周口市，商丘市，駐馬店市，洛陽市，信陽市，新郷市，安陽市，平頂山市，開封市，許昌市，濮陽市，焦作市，漯河市，三門峡市，鶴壁市，済源市の18の地方都市により構成されている。図6-1は全国における河南省の位置と省内の地方都市の配置を示している。

---

2）日本貿易振興機構（ジェトロ）のホームページ（https://www.jetro.go.jp/ext_images/_Reports/01/3c2e79d35639c11e/20150068.pdf，2018年5月23日確認）より。

## 3.2　中華人民共和国建国から現在までの河南省経済の展開
### (1) 計画経済時代

　中華人民共和国建国前の中国の工業は沿海地域に集中しており，沿海地域から離れ，農業を中心とした河南省には近代的な産業はほとんどなかった[3]。1949年に河南省の人口に占める農業人口の割合は92.6%であり，工業とサービス業に比べて圧倒的に多かった。工業総生産額は2.98億元で，全国に占める割合はわずか2.1%であった[4]。交通の要衝であるにもかかわらず，産業の発展という意味では河南省の存在感は薄かった。

　建国初期から1960年代の中期までは，計画経済体制の下で第1次，第2次五カ年計画が実施された。中央政府は産業配置の空間的均衡などを図る観点から，東北部・内陸部に工業プロジェクトを重点的に配置した。河南省も重要な建設地域の一つで，中央と地方政府は積極的にプロジェクトを実施した。この時期に156件のソ連（当時）による対中援助プロジェクトが実施され，河南省は10件以上を有する6つの省の一つとなった。河南省には洛陽・鄭州・開封・新郷・平頂山・焦作などの工業拠点地域が作られ，現代工業の基礎が形成された[5]。

　1960年代中期から1970年後半までは，「三線建設」と「五小工業」の2つの流れが作られた。「三線建設」は中央政府が当時の複雑な国際環境（ベトナム戦争や中ソ関係の変化）に対応し，重要な産業を保護するために，それらを内陸部，山間部に移転させた政策である。これを機に多くの工業プロジェクトが河南省に移転・建設され，冶金・石炭・電力・機械などの産業が発展した。「五小工業」は鉄鋼・石炭・機械・セメント・化学肥料の5種の工業製品を生産する小規模工場の略称である。「五小工業」の発展は中国の工業化を実現するための重要な政策であるとされ，河南省も含む各地方で多くの中小工場が作られた[6]。「三線建設」と「五小工業」は結果的に河南省の工業基盤を強化し，河南省の比較的完備した工業基盤の形成に寄与した[7]。全国工業総生産額に占める河南省の割合は向

---

3) 詳細は何［1984］を参照されたい。
4) 劉［2013］より。
5) 詳細は李・劉・任［1994］を参照されたい。
6) 「五小工業」の設立主体は農村の人民公社や生産隊であるため，「社隊企業」とも呼ばれた。「郷鎮企業」の前身とされる。詳細は劉・米［1990］を参照されたい。
7) 同上。

上し，1975年には4.1％に達した[8]。中国を取り巻く国際環境の変化及びそれに対応する中央政府の政策は河南省の工業発展の追い風となり，計画経済の下で一定程度の発展を遂げた。

**(2) 改革開放と市場経済の導入**

　1970年代の末期から，中国は改革開放政策を導入し，計画経済から市場経済への道のりを歩み始めた。1992年の鄧小平の南巡講話，1994年の市場経済体制の導入を経て，全国経済は大きく揺れる時期があっても，基本的に早いスピードで成長する段階に入った。河南省経済もこの流れに乗り，計画経済時代よりはるかに高くて安定的な経済成長を実現し，全国における河南省のGRPシェアが拡大する時期があった。

　しかし，1980年の中期から，経済発展の基礎的な条件である資本や技術の不足から，河南省経済は困難な局面を迎えるようになる。当時の河南省の経済的な特徴は「三長両短」と言われた。中原に立地する交通の要衝，しっかりした農業基盤，石炭などの豊富な地下エネルギー資源という3つの長所を持っているにもかかわらず，資金の不足と人材の不足という2つの短所があるがゆえに，河南省の経済発展は大きく制約されているということである[9]。さらに，1990年の後半以降になると，市場経済の導入や国際分業への参加を通じていち早く経済発展した東部に及ばず，同じく沿海地域に後れを取りながらも中央政府の支援と財政移転の獲得に成功した西部にも及ばないという東西に挟まれる局面になり，河南省をはじめ中部地域全体が難しい状況に陥った。また，産業構造の改善や国際分業への参入の遅れと相まって，重慶市や武漢市のような省内経済を力強く牽引する大都市が河南省になく，省都鄭州市および周辺都市の経済力強化の課題が浮き彫りとなった。河南省は国内の他地域からの厳しい競争に晒され，地域発展の「気運」を醸成することが難しかった。これはのちに鄭州市を中心とした「中原経済区」戦略の提起につながる。

---

　8）国家統計局編『中国統計年鑑』(1994年版)（中国統計出版社），河南省統計局編『河南統計年鑑』(1994年版)（中国統計出版社）のデータより算出。

　9）詳細は楊・巫・何［1985］を参照されたい。

### (3)「中原崛起」と「中部崛起」

2003年，当時の河南省共産党書記の李克強が「中原崛起」を提起した[10]。河南省が21世紀に向けて経済発展を加速するには「中原崛起」の構想を持つ必要があり，それを実現するには，2020年までに河南省経済が全国平均水準に達すること（一人当たりGRP等），工業化を実現すること（非農業人口の割合60％以上），河南省経済が中部と西部をリードすること（一人当たりGRP等）を実現する必要があると強調した。2004年の河南省政府活動報告では，「中原都市群の建設に力を入れ，（中略）鄭東新区と洛南新区[11]の開発を加速し，鄭州市のトップとしての発展を強化し，中原都市群の発展に対する牽引能力を高める」と記されている[12]。中原都市群の建設目標に関連して，2006年に公表された河南省国民経済と社会発展第11次五カ年規画では，「鄭州を中心，洛陽を副中心とし，開封，新郷，焦作，許昌，平頂山，漯河，済源を支えとして，大小都市の協調的発展を促し，都市機能を明確にし，有機的に構成する都市システムを形成する。鄭州市を全国的に重要な物流センター，地域金融センター，先進的製造業の拠点，イノベーションの拠点に発展させ，中原都市群における鄭州市の牽引力を強化する」と強調している[13]。

2004年3月，当時の温家宝総理が全国人民代表大会の政府活動報告で「中部崛起」の重要性に言及し，河南省を含む中部6省の地域振興を国レベルで支援する可能性を示唆した。2006年，中国共産党中央と国務院は「中部地区振興促進に関する若干の意見」を公表し，「中部崛起」戦略が正式に始動した。国家発展改革委員会は2009年に「中部地区振興促進規画」を公表し，同戦略の実施についてより具体的な政策を明確にした。中国政府はすでに2000年に西部大開発，2003年に東北振興を打ち出していたため，「中部崛起」戦略の始動により，全国における「西部開発，東北振興，中部崛起，東部率先」の大枠が形成された[14]。「中部崛

---

10) 張百新・葉俊東「奮力実現中原崛起：訪中共河南省委書記李克強」，『瞭望新聞週刊』，第47号，2003年11月24日，pp.22-23より。
11) 鄭東新区は鄭州市の東に，洛南新区は洛陽市の南にある新しい都市開発地域である。
12) 詳細は河南省政府ホームページ（http://www.henan.gov.cn/zwgk/system/2006/08/11/010001892.shtml，2018年3月27日確認）を参照されたい。
13) 詳細は河南省政府ホームページ（http://www.henan.gov.cn/zwgk/system/2011/04/29/010241505.shtml，2018年3月27日確認）を参照されたい。

起」戦略では，河南省の「中原都市群」を隴海経済帯（江蘇省連雲港市から甘粛省蘭州市までの中国の東西を繋ぐ経済ベルト）の核心地域，先進的製造業拠点，農産品加工基地，総合交通輸送ハブに発展させることを明確にしている。河南省は全国の開発政策の枠組みの中で地域発展を模索することとなった。

### (4) 地方主体の発展戦略と「中原経済区」

　地方主体の発展戦略の段階に入ると，河南省政府の活動が活発化し，地域開発における地方の役割が強化された。2009年12月，中国共産党河南省委員会の盧展工書記は「中原とはなにか，中原奮起とはなにか，なぜ中原奮起をするのか，どうやって中原奮起を実現するか」などの問題を提起し，注目された。2011年9月，国務院が「河南省が中原経済区建設を加速させることを支持する指導意見」（以下「指導意見」）を公表し，河南省政府を主体として中原経済区を建設することを承認した。「指導意見」では，中原経済区の重要な意義について，①国家の重要な食糧生産・現代農業の基地，②工業化・都市化・農業現代化が協調して発展する模範区，③経済成長ブロックの一つ，④（東部と西部の）地域協調発展の支えとして重要な現代交通の要，⑤華夏歴史文明の伝承地の5点を強調している。また，河南省内の経済について，①鄭州の交通・ビジネス・物流・金融などのサービス機能の向上，②鄭州と開封の一体化，③鄭州―洛陽工業回廊の整備，④ユーラシアランドブリッジの活用―などの施策を打ち出している[15]。内陸である河南省が「一帯一路」が打ち出される前にユーラシアランドブリッジの活用を強調した点は注目に値する。「一帯一路」が打ち出された後に，河南省が積極的取り組んでいることも理解できる。「指導意見」で明確にされた各分野の政策について，河南省政府は自ら主体となって積極的に実施している。

　河南省の発展に関しては，「指導意見」のほか，国務院や国家発展改革委員会に認められた地域発展戦略がいくつかある。まず，人口が多く，古くから農業が盛んである河南省では，食糧生産の確保が重要な政策分野であるため，国家発展

---

14）東部については，経済の先進地域であるため，中央政府は総合的な発展戦略を策定せず，引き続き全国の経済成長を牽引するための支援を行うことになっている。

15）詳細は中華人民共和国中央人民政府ホームページ（http://www.gov.cn/zwgk/2011-10/07/content_1963574.htm，2018年5月26日確認）を参照されたい。

改革委員会は2009年8月に「河南省食糧生産核心区建設規画に関する通知」を出した。河南省は同通知に基づいて具体的な実施プランを作成し，農業用地の確保，食糧生産の拡大，農業インフラ整備と農業生産構造の改善を行っている。次に，中国の交通要衝と物流の拠点等の優位を生かし，鄭州空港を中心とした貨物便の拡大及び関連地域・産業の発展を促すために，国務院は2013年3月に「鄭州航空港経済総合実験区発展規画」を承認した。河南省を全国でも重要な航空物流センター，航空設備の製造・整備拠点，総合保税区・保税物流拠点，電子製品・バイオ製薬などの航空輸送に適する産業の集積地に発展することを目指している。第3に，イノベーションによる発展を促すために，国務院は2016年4月に鄭州・洛陽・新郷の3都市を中心に「鄭洛新国家ハイテク産業開発区に国家自主イノベーション示範区を建設することに同意する返答」を行い，機械製造・電子情報・新材料・バイオ産業などのハイテク産業の発展を促進している。河南省は「国家自主イノベーション示範区」に指定された全国12番目の地域である。第4に，河南省の対外開放や貿易・投資の発展を促すために，国務院は2017年3月に「中国（河南）自由貿易試験区全体方案」を公表した。鄭州・洛陽・開封の約120平方キロメートルの範囲を指定し，開放を拡大するための政府機能の転換，外国投資分野の規制緩和，貿易・投資・金融・物流・国際医療観光などの分野の成長などを促進している。河南省は1期目の上海，2期目の広東・天津・福建に次いで，遼寧・浙江・湖北・重慶・四川・陝西とともに3期目に認められた自由貿易試験区である。

　このように，この時期における河南省の開発戦略を理解するには，上記の「中原経済区」，「食糧生産核心区」，「航空港経済総合実験区」，「国家自主イノベーション示範区」，「自由貿易試験区」の5つの重要なキーワードを把握する必要がある。この時期における河南省経済の「気運」は，多くの人口と良好な食糧生産基盤，交通の要衝に基づく鉄道・道路・航空アクセスの利便性，イノベーションと国際分業の進展を生かした経済発展の方向に進み，地方政府の積極的な取り組みによって醸成されていった。さらに，後述の中国政府の「一帯一路」構想は，河南省においてこれらのキーワードをさらに強化する役割があると考えられる。

## (5)「一帯一路」と地域経済一体化

　習近平国家主席によって提唱された「一帯一路」構想は，河南省の地域政策に

とって極めて重要で，新しい展開といえる。「一帯一路」は中国の国際構想としてとらえる研究が多いが，中国国内では経済先進地域の沿海部と後進地域の内陸部を繋げ，地域経済一体化を推し進める性格を持つ地域発展戦略でもある。国内における経済要素の自由な移動と効率的な配置を促し，市場の力が発揮しやすい環境整備に重点を置く地域一体化戦略である。交通の要衝に立地し，地域一体化によって大きく発展する可能性がある河南省にとって，「一帯一路」は全国における河南省のハブ機能を高める意味を持っている。河南省は交通の要衝に立地し，多くの人口と良好な産業基盤を有するため，中国における地域一体化の推進に極めて積極的である。2015年3月に公表された「シルクロード経済帯と21世紀海上シルクロードを共同で建設することを推進するビジョンと行動」（以下「ビジョンと行動」という）では，鄭州と洛陽を「一帯一路」の重要な拠点都市とし，中原都市群は地域間連携と産業集積の重点地域であると強調している。

　2014年5月，習近平国家主席は鄭州—欧州貨物列車などを視察し，河南省を「国内外，東中西を繋ぐ物流ルートのハブに整備し，シルクロード経済帯の建設に貢献する」ように指示した。「ビジョンと行動」が公表される前に，習近平国家主席が河南省の「一帯一路」の視察を行った意味は大きく，河南省の積極的な取り組みが中央政府に評価されたと考えられる。前述の2011年公表の「指導意見」ではユーラシアランドブリッジの活用を強調しており，沿海地域にも国境隣接地域にも属しない内陸の河南省が，「一帯一路」が打ち出される前にユーラシアを射程に入れていたことも注目すべきである[16]。2015年10月，河南省政府は「河南省の『一帯一路』建設に参画する実施プラン」を公表し，具体的な実施内容を明確にした。2016年8月，陳潤児省長をトップとする河南省「一帯一路」建設参画指導グループが設立され，25の省政府部門が参加するなど，省を挙げて「一帯一路」の実施に当たっている。

　河南省は「一帯一路」の目玉である中国—欧州国際貨物列車の取り組みに積極的である。2018年5月現在，河南省は鄭州—ドイツ・ハンブルク（阿拉山口経由1万214キロ，エレンホト経由1万484キロ），鄭州—ドイツ・ミュンヘン（阿拉山口経由1万650キロ，エレンホト経由1万920キロ）の2路線を開通している。所要日数は約15日間で，海運より22〜27日短縮できる。運賃は空路より20〜80％削

---

[16] ちなみに重慶から欧州向けの国際貨物列車輸送実験は2011年に開始された。

減可能である。河南省の欧州貨物列車は2013年に運行が開始され，中部地域でははじめての欧州貨物列車であった。2013年は週1便（往路のみ）で，年間運行13便であった。2014年は週2便（往復1便ずつ）で，年間運行87便であった。2015年は週4便（往復2便ずつ）で，年間運行156便であった。2016年は週6便（往復3便ずつ）で，年間運行251便であった。2017年は週16便（往復8便ずつ）で，年間運行501便に達した。2018年2月末現在の延べ運行便数は1076便であった。輸送貨物は54.4万トンで，金額ベースでは56.7億ドルに達した。欧州線以外に，河南省は中央アジア線（洛陽—カザフスタン・ドストウク，新郷—カザフスタン・ドストウク，鄭州—ウズベキスタン・タシュケント）も開通している。

　河南省は「空中シルクロード」の取り組みも積極的に行っている。「空中シルクロード」は，航空路で中国と欧州を結ぶ輸送ネットワークである。鄭州空港の周辺にハイテク産業の集積を促すほか，空港の貨物集積・輸送機能を強化して国際貨物輸送のハブを目指す取り組みが行われている。前述のとおり，国務院は2013年3月に「鄭州航空港経済総合実験区発展規画」を公表し，鄭州空港周辺を全国的に重要な国際航空物流センターとして発展させることを明らかにした。河南省は2014年6月に鄭州—ルクセンブルク国際貨物線を開通させた。2014年12月，河南省空港集団がカーゴルクス航空（ルクセンブルクの国際貨物輸送会社，欧州の業界最大手）と協力合意書を締結し，鄭州—ルクセンブルク貨物路線によりアジアと欧州を繋ぐ「ダブルハブ」の実現を目指すことに合意した。国レベルでは，習近平主席が2017年6月にルクセンブルクのベッテル首相と会談し，鄭州—ルクセンブルクの「空中シルクロード」を共同建設することを提案した。これを受けて，河南省政府は2017年9月に「鄭州—ルクセンブルク『空中シルクロード』建設の専用規画」を公表した。鄭州—ルクセンブルク貨物便は2014年の週2便から2018年現在の週18便に拡大し，ピークシーズン時にはチャーター便を入れて週23便に達している。輸送貨物の種類は服装，果物，自動車部品，飛行機部品，電子製品，ファッション類など広範にわたっている。鄭州空港の国際貨物輸送量は2016年に10.7万トン，2017年には14.7万トンに達し，航空路が開通した2014年の10倍に拡大した。2017年，鄭州空港の全貨物取扱量は50万トンになり，旅客利用者数とともに中部地域のトップになった[17]。

　このように，「一帯一路」は河南省に発展のチャンスを提供し，今後の河南省の経済発展に重要な影響を与えている。「一帯一路」は，交通の要衝に立地する

河南省の優位を発揮させ，河南省の多くの人口と巨大な市場を有する利点を生かし，一体化を通じて地域経済を大きく成長させる可能性をもたらしている。中央政府の政策支援や河南省政府の大胆かつ積極的な取り組みも重要な役割を果たしている。「一帯一路」における河南省は，地域一体化を促進する意味においてほかの省よりも地域発展の「気運」が醸成されやすいと考えられる。

## 4　河南省経済の実態

　中国国家統計局の公表資料[18]）によると，2016年，河南省のGRPは4兆472億元[19]）に達し，広東省・江蘇省・山東省・浙江省に次ぐ全国第5位，中部・西部地域では第1位である。中国全体のGDPに占める河南省の割合は5.4％である。内訳をみると，第一次産業は4286億元（前年比4.2％増），第二次産業は1兆9055億元（同7.5％増），第三次産業は1兆6818億元（同9.9％増）であり，産業3部門比率は10：48：42になり，第二次産業が半分近く占めている。河南省のGRP成長率は2003年以降2桁台で推移していたが，2016年は8.1％となり，全国第9位である。なお，1993年以降すべての年で，河南省の成長率は中国全体の成長率を上回っている。2016年の全社会固定資産投資額は4兆415億元で，山東省・江蘇省に次ぐ全国第3位である。また，消費の指標である社会消費品小売総額は1兆7618億元で，これも広東省・山東省・江蘇省・浙江省に次いで全国第5位である。

　河南省経済の長期的変化について，図6-2は1966年から2016年まで約50年間の河南省の名目GRPと全国に占める割合の推移を示している。河南省のGRPは極めて小さい規模で推移していたが，1978年の改革開放を機に成長の軌道に乗り，1992年の鄧小平の南巡講話や1994年の市場経済の導入に伴って比較的速い成長を実現し，2002年に中国がWTOに加盟すると，GRPは急速に伸びるようになった。全国に占める割合は1966年の4.0％から2016年の5.4％に拡大し，50年間で

---

17）出所：河南民航発展投資有限公司ホームページ
　　http://www.hnhtyxgs.com/htxx/_A__3175.htm（2018年7月4日確認）より。
18）詳細は中国国家統計局のホームページ（http://data.stats.gov.cn，2018年5月17日確認）を参照されたい。
19）河南省統計局・国家統計局河南調査総隊編『河南統計年鑑』（2017年版）（中国統計出版社）の公表値（4兆731億元）とは僅差がある。

**図 6-2　河南省の名目 GRP 額と全国に占める割合の推移**

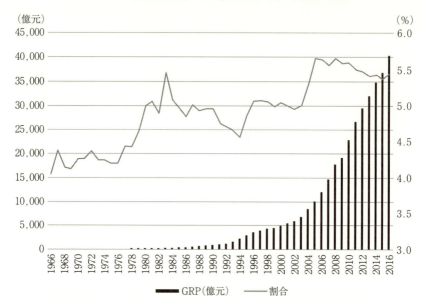

出所：国家統計局編『中国統計年鑑』(各年版)(中国統計出版社)，河南省統計局・国家統計局河南調査総隊編『河南統計年鑑』(各年版)(中国統計出版社)及び国家統計局ホームページ (http://www.stats.gov.cn/，2018年4月10日確認) のデータより筆者作成。

1.4ポイント上昇した。特に，中国が改革開放政策を打ち出した1978年以降と，市場経済の導入を始めた1994年以降，WTO に加盟した2002年以降に，全国に占める河南省の割合が急速に上昇した3つの時期があり，河南省の経済は全国的な変化に敏感に反応する一面を持っているといえよう。

図 6-3 は実質 GRP 成長率からみた河南省と全国の関係を示している。1986年から2016年までの約30年間，河南省経済は全国とほぼ同じ動きを示してきたことが確認できる。90年代の初頭から市場経済を導入し，それに伴って急速な経済成長を実現したが，1998年のアジア通貨危機の前後になると成長率が低下した。しかし，2002年の WTO 加盟に伴って再び高い成長率に戻り，2008年のリーマンショックによる世界金融危機まで続いた。中国政府の4兆元の経済刺激策により，一時的に成長率が戻ったように見えたが，「新常態」(ニューノーマル) と呼ばれる中国経済の新しい段階に入るにつれ，経済成長率はこれまでの高速成長から中高速成長に落ち着いている。この流れは全国でも河南省でも同様である。

**図6-3　河南省と全国の実質経済成長率の推移**

出所：図6-2に同じ。

　しかし，1993年から直近の2016年までの20年あまりの間，河南省の実質成長率は一貫して全国を上回って推移している。中国が市場経済を導入し始めた1993年以降，WTOに加盟した2002年以降，および2008年の世界金融危機以降に河南省の成長率が3度全国を大きく上回っている。特に，2008年の世界金融危機から2016年現在まで，全国の成長率より安定的に1～2ポイント上回って推移している。また，2003年から2012年までの10年間で，河南省は2桁成長を連続して記録している。近年の河南省の経済成長は，国内のみならず国外からも注目されるようになった。この状況が今後も続けていけば，中国経済における河南省の重要性はますます高くなろう。

　河南省の貿易状況を見ると，図6-4で示すように，2003年まで極めて低い水準にあったが，WTO加盟を機に徐々に増加するようになり，2011以降に急ピッチで伸びるようになった。2017年に河南省の貿易額は673億ドルに達し，2010年の13倍，1999年の114倍となった。全国に占める河南省のシェアは2010年までは0.2％以下で推移したが，2011年に0.3％，2012年に0.9％，2017年に1.7％に急拡大した。輸出だけを見ると，2011年の20.1億ドルから2012年の177.1億ドルに急

図6-4　河南省の輸出入額（億ドル）と全国に占める割合（％）の推移

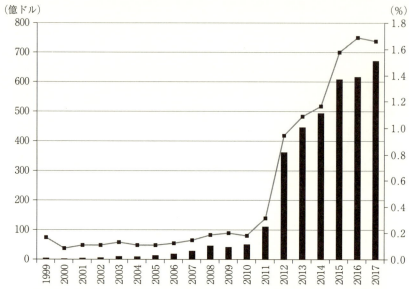

出所：Global Trade Atlas（Global Trade Information Services 社）貿易データベースより筆者作成。

増し，1年間で9倍近く拡大した。2012年の輸出製品を見ると，携帯電話を中心とした HS コード8517番[20]の品目が極めて大きな貢献をしている。河南省は2011年に世界最大手の電子機器受注企業のフォックスコンの誘致に成功し，鄭州市に携帯電話を中心とする大規模な加工・輸出拠点が設けられた。河南日報（2016年3月10日）によれば，フォックスコンは2011年に鄭州航空港経済総合試験区にある自社工場でアップルのスマートフォンの生産を始め，その後生産台数を急速に拡大させ，2015年に1.39億台に達した。フォックスコンの進出は121社の携帯電話関連会社の鄭州進出を呼び寄せ，2015年に2.2億台のスマートフォンを生産し，世界の生産量の7分の1を占めるようになった。前述の「鄭州航空港経済総合試験区」は世界最大のスマートフォン生産拠点を目指している。貿易額の拡大とそ

---

[20] 当該コードの具体的な製品内容は「電話機（携帯回線網用その他の無線回線網用の電話を含む）及びその他の機器（音声，画像その他のデータを送受信するものに限るものとし，有線又は無線回線網（たとえば，ローカルエリアネットワーク（LAN）又はワイドエリアネットワーク（WAN））用の通信機器を含む）（第8443項，第8525項，第8527項及び第8528項の送受信機器を除く）」である。

表6-1 河南省および省内都市の経済状況（2016年）

| 都市 | GRP（億元） | 人口（万人） | 一人当たりGRP（元） | 固定資産投資（億元） | 貿易額（億ドル） | 外資利用（億ドル） | 省外資金利用（億元） | 一般公共予算収入（億元） | 一般公共予算支出（億元） |
|---|---|---|---|---|---|---|---|---|---|
| 河南省全体 | 40,731 | 9,532 | 42,731 | 40,415 | 600 | 170 | 8,438 | 3,153 | 7,454 |
| 鄭州市 | 8,114 | 972 | 84,113 | 7,070 | 427 | 40 | 998 | 1,011 | 1,322 |
| 洛陽市 | 3,820 | 680 | 56,410 | 4,120 | 18 | 27 | 710 | 303 | 517 |
| 南陽市 | 3,115 | 1,007 | 31,010 | 3,472 | 18 | 6 | 516 | 167 | 549 |
| 許昌市 | 2,378 | 438 | 54,522 | 2,295 | 21 | 7 | 441 | 132 | 265 |
| 周口市 | 2,264 | 882 | 25,682 | 1,941 | 8 | 5 | 516 | 104 | 476 |
| 新郷市 | 2,167 | 574 | 37,805 | 2,042 | 11 | 10 | 595 | 148 | 326 |
| 焦作市 | 2,095 | 355 | 59,183 | 2,221 | 23 | 8 | 577 | 124 | 218 |
| 信陽市 | 2,038 | 644 | 31,733 | 2,278 | 7 | 5 | 244 | 95 | 403 |
| 安陽市 | 2,030 | 513 | 39,603 | 2,102 | 19 | 5 | 626 | 117 | 292 |
| 商丘市 | 1,989 | 728 | 27,322 | 2,039 | 3 | 4 | 644 | 117 | 422 |
| 駐馬店市 | 1,973 | 699 | 28,305 | 1,755 | 4 | 4 | 262 | 105 | 414 |
| 平頂山市 | 1,825 | 498 | 36,708 | 1,756 | 5 | 4 | 511 | 124 | 276 |
| 開封市 | 1,755 | 455 | 38,619 | 1,555 | 5 | 6 | 539 | 113 | 296 |
| 濮陽市 | 1,450 | 363 | 40,059 | 1,542 | 7 | 6 | 211 | 72 | 222 |
| 三門峡市 | 1,326 | 226 | 58,894 | 1,783 | 3 | 11 | 352 | 100 | 187 |
| 漯河市 | 1,082 | 264 | 41,138 | 1,078 | 4 | 9 | 224 | 76 | 177 |
| 鶴壁市 | 772 | 161 | 47,940 | 817 | 3 | 8 | 284 | 56 | 116 |
| 済源市 | 539 | 73 | 73,722 | 548 | 15 | 3 | 190 | 37 | 57 |

注：貿易額は2013年のデータを使用している。
出所：河南省統計局・国家統計局河南調査総隊編『河南統計年鑑』（2014年、2017年版）（中国統計出版社）のデータより筆者作成。

れに伴う鉄道輸送・空路輸送の発展は、世界市場の流れを的確につかんだ河南省の積極的な取り組みと深くかかわっている。

　河南省内に目を向けると、省都鄭州市の存在が大きいことがわかる。表6-1は2016年の河南省内の各都市の経済状況を示している。鄭州市のGRPは断然トップの8114億元で、2位の洛陽市の倍以上に相当する。人口を見ると、鄭州市は約1000万人であるが、南陽市はそれを上回って1007万人に達している。さらに、周口市882万人、商丘市728万人、駐馬店市699万人、洛陽市680万人と続いており、河南省の都市は他省の省都に並ぶ人口を有していることがわかる[21]。一人当たりGRPでは、鄭州市は8万4113元で省平均の2倍に達しており、ほかに焦作市、

洛陽市，許昌市，済源市，三門峡市など鄭州市に近い都市や西側の都市が高い値を示している。貿易額では，鄭州市は全省の72％を占めており，圧倒的に大きい。外資利用額などほかの指標からも，河南省経済に占める鄭州市およびその周辺の都市の役割が大きいことが確認できる。河南省政府は，鄭州市を中心とした中原都市群の建設に力を入れており，地域経済に対する中心都市の波及効果の強化を狙っている。

　以上をまとめると，人口・経済規模の大きい河南省は，20年以上にわたり実質成長率が全国平均を上回り，中国経済における河南省の重要性はますます高まっている。改革開放，市場経済の導入，WTO加盟など，中国経済が重要な転換点に迎えたときに，河南省はその波に乗って成長の「気運」を醸成し，全国平均を大きく上回る成長率を記録した時期が何回もあった。今回の「一帯一路」構想における河南省の動向も注目される。フォックスコンをはじめ，河南省の豊富な労働力と高い成長のポテンシャルを注目した外資系企業が鄭州市に進出し，情報通信機器など付加価値の高い産業の製造拠点を作り，河南省の貿易と産業の発展に大きく貢献している。河南省政府は，鄭州市を中心とした中原経済区や中原都市群の整備に力を入れており，地域経済に対する拠点都市の牽引力の強化を目指している。

## 5　河南省の産業構造の変化

### 5.1　産業3部門比率の変化

　本章は河南省の産業構造の変化を検討する。河南省の高度成長を支えているのは産業の発展と構造変化であり，産業の実態を明らかにすることは不可欠である。図6-5は過去約50年間にわたる河南省のGRPに占める第一次，第二次，第三次産業の比率の推移を示している。まず，第一次産業の割合は1966年の約半分（45.9％）から2016年の約1割（10.6％）に縮小した。地域総生産における農業の割合は経済発展とともに低下する傾向がみられる。次に，第二次産業は1966年

---

21）たとえば，2016年の瀋陽市（遼寧省都）の人口は734万人，南京市（江蘇省都）は同663万人，長沙市（湖南省都）は同696万人である（国家統計局ホームページ，http://www.stats.gov.cn/，2018年5月19日確認）。

第6章　地域発展の「気運」―河南省の事例

図6-5　河南省の産業3部門比率の変化

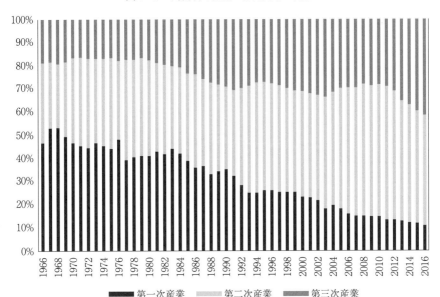

出所：河南省統計局・国家統計局河南調査総隊編『河南統計年鑑』(各年版)(中国統計出版社)より筆者作成。

の3割強（34.9％）から2016年の5割弱（47.6％）に拡大し，河南省経済の力強い成長を支えてきたといえよう。詳しく見てみると，第二次産業比率は1970年代末期の改革開放以降に3割台から4割台に上昇したが，80年代中期における河南省の経済的な困難に伴って3割台に戻った。しかし，90年代初期から市場経済の導入に伴って再び上昇し，約4割に安定した。特に，2005年からの約10年間に連続して5割を超え，2011年にピークの57.3％を記録した。近年，第三次産業の著しい発展に伴って，再び4割台に縮小した。第二次産業比率の変動は前述の河南省の経済状況の変化と整合的である。第三次産業の比率は1966年の2割未満（19.2％）から2016年の4割強（41.8％）に拡大した。特に，2010年代に入ってから急速に上昇し，2010年は28.6％であったが，2016年には約13.2ポイント拡大して41.8％になった。今後河南省の経済発展における第三次産業の役割はますます重要になると考えられる。また，産業別の就業者人口を調べると，第一次産業の割合の縮小と第二次・第三次産業の拡大が確認された。しかし，2016年時点で第一次産業の就業人口数は依然として全体の4割弱（38.4％）を占めている。こ

**図6-6　全国に占める河南省のGRPおよび産業3部門の割合の推移**

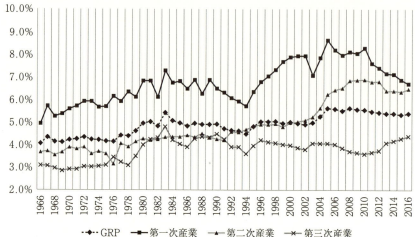

出所：河南省統計局・国家統計局河南調査総隊編『河南統計年鑑』（各年版）より筆者作成。

れだけの就業人口が河南省GRPの約1割の10.6％しか創出していないことを勘案すると，農業部門の生産性の向上が大きな課題であることがわかる。一方，第二次・第三次産業は就業人口がそれぞれ全体の30.6％，31.0％を占めており，あわせて河南省GRPの9割弱を創出していることから，生産性の高い部門であることがわかる。

　図6-6は河南省の産業3部門が全国においてどのような位置づけであるかを示している。まず，過去50年にわたり，全国の第一次産業に占める河南省の第一次産業の割合は，一貫して全国GDPに占める河南省GRPの割合を上回っており，河南省は農業が盛んな地域であることがわかる。特に，両者の乖離は90年代の後半から2000年代の半ばにかけて拡大しており，この時期に河南省の農業は全国平均より速く成長した。2005年，全国の農業生産に占める河南省の割合はピークの8.68％に達し，全国GDPに占める河南省GRPの割合の5.65％を3.13ポイント上回った。2000年代半ば以降に両者の乖離は徐々に縮小している。一方，第三次産業は第一次産業とまったく逆の動きをしている。全国の第三次産業に占める河南省の割合は，一貫して全国GDPに占める河南省GRPの割合より低く，サービス業の発展が河南省にとって大きな課題であることが確認できる。両者の乖離は1980年代から1990年代前半にかけて一時縮小したようにみえたが，それ以

降は再び拡大傾向に転じた。しかし，2000年代に入ってから，両者の乖離は徐々に縮小しており，河南省における第三次産業の発展は全国平均より速い。興味深いのは第二次産業である。1990年初頭まで全国の第二次産業に占める河南省の割合は，全国GDPに占める河南省GRPの割合より低かった。その後追いついて，1990年代の初頭から2000年代の初頭まで拮抗していた。2000年半ば以降，全国の第二次産業に占める河南省の割合は全国GDPに占める河南省GRPの割合を大きく上回るようになり，全国平均と比べて河南省の第二次産業の発展が顕著であることが確認できる。近年は比較的高い水準が続いている。図6-6から，河南省の経済発展には第二次産業，近年では第三次産業の役割が大きいことがわかる。

## 5.2 河南省の基盤・成長・優位産業

　河南省の産業構造を詳細に検討するために，より細かく分けた40産業部門から構成される産業連関表を用いて分析する。価格変動の要素を排除するために，河南省の産業連関表に対して国家統計局が公表した産業別の価格指数を用いて実質化した[22]。分析の目的は，より詳細な産業部門においてどのような産業が河南省経済に占める割合が大きいか（規模が大きい産業，以下「基盤産業」という），どのような産業の成長が速いか（以下「成長産業」という），どのような産業が全国平均に対して競争優位を持っているか（以下「優位産業」という）を検討し，河南省の産業構造の実態とその変化を明らかにすることである。基盤産業は地域経済を支え，産出と雇用等において地域の根幹をなす産業である。成長産業は地域の活力を生み出し，地域産業の将来や方向性を示すものである。優位産業は全国における地域の特徴を示し，地域産業の競争力を支える分野である。河南省の産業発展状況を把握するには，上記3つの産業を分析する必要がある。

### (1) 河南省の基盤産業

　表6-2は河南省の産業連関表（2002, 2007, 2012年）を用いて計算した基盤産業の順位と割合である。まず，2012年のデータをみると，農林牧漁業は河南省の最も大きな産業で，全体の12.7％を占める。その後に非金属製造業，食料品・

---

[22] 産業連関表の具体的な産業部門と価格指数の対応部門については文末の付表を参照されたい。

表6-2 河南省の基盤産業

| 番号 | 産業 | 2012年 順位 | 2012年 割合 | 2007年 順位 | 2007年 割合 | 2002年 順位 | 2002年 割合 |
|---|---|---|---|---|---|---|---|
| 1 | 農林牧漁業 | 1 | 12.7% | 1 | 15.2% | 1 | 20.7% |
| 13 | 非金属製造業 | 2 | 7.6% | 6 | 4.6% | 9 | 3.6% |
| 6 | 食料品・タバコ製造業 | 3 | 6.7% | 3 | 6.7% | 8 | 3.6% |
| 27 | 卸売・小売業 | 4 | 6.3% | 2 | 7.3% | 2 | 8.9% |
| 26 | 建築業 | 5 | 5.6% | 4 | 6.0% | 3 | 7.8% |
| 14 | 金属製錬・圧延加工業 | 6 | 4.6% | 7 | 4.5% | 20 | 1.6% |
| 12 | 化学工業 | 7 | 4.5% | 9 | 3.6% | 14 | 2.2% |
| 16 | 汎用・専用機械器具製造業 | 8 | 4.4% | 15 | 2.9% | 15 | 1.8% |
| 28 | 運輸・貯蔵・郵便業 | 9 | 3.9% | 5 | 4.9% | 4 | 5.9% |
| 32 | 不動産業 | 10 | 3.5% | 12 | 3.1% | 10 | 3.1% |
| 31 | 金融業 | 11 | 3.4% | 8 | 4.1% | 7 | 3.7% |
| 2 | 石炭採掘業 | 12 | 3.3% | 14 | 2.9% | 12 | 2.9% |
| 29 | 宿泊・飲食業 | 13 | 3.0% | 11 | 3.2% | 11 | 3.0% |
| 37 | 教育 | 14 | 2.8% | 10 | 3.3% | 6 | 3.7% |
| 40 | 公共管理・社会組織 | 15 | 2.5% | 13 | 3.0% | 5 | 3.9% |
| 18 | 電気機械器具製造業 | 16 | 1.8% | 33 | 0.7% | 33 | 0.5% |
| 23 | 電気・熱供給業 | 17 | 1.8% | 17 | 1.9% | 17 | 1.8% |
| 9 | 木材加工・家具製造業 | 18 | 1.8% | 18 | 1.7% | 28 | 0.9% |
| 7 | 紡績業 | 19 | 1.7% | 20 | 1.6% | 32 | 0.6% |
| 17 | 輸送機械器具製造業 | 20 | 1.7% | 29 | 1.0% | 34 | 0.4% |
| 19 | 情報通信・電子機械器具製造業 | 21 | 1.5% | 37 | 0.2% | 36 | 0.2% |
| 8 | 繊維製品製造業 | 22 | 1.5% | 26 | 1.1% | 25 | 1.1% |
| 5 | その他の採掘業 | 23 | 1.5% | 21 | 1.5% | 18 | 1.7% |
| 10 | 紙・印刷・文教体育用品製造業 | 24 | 1.5% | 24 | 1.3% | 31 | 0.7% |
| 15 | 金属製品製造業 | 25 | 1.4% | 32 | 0.7% | 27 | 1.0% |
| 4 | 金属採掘業 | 26 | 1.3% | 16 | 2.1% | 16 | 1.8% |
| 30 | 情報・インターネット付随・ソフトウェア | 27 | 1.2% | 19 | 1.7% | 13 | 2.7% |
| 38 | 医療衛生・社会保障・社会福祉 | 28 | 1.1% | 23 | 1.3% | 19 | 1.6% |
| 33 | リース・ビジネスサービス業 | 29 | 1.1% | 22 | 1.3% | 23 | 1.3% |
| 36 | 居民・その他のサービス業 | 30 | 0.9% | 27 | 1.1% | 22 | 1.5% |
| 11 | 石油製品・核燃料加工業 | 31 | 0.7% | 28 | 1.1% | 24 | 1.2% |
| 34 | 科学研究・技術サービス業 | 32 | 0.7% | 31 | 0.8% | 26 | 1.1% |
| 3 | 石油・天然ガス採掘業 | 33 | 0.5% | 25 | 1.2% | 21 | 1.5% |
| 39 | 文化・体育・娯楽 | 34 | 0.3% | 34 | 0.4% | 29 | 0.8% |
| 20 | 計器・業務用機械器具製造業 | 35 | 0.3% | 38 | 0.2% | 39 | 0.0% |
| 35 | 水利・環境・公共施設管理業 | 36 | 0.3% | 35 | 0.3% | 35 | 0.4% |
| 21 | その他の製造業 | 37 | 0.3% | 30 | 1.0% | 30 | 0.8% |
| 22 | 廃棄物 | 38 | 0.1% | 36 | 0.3% | 37 | 0.1% |
| 25 | 水道業 | 39 | 0.1% | 40 | 0.0% | 38 | 0.1% |
| 24 | ガス業 | 40 | 0.1% | 39 | 0.0% | 40 | 0.0% |

出所：2002年，2007年，2012年河南省産業連関表（国家統計局編『中国地区投入産出表』（2002年，2007年，2012年版）（中国統計出版社）より）に基づいて筆者作成。

タバコ製造業，卸売・小売業，建築業，金属製錬・圧延加工業，化学工業が続き，この7大産業が河南省の約半分を占める。トップの5大産業は2002年と2007年にも上位にランクされている。このように，河南省の基盤産業は農業および関連の食品加工，天然資源に依存する金属・非金属加工と化学工業，大規模な人口と消費市場が支える卸売・小売と建築業となっている。サービス業のシェアは依然として小さい。

次に，シェアが拡大し，順位が上がっている産業は，汎用・専用機械器具製造業（2007年の15位から2012年の8位），電気機械器具製造業（33位から16位），輸送機械器具製造業（29位から20位），情報通信・電子機械器具製造業（37位から21位），金属製品製造業（32位から25位）などであり，付加価値の高い製造業が急速にシェアを拡大している。

第3に，シェアが縮小し，順位が下がっている産業は農林牧漁業（順位は1位のままだが，シェアは2002年の20.7％から2007年の15.2％に，さらに2012年では12.7％に下がった），金属採掘業（2007年の16位から2012年の26位），石油・天然ガス採掘業（25位から33位）などであり，農業と天然資源に依存している産業の割合が縮小している。

以上をまとめると，河南省の基盤産業は依然として農業と資源依存型の製造業であるが，シェアは次第に縮小している。一方，機械・情報通信・金属製品などの高付加価値産業は急速にシェアを拡大している。

### (2) 河南省の成長産業

表6-3は河南省の成長産業の順位を示している。成長産業を特定するには，DPG（Deviation from Proportional Growth）モデルを導入する。DPGモデルは各産業の成長と全産業の平均成長率（比例的な成長）の乖離を分析し，その乖離（DPG）の大きさが各産業の相対的な成長を表すものである[23]。表6-3では，各産業の実際の生産額と産業の比例的成長（平均成長率）による生産額との差額

---

23) DPGの計算式はDPG=$X_2-\alpha X_1$である。$X_2$は第2期の生産額，$X_1$は第1期の生産額で，$\alpha$は平均成長率である。DPGモデルは各産業の成長と平均成長率の乖離を分析するのみならず，乖離の要因を投資・消費・純移輸出・技術変化などに分解できることに特徴がある。本章では成長産業を特定するため，乖離の分析にとどめる。詳細は藤川［2016］を参照されたい。

表6-3 河南省の成長産業

| 番号 | 産業 | 2007-2012年 | | 2002-2007年 | | 2002-2012年 | |
|---|---|---|---|---|---|---|---|
| | | 順位 | 相対成長率 | 順位 | 相対成長率 | 順位 | 相対成長率 |
| 13 | 非金属製造業 | 1 | 2.93% | 5 | 1.07% | 1 | 4.01% |
| 16 | 汎用・専用機械器具製造業 | 2 | 1.43% | 4 | 1.08% | 4 | 2.51% |
| 19 | 情報通信・電子機械器具製造業 | 3 | 1.30% | 19 | 0.08% | 6 | 1.37% |
| 18 | 電気機械器具製造業 | 4 | 1.16% | 15 | 0.17% | 7 | 1.33% |
| 12 | 化学工業 | 5 | 0.93% | 3 | 1.44% | 5 | 2.37% |
| 15 | 金属製品製造業 | 6 | 0.69% | 29 | -0.25% | 14 | 0.44% |
| 17 | 輸送機械器具製造業 | 7 | 0.65% | 9 | 0.57% | 8 | 1.23% |
| 32 | 不動産業 | 8 | 0.43% | 21 | 0.02% | 13 | 0.45% |
| 8 | 繊維製品製造業 | 9 | 0.39% | 23 | 0.00% | 15 | 0.40% |
| 2 | 石炭採掘業 | 10 | 0.39% | 17 | 0.08% | 12 | 0.47% |
| 10 | 紙・印刷・文教体育用品製造業 | 11 | 0.22% | 8 | 0.60% | 11 | 0.82% |
| 7 | 紡績業 | 12 | 0.17% | 6 | 0.92% | 9 | 1.09% |
| 14 | 金属製錬・圧延加工業 | 13 | 0.16% | 2 | 2.89% | 3 | 3.05% |
| 25 | 水道業 | 14 | 0.08% | 24 | -0.03% | 18 | 0.05% |
| 20 | 計器・業務用機械器具製造業 | 15 | 0.08% | 14 | 0.18% | 16 | 0.26% |
| 6 | 食料品・タバコ製造業 | 16 | 0.03% | 1 | 3.07% | 2 | 3.10% |
| 9 | 木材加工・家具製造業 | 17 | 0.02% | 7 | 0.88% | 10 | 0.90% |
| 24 | ガス業 | 18 | 0.02% | 22 | 0.02% | 19 | 0.04% |
| 35 | 水利・環境・公共施設管理業 | 19 | -0.05% | 25 | -0.08% | 22 | -0.13% |
| 23 | 電気・熱供給業 | 20 | -0.06% | 18 | 0.08% | 20 | 0.02% |
| 5 | その他の採掘業 | 21 | -0.06% | 27 | -0.16% | 23 | -0.22% |
| 39 | 文化・体育・娯楽 | 22 | -0.08% | 33 | -0.39% | 29 | -0.47% |
| 22 | 廃棄物 | 23 | -0.13% | 13 | 0.19% | 17 | 0.06% |
| 29 | 宿泊・飲食業 | 24 | -0.15% | 16 | 0.16% | 21 | 0.02% |
| 34 | 科学研究・技術サービス業 | 25 | -0.17% | 28 | -0.23% | 26 | -0.40% |
| 36 | 居民・その他のサービス業 | 26 | -0.23% | 32 | -0.34% | 32 | -0.57% |
| 38 | 医療衛生・社会保障・社会福祉 | 27 | -0.26% | 30 | -0.30% | 31 | -0.56% |
| 33 | リース・ビジネスサービス業 | 28 | -0.29% | 20 | 0.03% | 25 | -0.26% |
| 11 | 石油製品・核燃料加工業 | 29 | -0.32% | 26 | -0.14% | 28 | -0.46% |
| 26 | 建築業 | 30 | -0.37% | 39 | -1.88% | 38 | -2.25% |
| 40 | 公共管理・社会組織 | 31 | -0.50% | 35 | -0.90% | 35 | -1.40% |
| 30 | 情報・インターネット付随・ソフトウェア | 32 | -0.55% | 36 | -0.99% | 36 | -1.54% |
| 37 | 教育 | 33 | -0.58% | 34 | -0.41% | 33 | -0.99% |
| 31 | 金融業 | 34 | -0.65% | 10 | 0.40% | 24 | -0.26% |
| 3 | 石油・天然ガス採掘業 | 35 | -0.72% | 31 | -0.31% | 34 | -1.03% |
| 21 | その他の製造業 | 36 | -0.73% | 12 | 0.20% | 30 | -0.53% |
| 4 | 金属採掘業 | 37 | -0.82% | 11 | 0.37% | 27 | -0.45% |
| 27 | 卸売・小売業 | 38 | -0.94% | 38 | -1.57% | 39 | -2.52% |
| 28 | 運輸・貯蔵・郵便業 | 39 | -0.99% | 37 | -1.05% | 37 | -2.04% |
| 1 | 農林牧漁業 | 40 | -2.44% | 40 | -5.48% | 40 | -7.92% |

出所:表6-2に同じ。

（乖離）を計算し，その差額が全産業の生産額に占める割合を，各産業の相対成長率[24]として表している。相対成長率は各産業の成長速度のみならず，産業の規模も考慮している。

　まず，2007年から2012年にかけて河南省の最も成長の速い産業は非金属製造業，汎用・専用機械器具製造業，情報通信・電子機械器具製造業，電気機械器具製造業などの高付加価値の産業であった。特に，情報通信・電子機械器具製造業，電気機械器具製造業は2002年から2007年まではそれぞれ19位，15位であったが，2007年から2012年までになると同3位，4位になり，急速に成長している。

　次に，同時期に成長の最も遅い産業は農林牧漁業であった。石油・天然ガス採掘業，金属採掘業などの資源依存型産業や卸売・小売業，運輸・貯蔵・郵便業などの第三次産業の成長も遅かった。

　第3に，2002年から2007年までと2007年から2012年までの2つの期間を比較して，順位が大きく上昇した産業は，情報通信・電子機械器具製造業（2002-2007年の19位から2007-2012年の3位），電気機械器具製造業（同15位から4位），不動産業（21位から8位），金属製品製造業（29位から6位）など高い付加価値を持つ産業であった。

　第4に，同時期に順位が大きく後退した産業は，紙・印刷・文教体育用品製造業（8位から11位），紡績業（6位から12位），金属製錬・圧延加工業（2位から13位），食料品・タバコ製造業（1位から16位），木材加工・家具製造業（7位から17位）などの中レベルの付加価値を持つ製造業であった。

　以上をまとめると，河南省の成長産業は非金属製造，機械，情報通信，電気機械，金属製品など比較的に付加価値の高い産業である。農業の成長率が最も低いほか，紙，紡績，食料品，木材加工などの中レベルの付加価値を持つ産業の成長率の順位も低下している。非金属製造業は2002年から2012年にかけて1位を占めている。

## (3) 河南省の優位産業

　河南省の優位産業について特化係数を用いて検討する。特化係数はある産業の競争優位の程度をその産業への特化の程度で測る指標であり，地域の産業付加

---

24) 相対成長率の計算式は $DPG=(X_2-\alpha X_1)/\Sigma X_2$ である。

値構成比を全国の付加価値構成比で割ったものである。特化係数の値が1より大きければ，その産業は全国的に見て競争優位を持っている産業である。

表6-4で示すように，まず，2012年現在で特化係数が1より大きい産業は18分野あり，特に非金属製造業（3.44），その他の採掘業（2.82），その他の製造業（2.71），木材加工・家具製造業（2.22），食料品・タバコ製造業（1.74）などの中レベルの付加価値を持つ産業が全国からみて強い競争優位を持っている。一方，金融業（0.52），リース・ビジネスサービス業（0.50），ガス業（0.49），石油・天然ガス採掘業（0.34），廃棄物（0.22）の特化係数は低く，サービス業と資源依存型産業の一部は競争優位を持っていない。

次に，2007年の特化係数は1より小さかったが，2012年になると1を超えた産業は紡績業（0.99から1.33），計器・業務用機械器具製造業（0.74から1.31），繊維製品製造業（0.84から1.30），電気機械器具製造業（0.50から1.18），金属製品製造業（0.64から1.17），化学工業（0.91から1.05）であり，このような中付加価値産業と高付加価値産業は競争劣位から競争優位に変わっている。また，情報通信・電子機械器具製造業（0.12から0.75），輸送機械器具製造業（0.53から0.69）の特化係数は2012年現在1より小さいが，2007年より競争劣位の程度が改善されている。

第3に，特化係数は1より大きかったが，2012年になると1を下回った産業は運輸・貯蔵・郵便業（2002年1.14，2007年1.03，2012年0.91），建築業（2002年1.25，2007年0.95，2012年0.82），石油製品・核燃料加工業（2002年1.95，2007年0.72，2012年0.54）であった。また，金属採掘業は2012年に1より大きいが，競争優位の程度が低下している（2007年2.28，2012年1.46）。

まとめると，河南省の優位産業は依然として中レベルの付加価値を持つ製造業であるが，機械や情報通信，電気機械などの高付加価値産業の競争優位が強まっている。一方，サービス業の競争優位がまだ確立していないほか，資源に依存している産業の特化係数が低下している。

以上，産業連関表を通じて基盤産業，成長産業，優位産業を分析してきたが，河南省の経済発展と産業構造の変化は発展途上地域の典型的な構図であると考える。すなわち，農業と資源依存型産業は依然として河南省産業の基盤であるが，シェアは次第に縮小し，成長率は非常に低下している。紙，紡績，食料品，木材加工などの中付加価値産業は，一定の競争優位を保持しているが，成長率が鈍化

第6章 地域発展の「気運」―河南省の事例

表6-4 河南省の優位産業

| 番号 | 産業 | 2012年 順位 | 2012年 特化係数 | 2007年 順位 | 2007年 特化係数 | 2002年 順位 | 2002年 特化係数 |
|---|---|---|---|---|---|---|---|
| 13 | 非金属製造業 | 1 | 3.44 | 1 | 2.38 | 1 | 3.56 |
| 5 | その他の採掘業 | 2 | 2.82 | 2 | 2.34 | 5 | 1.83 |
| 21 | その他の製造業 | 3 | 2.71 | 5 | 2.08 | 2 | 2.93 |
| 9 | 木材加工・家具製造業 | 4 | 2.22 | 4 | 2.23 | 4 | 1.90 |
| 6 | 食料品・タバコ製造業 | 5 | 1.74 | 6 | 2.03 | 7 | 1.47 |
| 29 | 宿泊・飲食業 | 6 | 1.71 | 8 | 1.57 | 12 | 1.14 |
| 2 | 石炭採掘業 | 7 | 1.61 | 7 | 1.62 | 10 | 1.21 |
| 16 | 汎用・専用機械器具製造業 | 8 | 1.49 | 12 | 1.09 | 11 | 1.19 |
| 4 | 金属採掘業 | 9 | 1.46 | 3 | 2.28 | 3 | 2.27 |
| 7 | 紡績業 | 10 | 1.33 | 14 | 0.99 | 32 | 0.56 |
| 20 | 計器・業務用機械器具製造業 | 11 | 1.31 | 24 | 0.74 | 38 | 0.25 |
| 1 | 農林牧漁業 | 12 | 1.31 | 9 | 1.37 | 6 | 1.48 |
| 8 | 繊維製品製造業 | 13 | 1.30 | 19 | 0.84 | 8 | 1.45 |
| 14 | 金属製錬・圧延加工業 | 14 | 1.25 | 10 | 1.26 | 30 | 0.64 |
| 18 | 電気機械器具製造業 | 15 | 1.18 | 35 | 0.50 | 24 | 0.68 |
| 15 | 金属製品製造業 | 16 | 1.17 | 29 | 0.64 | 15 | 1.02 |
| 10 | 紙・印刷・文教体育用品製造業 | 17 | 1.13 | 11 | 1.23 | 27 | 0.66 |
| 12 | 化学工業 | 18 | 1.05 | 16 | 0.91 | 22 | 0.72 |
| 37 | 教育 | 19 | 0.91 | 17 | 0.89 | 29 | 0.66 |
| 28 | 運輸・貯蔵・郵便業 | 20 | 0.91 | 13 | 1.03 | 13 | 1.14 |
| 25 | 水道業 | 21 | 0.83 | 38 | 0.29 | 35 | 0.48 |
| 26 | 建築業 | 22 | 0.82 | 15 | 0.95 | 9 | 1.25 |
| 23 | 電気・熱供給業 | 23 | 0.77 | 20 | 0.84 | 16 | 0.87 |
| 19 | 情報通信・電子機械器具製造業 | 24 | 0.75 | 40 | 0.12 | 40 | 0.14 |
| 17 | 輸送機械器具製造業 | 25 | 0.69 | 33 | 0.53 | 36 | 0.40 |
| 27 | 卸売・小売業 | 26 | 0.68 | 23 | 0.78 | 18 | 0.85 |
| 40 | 公共管理・社会組織 | 27 | 0.66 | 18 | 0.84 | 20 | 0.76 |
| 38 | 医療衛生・社会保障・社会福祉 | 28 | 0.64 | 21 | 0.81 | 19 | 0.76 |
| 32 | 不動産業 | 29 | 0.60 | 28 | 0.64 | 25 | 0.68 |
| 36 | 居民・その他のサービス業 | 30 | 0.60 | 22 | 0.80 | 17 | 0.86 |
| 35 | 水利・環境・公共施設管理業 | 31 | 0.60 | 27 | 0.69 | 26 | 0.67 |
| 11 | 石油製品・核燃料加工業 | 32 | 0.54 | 26 | 0.72 | 14 | 1.05 |
| 30 | 情報・インターネット付随・ソフトウェア | 33 | 0.53 | 30 | 0.61 | 23 | 0.71 |
| 31 | 金融業 | 34 | 0.52 | 37 | 0.40 | 33 | 0.56 |
| 39 | 文化・体育・娯楽 | 35 | 0.52 | 31 | 0.57 | 21 | 0.74 |
| 33 | リース・ビジネスサービス業 | 36 | 0.50 | 34 | 0.50 | 37 | 0.38 |
| 24 | ガス業 | 37 | 0.49 | 25 | 0.73 | 31 | 0.57 |
| 34 | 科学研究・技術サービス業 | 38 | 0.39 | 32 | 0.56 | 28 | 0.66 |
| 3 | 石油・天然ガス採掘業 | 39 | 0.34 | 36 | 0.48 | 34 | 0.52 |
| 22 | 廃棄物 | 40 | 0.22 | 39 | 0.24 | 39 | 0.18 |

出所：表6-2に同じ。

してきている。機械・情報通信・電気機械・金属製品などの高付加価値産業は急速に成長しており、シェアを拡大し、全国における競争優位も徐々に強化されている。卸売・小売、金融、輸送などの第三次産業の発展は依然として大きな課題である。河南省は天然資源や個別の斜陽産業に過度に依存し、簡単に脱出できないような構造的な問題はない。河南省の経済発展と産業構造の変化は、一般に見られたこれまでの発展途上地域の成長経路と合致しており、今後も大きく発展するだろう。

## 6　本章のまとめ

　本章は、今後大きく発展すると思われる河南省に焦点を当て、地域経済の実態と成長の構図に対する総合的理解を得るために、個々の課題を比較的詳細に検討した。日本における河南省研究が限られているなか、本章は河南省の経済と政策の変遷を整理し、GRP成長率、貿易、省内都市、産業3部門の変化を分析し、産業連関表を用いて河南省の基盤産業、成長産業、優位産業を明らかにした。また、河南省経済に大きな影響を与える「一帯一路」について、鄭州―欧州国際貨物列車と「空中シルクロード」を中心に地方政府の取り組みを検討し、交通の要衝に立地する河南省にとって国内地域経済一体化を推進する「一帯一路」は重要な意義を持っていることを明らかにした。

　建国当初に近代的な産業がほとんどなかった河南省は、内陸地域の閉鎖性や開発に必要な資本・技術の不足に悩まされ、多くの人口を抱えながら食料・就業等の問題も絡み合い、大きな経済発展を展望することが難しかった。しかし、中国経済の変革より、改革開放・市場経済の導入・WTO加盟などの重要な転換点において、河南省は地域発展の「気運」を醸成するチャンスを逃さず、1993年から現在まで20年以上にわたり全国平均を上回る経済成長率を実現している。特に重要なのは、河南省の産業構造の変化が発展途上地域の経済発展の典型的な構図と合致しており、いわゆる「正しい道のり」にあると考えられる。それは農業部門と資源依存産業の縮小、中付加価値産業の競争力の維持と成長の鈍化、高付加価値産業の急成長に表れている。また、「一帯一路」を通じた国内の地域経済一体化の利点を生かし、積極的に国外につなげる取り組みが行われており、河南省の今後の発展が注目されよう。

しかし，このような地域発展の「気運」は常に変化しており，それを長期間にわたって獲得するには地域の努力は不可欠である。グローバル化と地域一体化の波が押し寄せるなか，地域が発展する原動力は真の産業競争力であり，拠点的な市場としての魅力である。それを獲得するには，河南省は交通の要衝という利点を最大限に生かし，アクセスの利便化，公平で活力のある競争の促進，イノベーションの拡大，起業・投資環境の改善などの地味な努力を行い，市場の効率を高める取り組みが必要である。また，国内外の流れを読み，成長する分野を見極め，河南省の実情に合わせて選択的に取り入れることにより，地域経済の活性化と国際競争力の強化につなげることも求められる。一体化によって中国地域経済の構図が大きく変わろうとしているいま，河南省にとって本当の勝負はこれから来るかもしれない。

**参考文献**
**日本語文献**
殷冠文・劉雲剛［2010］「中国における地方自治体主導による都市化：河南省鶴壁市の事例」，『経済地理学年報』，Vol.56(3)，pp.185
小野五郎［1996］『産業構造入門』，日経文庫，1996年
加藤康二・岡本謙三［2010］「人口大省の労働力および市場潜在力—河南省出張報告」，『日中経協ジャーナル』，Vol.200，pp.34-36
金澤孝彰［2014］「中国8地域別産業構造の差異要因考察：比例成長乖離（DPG）モデルの多地域間産業連関表への適用から」，『和歌山大学経済学会研究年報』，Vol.(18)，pp.31-52
金子弘道［2013］「海外レポート 最新中国の農村農業見聞記：中国河南省」，『日本農業の動き』，Vol.182，pp.134-140
小島泰雄［1995］「中国河南省における都市の規模と特性」，『研究年報』，Vol.32，pp.1-28
胡秋陽［2004］「中国における産業構造の地域間格差の要因分析」，『産業連関』，Vol.12(3)，pp.15-25
城山英巳［2004］「北京の取材ノートから 発展から取り残される中部地域—河南省の苦境，悲痛の叫び」，『世界週報』，Vol.8(43)，pp.52-53
朱永浩・李紅梅・張忠任［2015］「中国東北地域の財政運営に関する分析—東北振興戦略実施以降を中心に」，『総合政策論叢』，Vol.29，pp.13-28

周紅［2005］「中国河南省における農業発展の現状と構造問題―農村の過剰労働力問題を中心として」,『流通経済大学大学院経済学研究科論集』, Vol.13, pp.55-97

周偉生［2002］「中国のローカル（河南省）における環境問題の現状と要因分析」,『立命館国際地域研究』, Vol.19, pp.129-163

徐贇［2013］「アジア金融危機後の中国産業構造の変化―産業連関の視点から―」,『中央大学経済研究所年報』Vol.44, pp.223-242

谷口洋志［2011］「中国河南省における所得格差の研究（佐藤清教授古稀記念論文集）」,『經濟學論纂』, Vol.51, pp.247-267

張忠任・陳志勇［2013］「世界金融危機以降の中国経済情勢に関する分析」,『北東アジア研究』, Vol.24, pp.119-134

陳文挙［2012］「産業移転と河南省の経済発展」,『国際関係研究』, Vol.32(2), pp.1-8

中嶋誠一［1992］「中国地域シリーズ-19-河南省」,『海外事情』, Vol.40(3), pp.99-108

藤川清史［1999］『グローバル経済の産業連関分析』, 創文社, 1999年

藤川清史［2016］『中国経済の産業連関分析と応用一般均衡分析』, 法律文化社, 2016年

馬桂芸［2007］「産業連関表からみた中国東北地域の産業構造の特徴」,『桃山学院大学経済経営論集』, Vol.49(1), pp.129-157

宮沢健一編［2002］『産業連関分析入門（7版）』, 日経文庫, 2002年

村上直樹［2016］「地縁的商会と地域産業構造の転換―豫商（河南）商会と河南省の産業移転を例として―」,『中国経済研究 = Journal of Chinese economic studies』, Vol.13(1), pp.62-77

穆堯芊［2018］「地域開発と都市化―地方主体の地域発展戦略を中心に」, 岡本信広編『中国の都市化と制度改革』, アジア経済研究所研究双書, 2018年3月, pp.35-70

李博［2015］「産業連関からみた中国の産業構造変化と経済成長の関係」,『地域経済研究』, Vol.26, pp.29-40

**中国語文献**

董鎖成［2016］「一帯一路交通運輸業格局及対策」,『中国科学院院刊』, 2016年第6号, pp.663-670

陽家偉・乔家君［2013］「河南省産業結構演進与機理探究」,『経済地理』, 2013年第9号, pp.93-100

劉広超［2013］「新中国成立50年河南省工業化発展研究（1949-2000）」,『西安工程大学修士学位論文』, 2013年12月, pp.1-39

劉玉安・米克栄［1990］「従五小工業至郷鎮企業-兼論我国農村工業的発展前景」,『山東

大学学報』(哲学社会科学版),1990年第 3 号,pp.107-110
劉新同・岳斌［2003］「河南産業結構演進的特点与調整」,『問題研究』,2003年第 9 号,pp.6-7
李政新・劉書亮・任河身［1994］「S 形主導増長軸線是河南工業布局的最佳選択」,『市場経済導報』,1994年第12号,pp.31
李娜・王飛［2012］「中国主導産業演変及其原因研究：基于 DPG 方法」,『数量経済技術経済研究』,2012年第 1 号,pp.19-33
李武軍・黄炳南［2010］「基于偏離―份額分析法的中部地区産業結構研究」,『経済経緯』,2010年第 6 号,pp.25-29
盧向宇［2012］「我国工農業産品価格剪刀差的形成,発展趨勢及対策」,東北大学修士論文,2012年 6 月,pp.49
魯奇・張朝陽［2008］「河南省産業結構演進和経済増長関係的実証分析」,『中国人口,資源与環境』,2008年第 1 号,pp.111-115
何竹康［1984］「加快中原開発的戦略意義」,『経済研究』,1984年第 8 号,pp.29-34
湯暁莉・尚文英・苗長虹［2010］「河南省産業関連能力変動研究」,『経済地理』,2010年第12号,pp.2037-2049
楊林軍・巫継学・何大明［1985］「中原経済区産業結構発展戦略探索」,『中州学刊』,1985年第 5 号,pp.30-33
張磊［2016］「一帯一路河南戦略発展探微」,『安陽師範学院学報』,2016年第 3 号,pp.59-65
周東・韓君玲［2012］「基于 DPG 要因分析法的中国産業結構変化」,『山東大学学報(哲学社会科学版)』,2012年第 4 号,pp.96-103
河南省統計局・国家統計局河南調査総隊編『河南統計年鑑』(各年版),中国統計出版社
河南省統計局編『河南省国民経済和社会発展統計公報』(各年版),中国統計出版社

## 付表　産業連関表の部門分類と価格指数の対応部門

| 番号 | 産業連関表部門分類 | 価格指数の対応部門 |
|---|---|---|
| 1 | 農林牧漁業 | 農林牧漁業 |
| 2 | 石炭採掘業 | 石炭採掘業 |
| 3 | 石油・天然ガス採掘業 | 採掘業 |
| 4 | 金属採掘業 | |
| 5 | その他の採掘業 | |
| 6 | 食料品・タバコ製造業 | 食品工業 |
| 7 | 紡績業 | 紡績工業 |
| 8 | 繊維製品製造業 | 服飾工業 |
| 9 | 木材加工・家具製造業 | 木材工業 |
| 10 | 紙・印刷・文教体育用品製造業 | 紙工業 |
| 11 | 石油製品・核燃料加工業 | 石油工業 |
| 12 | 化学工業 | 化学工業 |
| 13 | 非金属製造業 | 建築材料工業 |
| 14 | 金属製錬・圧延加工業 | 金属工業 |
| 15 | 金属製品製造業 | |
| 16 | 汎用・専用機械器具製造業 | 機械工業 |
| 17 | 輸送機械器具製造業 | |
| 18 | 電気機械器具製造業 | |
| 19 | 情報通信・電子機械器具製造業 | |
| 20 | 計器・業務用機械器具製造業 | |
| 21 | その他の製造業 | その他の工業 |
| 22 | 廃棄物 | |
| 23 | 電気・熱供給業 | 電気・ガス・水道業 |
| 24 | ガス業 | |
| 25 | 水道業 | |
| 26 | 建築業 | 建築業 |
| 27 | 卸売・小売業 | 卸売・小売業 |
| 28 | 運輸・貯蔵・郵便業 | 運輸・貯蔵・郵便業 |
| 29 | 宿泊・飲食業 | 宿泊・飲食業 |
| 30 | 情報・インターネット・ソフトウェア | 情報・インターネット・ソフトウェア |
| 31 | 金融業 | 金融業 |
| 32 | 不動産業 | 不動産業 |
| 33 | リース・ビジネスサービス業 | リース・ビジネスサービス業 |
| 34 | 科学研究・技術サービス業 | 科学研究・技術サービス業 |
| 35 | 水利・環境・公共施設管理業 | 水利・環境・公共施設管理業 |
| 36 | 居民・その他のサービス業 | 居民・その他のサービス業 |
| 37 | 教育 | 教育 |
| 38 | 医療衛生・社会保障・社会福祉 | 医療衛生・社会保障・社会福祉 |
| 39 | 文化・体育・娯楽 | 文化・体育・娯楽 |
| 40 | 公共管理・社会組織 | 公共管理・社会組織 |

注：①2007年と2012年の部門分類が異なるため，42部門から40部門への統合を行った。具体的には，中国国家統計局が発表した国民経済産業分類（GB/T 4754-2011）を参考にし，

2007年の運輸・貯蔵業と郵便業を1部門，科学研究と技術サービスを1部門に統合し，2012年の汎用と専用機械器具製造業を1部門に統合した。同時に2012年の新規の金属製品・機械・設備の修理部門を金属製品製造業，汎用・専用機械器具製造業，輸送機械器具製造業，電気機械器具製造業，情報通信・電子機械器具製造業，計器・業務用機械器具製造業，その他の製造業，廃棄物の8部門の生産額の比率に従って振り分けた。
②国家統計局編『中国統計年鑑』（各年版）の産業別価格指数用いてデフレーターを作成し，実質化を行った。第一次産業は「農産品生産価格指数」を利用した。第二次産業は「産業別工業品出荷価格指数」を利用したが，採掘業，電気・ガス・水道業，建築業に関しては「産業別生産額及び指数」を用いた。第三次産業について2005年以後は「産業別生産額及び指数」を利用したが，2003年と2004年は当該指数がなかったため，「第三次産業付加価値，構成及び指数（2005）」にある運輸・貯蔵・郵便業，卸売・小売，宿泊・飲食業，金融業，不動産業の指数を使い，その以外のサービス業は「ほかのサービス業」の指数を利用した。

出所：中国国家統計局産業連関表各年版（http://data.stats.gov.cn/，2018年5月19日確認），
　　　総務省日本標準産業分類（2013年）（http://www.soumu.go.jp/，2018年5月19日確認），
　　　国家統計局編『中国統計年鑑』（各年版）を参考に筆者作成。

# ■第7章■「一帯一路」と地域一体化の展望

## 1　はじめに

　本章は，2015年以降の地域政策の展開を検討する。本書で提起する地方主体の地域発展戦略は2008年から2015年までとされているが，それ以降の政策展開はどうなっているかを整理し，新しい時代の開発政策の全体像を明らかにする。

　「一帯一路」の政策文書である「シルクロード経済帯と21世紀海上シルクロードを共同で建設することを推進するビジョンと行動」（以下「ビジョンと行動」）は2015年3月に打ち出されたが，当時これを中国の国際戦略として捉える研究が多く，中国国内の地域政策として取り上げるものは少なかった。穆［2016］は，「一帯一路」は国内の地域発展戦略の性格を持ち，中国における地域開発政策の新しい展開であると指摘した。「一帯一路」は地方主体の地域発展戦略を終了させ，中国の地域政策を中央政府の主導による地域一体化を目指す新しい時代へと導いた。「一帯一路」は地域発展戦略として単独に存在しているものではなく，地域一体化を促進するという観点で，後に打ち出された様々な地域政策と密接な関係を持っている。本章は「一帯一路」政策以降の中国の地域発展戦略の全容を明らかにし，今後を展望する。

## 2　地域一体化を目指す開発政策の全体像

### 2.1　中央政府が最も重視する「政策主要課題」

　表7-1は「一帯一路」以降の地域政策の全体像を示しており，最新の展開である。まず，主要課題に挙げた5つの政策は，現段階の中国政府が最も重視している地域戦略で，地域経済の成長と地域一体化の推進に大きな役割を果たしてい

る。①「一帯一路」は，中国の沿海地域と内陸地域をつなげ，生産要素の自由な移動を促す一体化政策である。「一帯一路」の主旨には，「経済要素の秩序だった自由な移動，効率の高い資源配置と市場との高度な融合を促進する」ことが含まれており，国際間の地域協力を促すには中国国内の統一市場の形成や地域間の協調的発展が重要であることが示唆されている。穆［2016］が指摘したように，「一帯一路」は地域間のアクセスを利便化し，財・サービス・労働・資本・情報・アイディアなどの要素の自由な移動を促している。ハード面では道路・鉄道・空港などの整備を通じて貨物や資本，人的移動を容易にし，ソフト面では通信環境の改善や省間協力の強化などで情報・知識・アイディアの伝達のスピードを速め，地域間のブロック化を打破する狙いがある。「一帯一路」はどこか特定の地域を排除するものではなく，全国対象の発展戦略である。②京津冀は，人口や経済活動の集中により膨張しすぎた北京と，相対的に発展が後れている河北の一体化を促すものであり，天津という港と工業基地も取り入れる形で環渤海地域全体の発展を促進するものである。京津冀は周辺の遼寧，内モンゴル，山西，山東にも大きな影響を及ぼすとみられる。国内外に大きく注目されている「雄安新区」の建設も京津冀の協同発展を支えるものである。③東北振興は，遼寧，吉林，黒龍江と内モンゴルの一部を対象に，これまでの東北振興戦略の課題を整理し，近年東北経済が直面する問題に対して改革を全面的に深化させるものである。東北地域における経済管理体制・メカニズムの改革，経済・産業構造の調整，イノベーションの促進と民生の保障と改善を強調している。④長江経済帯は，上海を起点として，長江を遡って江蘇，浙江，安徽，江西，湖北，湖南，重慶，四川，雲南，貴州などの11の省を対象としており，物流ルートの整備や環境保護，行政間の障壁の打破等を通じて，地域間の連携を促進して地域発展を目指すものである。⑤大湾区は広東省と香港，マカオの都市間連携を促進するものである。中央政府の政策文書はまだ公表されていないが，広東省珠海，香港，マカオを繋ぐ世界最長の海上橋（55キロ）が2018年5月に開通されるなど，具体的な実績を上げている。

　2018年11月29日，中国政府は「中共中央国務院のより有効な地域協調発展の新しいメカニズムの構築に関する意見」[1]（以下「意見」と称する）を公表し，「一帯一路」，「京津冀」，「長江経済帯」，「粤港澳大湾区」を地域の協調的発展を促す「重大戦略」として取り上げた。中国の国際戦略だとみられている「一帯一路」

を国内の地域開発政策に位置づけた重要な政策文書である。東北振興については，「中共中央国務院の東北地域等旧工業基地の全面的振興に関する若干の意見」として2016年4月にすでに公表されており，「一帯一路」，「京津冀協同発展」，「長江経済帯」と呼ばれる「三大戦略」と同様に実施することが明記されている。これら「意見」は共産党中央と国務院が名を連ねた最も権威の高い政策文書として公表され，現時点で最も注目に値する地域政策であり，地域経済一体化を通じて地域間の協調的発展を促すものである。中央政府の主導の下で実施されている。

## 2.2 「都市群」

2015年以降，省を跨ぐ「都市群」戦略が頻繁に打ち出されている。2018年9月現在，哈長（ハルビン・長春），成渝（成都・重慶），長江デルタ（上海・江蘇・浙江・安徽），中原（河南・河北・山西・安徽・山東），北部湾（広東・広西・海南），関中平原（陝西・山西・甘粛），呼包鄂楡（内モンゴル・陝西），蘭西（蘭州・西寧）の8つの都市群戦略が公表されている。地方主体の発展戦略は省内の都市間連携を促すものが多かったが，新しい都市群戦略はすべて省を跨いでおり，広い範囲における拠点都市の連携を中心としている。省という行政枠の壁を緩和し，生産要素の都市間の移動を促進している。中国は都市化率の向上に伴い，これまで省の行政範囲を中心とした発展戦略から，省を跨ぐ都市群を中心とした地域政策も取り入れようとしている。都市間のインフラ整備を通じて，ヒト・モノ・カネ・情報などの生産要素の効率を高めて中国全体の国際競争力の強化を目指している。

## 2.3 「新区」

経済発展の新しい空間を求める「新区」は引き続き承認されている。新区は都市の中心部における経済・生産活動の過度な集中を緩和するために，郊外などに広くて立地の良い場所を選んで新しい行政区を作り，人口の移転や企業の誘致などを通じて新しい成長拠点を育成するものである。1992年に承認された上海浦東は中国最初の新区であるが，その後天津濱海，重慶両江等も認められ，2018年9

---

1）詳細は中華人民共和国中央人民政府のホームページ（http://www.gov.cn/zhengce/2018-11/29/content_5344537.htm，2018年12月1日アクセス）を参照されたい。

月までに計19ヵ所の新区が国務院に認められている（上海浦東，天津濱海，重慶両江，浙江舟山群島，蘭州，広州南沙，陝西西咸，貴州貴安，青島西海岸，大連金普，四川天府，湖南湘江，南京江北，福州新区，雲南滇中，ハルビン，長春，江西贛江，河北雄安）。2015年以降は表7-1で示した8件である[2]）。

「新区」が地方主体の発展戦略以降も引き続き承認されているのは，中国経済の成長により都市空間の拡大に対する強い需要があるほか，「新区」は既存の小規模行政区を統廃合し，新しい行政管理組織をつくり，一定の財源をもって安定的に運営されている点にある。「新区管理委員会」と呼ばれる地方政府直属の行政組織を立ち上げ，地方の予算を給付して道路整備，不動産開発支援，人口・産業誘致，治安維持，医療教育などの行政全般を行っている。この点では，地域経済発展を主要目的とするほかの開発政策と相違している。2015年以降，それまでの省政府を中心とした地方主体の発展戦略がほとんど承認されなくなったが，「新区」は強い生命力を持って現在も承認され続けている。「新区」の開発は長い時間を要し，短期間でその効果を評価するのは難しい。上海浦東新区と天津濱海新区は比較的早い時期に設立された「新区」であるが，いまは上海・天津ないし周辺地域の発展を牽引する拠点地域となっている。

また，新区は既存都市の経済発展を促進し，一見すると当該地域の経済活動の密度を高める政策のようである。しかし，新区のほとんどは人や産業の少ない郊外に設置されており，新たに道路や鉄道などのインフラ整備を行い，既存都市の中心部との一体化を図るものである。最近大きく注目されている雄安新区は，河北省の経済発展を促進するほか，北京との一体化を通じて首都における過度の人口集中，渋滞，住宅確保困難，社会福祉サービスの相対的不足を緩和する役割を担っている。上海浦東，天津濱海のような比較的成功している地域では，新区は強力な成長エンジンとなり，旧市街地を牽引するほどの役割まで果たしている。そういう意味で，新区は都市内の一体化を促す側面を持っている。

## 2.4　「自由貿易区・港」

「自由貿易区・港」戦略は中国の改革開放の新政策として国外でも大きく注目されている。中国最初の自由貿易区は2013年9月に設立された上海自由貿易区で

---

2）　2015年以前の「新区」の詳細は，穆［2018］を参照されたい。

あるが，それ以降，福建，天津，広東，遼寧，浙江，河南，湖北，重慶，四川，陝西など，計11カ所が承認されている。自由貿易区は，当該地域の制度や慣習などを全国に先駆けて改革し，国際的な経済活動を活発化させてグローバル化を促進するものである。特に重要なのは，自由貿易区内において法律の一部施行停止や撤廃などの措置が中央政府の主導で行われ，制度を改革して国際ビジネスの活発化を促している。これは地方主体の地域発展戦略ではみられなかったことである。また，自由貿易区で得られた改革の経験や効果的な取り組みを中央政府の主導の下で全国に適用させ，全国レベルの改革に寄与している。海南島では，自由貿易港の設立も準備されている[3]。自由貿易区よりも大きな範囲で，力強く改革を促進しているものとみられる。自由貿易区・港は中国の各地域におけるグローバル経済の浸透を推し進め，制度改革を通じてソフト面から地域一体化を促している。

## 2.5 「専門分野施策」

国務院は一部の地域を指定し，様々な専門分野における改革や政策実験を行っている。表7-1では国内貿易流通改革，国境地域開発開放，国際協力産業園区，越境電子商取引，サービス貿易促進，自主イノベーション，全面的改革試験，持続可能な発展，国家標準化改革，指定地域の特別政策の10項目を挙げている。各分野の改革には担当する中央省庁があり，複数の地域を選定してそれぞれに新たな政策を試みている。選定地域は，当該分野において全国に先駆けて取り組んでいる地域であり，優れた実績や特徴を持っている。中央政府は選定地域の取り組みを取りまとめ，良好な経験や問題点を共有し，それに基づいて政策を立案して全国に適用していく。専門分野の取り組みは，中国の地域間における制度の標準化と経済活動の活発化に寄与しており，地域間の一体化を促進する側面を持っている。

以上をまとめると，2015年の「一帯一路」以降の中国の地域政策は，中央政府が最も重要視している「政策主要課題」，「都市群」，「新区」，「自由貿易区・港」，「専門分野施策」の5領域に分けられ，これらは一連の取り組みとなった中国の

---

3）詳細は新華ネット2018年4月14日記事（http://www.xinhuanet.com/2018-04/14/c_1122682368.htm，2018年12月5日アクセス）を参照されたい。

表7-1 「一帯一路」以降の地域政策の全体像

| 政策分野 | キーワード | 政策文書・内容 | 承認・公表時期 | 対象範囲 |
|---|---|---|---|---|
| 主要課題（5件） | 一帯一路 | シルクロード経済帯と21世紀海上シルクロードを共同で建設することを推進するビジョンと行動 | 2015年3月 | 全国 |
| | 京津冀 | 京津冀協同発展規画綱要 | 2015年6月 | 北京，天津，河北 |
| | 東北振興 | 中共中央国務院の東北地域等旧工業基地の全面的振興に関する若干の意見 | 2016年4月 | 東北地域 |
| | 長江経済帯 | 長江経済帯発展規画綱要 | 2016年9月 | 上海等11地域 |
| | 大湾区（準備中） | 粤港澳大湾区建設指導グループ全体会議開催（新華社2018年8月15日記事） | — | 広東，香港，マカオ |
| 都市群（8件） | 哈長 | 国務院の哈長都市群発展規画に関する返答 | 2016年2月 | ハルビン，長春 |
| | 成渝 | 国務院の成渝都市群発展規画に関する返答 | 2016年4月 | 成都，重慶 |
| | 長江デルタ | 国務院の長江デルタ都市群発展規画に関する返答 | 2016年5月 | 上海等4地域 |
| | 中原 | 国務院の中原都市群発展規画に関する返答 | 2016年12月 | 河南等5地域 |
| | 北部湾 | 国務院の北部湾都市群発展規画に関する返答 | 2017年2月 | 広東，広西，海南 |
| | 関中平原 | 国務院の関中平原都市群発展規画に関する返答 | 2018年1月 | 陝西，山西，甘粛 |
| | 呼包鄂楡 | 国務院の呼包鄂楡都市群発展規画に関する返答 | 2018年2月 | 内モンゴル，陝西 |
| | 蘭西 | 国務院の蘭州—西寧都市群発展規画に関する返答 | 2018年3月 | 蘭州，西寧 |
| 新区（8件） | 湘江新区 | 国務院の湖南湘江新区の設立の同意に関する返答 | 2015年4月 | 湖南湘江 |
| | 江北新区 | 国務院の南京江北新区の設立の同意に関する返答 | 2015年7月 | 南京江北 |
| | 福州新区 | 国務院の福州新区の設立の同意に関する返答 | 2015年9月 | 福建福州 |
| | 滇中新区 | 国務院の雲南滇中新区の設立の同意に関する返答 | 2015年9月 | 雲南滇中 |
| | ハルビン新区 | 国務院のハルビン新区の設立の同意に関する返答 | 2015年12月 | 黒龍江ハルビン |
| | 長春新区 | 国務院の長春新区の設立の同意に関する返答 | 2016年2月 | 吉林長春 |
| | 贛江新区 | 国務院の江西贛江新区の設立の同意に関する返答 | 2016年6月 | 江西贛江 |
| | 雄安新区 | 中共中央，国務院の「河北雄安新区規画綱要」に関する返答 | 2018年4月 | 河北雄安 |
| 自由貿易区・港（11件） | 福建 | 国務院の中国（福建）自由貿易試験区全体方案の公表に関する通知 | 2015年4月 | 福建 |
| | 天津 | 国務院の中国（天津）自由貿易試験区全体方案の公表に関する通知 | 2015年4月 | 天津 |
| | 広東 | 国務院の中国（広東）自由貿易試験区全体方案の公表に関する通知 | 2015年4月 | 広東 |
| | 遼寧 | 国務院の中国（遼寧）自由貿易試験区全体方案の公表に関する通知 | 2017年3月 | 遼寧 |

| 政策分野 | キーワード | 政策文書・内容 | 承認・公表時期 | 対象範囲 |
|---|---|---|---|---|
| 自由貿易区・港（11件）（続き） | 浙江 | 国務院の中国（浙江）自由貿易試験区全体方案の公表に関する通知 | 2017年3月 | 浙江 |
| | 河南 | 国務院の中国（河南）自由貿易試験区全体方案の公表に関する通知 | 2017年3月 | 河南 |
| | 湖北 | 国務院の中国（湖北）自由貿易試験区全体方案の公表に関する通知 | 2017年3月 | 湖北 |
| | 重慶 | 国務院の中国（重慶）自由貿易試験区全体方案の公表に関する通知 | 2017年3月 | 重慶 |
| | 四川 | 国務院の中国（成都）自由貿易試験区全体方案の公表に関する通知 | 2017年3月 | 四川 |
| | 陝西 | 国務院の中国（陝西）自由貿易試験区全体方案の公表に関する通知 | 2017年3月 | 陝西 |
| | 海南自由貿易港（準備中） | 海南に自由貿易区・自由貿易港の建設を試みる（新華ネット2018年4月14日記事） | — | 海南 |
| 専門分野（10分野） | 国内貿易流通改革 | 国務院弁公庁の上海等9都市における国内貿易流通体制改革発展総合試験区の推進の同意に関する返信 | 2015年7月 | 上海等9地域 |
| | 国境地域開発開放 | 国務院の雲南勐臘（磨憨）重点開発開放試験区設立の同意に関する返答など | 2015年7月 | 雲南勐臘（磨憨）等3地域 |
| | 国際協力産業園区 | 国務院の中独（瀋陽）ハイエンド設備製造産業園の建設方案に関する返答など | 2015年12月 | 瀋陽等3地域 |
| | 越境電子商取引 | 国務院の天津等12都市における越境電子ビジネス総合試験区設立の同意に関する返答 | 2016年1月 | 天津等12地域 |
| | サービス貿易促進 | 国務院のサービス貿易イノベーション発展試験区の推進の同意に関する返答 | 2016年2月 | 天津等15地域 |
| | 自主イノベーション | 国務院の鄭洛新国家ハイテク区における国家自主イノベーション示範区の建設の同意に関する返答など | 2016年4月 | 河南等5地域 |
| | 全面的改革試験 | 国務院の上海における全面的イノベーション改革試験の推進と世界に影響力のある科学技術イノベーションセンターの建設方案の公表に関する通知など | 2016年4月 | 上海等10地域 |
| | 持続可能な発展 | 国務院の深圳市における国家持続可能な発展示範区の建設の同意に関する意見など | 2018年2月 | 深圳等3地域 |
| | 国家標準化改革 | 国務院弁公庁の山西・山東・広東省における国家標準化総合改革試験区の推進の同意に関する返答など | 2018年3月 | 山西等5地域 |
| | 指定地域の特別政策 | 国務院の舟山水運複合一貫輸送サービスセンター設立の同意に関する返答など | 2016年4月 | 浙江舟山等5地域 |

出所：中国政府ネット（http://www.gov.cn/），新華社ホームページ（http://www.news.cn/）の公表資料により筆者作成。

新しい地域開発政策の全体像を構成している。「一帯一路」は単独の政策ではなく，地域一体化を促す多くの国内地域政策と共通の理念を持っており，中国全体の地域政策の流れの中に位置づけられている。

## 3 新しい開発政策の特徴

### 3.1 中央政府の強いリーダーシップ

　2015年以降の地域発展戦略は，地方主体の発展戦略と違って，中央政府が主導的な役割を果たしている。まず，中央政府が政策の立案を行っている。たとえば，「一帯一路」，「京津冀」，「長江経済帯」，「東北振興」などの開発政策の立案と公表は中央政府が行っている。次に，戦略の実施について，中央政府に専門の指導グループを立ち上げ，政策の実施を具体的に推し進めている。たとえば，「京津冀」については韓正国務院副総理を責任者とする「京津冀協同発展指導グループ」が設立されており，同戦略の具体的な目標設定，施策立案，評価などを行っている[4]。また，長江経済帯の実施に関連して，習近平国家主席は2018年4月にこのテーマに特化した地方視察を行い，中央省庁と地方の幹部が参加する座談会を開いて具体的な指示を行っている[5]。さらに，戦略を実施するために，中央政府が主導して既存の法律や制度の改革を行っている。たとえば，国務院は2017年12月に「自由貿易試験区において関連の行政法規，国務院政策文書，国務院批准が批准した部門規定を暫定的に調整することに関する決定」を公表し，自由貿易試験区では海運，船舶の登録と検査，印刷業参入，民用航空，教育，観光，都市交通，金融などに関連する16件の法律や法規の執行停止などを決定している[6]。これに先立ち，国務院は2016年7月に同じ趣旨ですでに51件の法律や法規の執行停止を実施している[7]。また，中央政府の主導の下，自由貿易試験区で得られた改革経験を順次全国へ適用している。たとえば，国務院は2018年5月に自由貿易

---

4） 詳細は中華人民共和国中央人民政府のホームページ (http://www.gov.cn/guowuyuan/2018-06/01/content_5295521.htm，2018年11月29にアクセス) を参照されたい。

5） 詳細は新華ネットのホームページ (http://www.xinhuanet.com/2018-04/26/c_1122749143.htm，2018年11月29日アクセス) を参照されたい。

6） 詳細は中華人民共和国中央人民政府のホームページ (http://www.gov.cn/zhengce/content/2018-01/09/content_5254764.htm，2018年11月29日アクセス) を参照されたい。

試験区の改革経験を全国に適用する通知（4回目）を行い，その内容はサービス業の対外開放，投資促進，貿易手続きの利便化，企業の管理監督など多分野にわたっている。これまで全国または全国の税関特別管理区域（保税区等）に適用した改革項目は153件に上り，各地の改革開放の取り組みに寄与している[8]。これらの政策は，地方主体の発展戦略にはなかったものである。

　中央主導になった背景には様々な要素があると考えられる。地方主体の発展戦略は，地方政府の積極的な開発行動を引出すことに成功したが，過度な都市開発，人口移転や企業誘致の不調，地方財政の不安定，不動産価格の上昇，地域住民の権益保護，環境への影響などの課題が山積するようになった。戦略の実施は各地方政府に任されており，実施の度合い，効果や安定性は地域によって大きな相違がある。地域発展戦略に含まれる国家的な意味の実現も，地方政府における財政力の不足，全国的な制度改革を行う難しさや複雑な国際情勢に対応する限界性などにより，不確実な状況に直面している。習近平国家主席による腐敗撲滅運動は人々の支持を得て中央政府の権威を高め，中央主導の発展戦略を策定しやすくなった面もある。地方政府は，中央政府が設定した大きな枠組みの中で各自の地域開発を行い，中央の政策とうまく関連づけながら地域の課題解決に取り組むような形になっている。

### 3.2　複数の省を跨ぐ地域一体化の促進

　2015年以降，地方主体の発展戦略のような1つの省を中心とした開発戦略がほとんど承認されなくなり，複数の省を跨ぐ一体化戦略が頻繁に打ち出されるようになった。全国を対象にしている「一帯一路」のほか，「京津冀」，「長江経済帯」，「東北振興」，「粤港澳大湾区」はすべて複数の省を対象にしており，広域の地域一体化を促進するものである。「都市群」戦略は省間の行政的な障壁を打破し，拠点都市間の経済的なつながりの強化を目指している。「自由貿易区・港」は複数の指定地域のグローバル化を推し進め，制度改革を通じてソフト面から地域一体

---

7）詳細は中華人民共和国中央人民政府のホームページ（http://www.gov.cn/zhengce/content/2016-07/19/content_5092544.htm，2018年11月29日アクセス）を参照されたい。

8）詳細は中華人民共和国中央人民政府のホームページ（http://www.gov.cn/zhengce/content/2018-05/23/content_5292971.htm，2018年7月4日にアクセス）を参照されたい。

化と全国的な普及を促している。複数の省を跨ぐ発展戦略の策定と実施は，中央政府の強いリーダーシップが必要とされている。

また，地方主体の発展戦略では，地方政府が主導して工場誘致や人口移転などを行い，当該地域の経済密度を高めることを目指していた。しかし，一体化政策では，インフラ整備などを通じて地域間経済の一体化を促進し，市場の力が発揮しやすい環境整備に重点が置かれている。穆［2016］で指摘したように，政府の役割はハードとソフトの両面において，生産要素の自由な移動と効率的配置が可能となるメカニズムの構築に注力している。地方主体の発展戦略では政府が場所を選定して企業や経済活動の地理的な集中を醸成しようとしたが，「一体化」政策では集中の場所の選定をできるだけ市場に任せ，政府の役割は地域間を連結して市場の環境を改善し，生産要素の自由な移動と効率的な配置を強化することに転換している。

### 3.3　地方主体の発展戦略との継承性

地域一体化を目指す発展戦略は，既存の地方主体の発展戦略の取り組みをベースに作られており，多くの内容を取り入れている。たとえば，「一帯一路」は「広西北部湾経済区発展規画」，「寧夏内陸開放型経済試験区規画」，「中国東北地区が北東アジア地域に向けて開放する規画要綱」など多くの国境隣接地方の発展戦略を取り入れている。また，重慶，成都，武漢などのこれまでの都市圏を拠点にして内陸型の開放モデルの強化を目指している。さらに，「長江経済帯」は既存の「長江デルタ地域規画」，「黄金水道に依拠して長江経済帯の発展を推進することに関する指導意見」，「長江中流域都市群発展規画」などの内容を取り入れている。「新区」が地方主体の発展戦略の時代に引き続き承認されていることは前述のとおりである。「自由貿易区・港」はこれまでの「新区」や「総合配套改革試験区」をベースに作られた内容も含んでいる。このように，一体化を目指す発展戦略は，地域政策として分断されたものではなく，地方主体の発展戦略と関連する継承性を持っている。

## 4　今後の地域政策と地域経済の展望

2018年11月に公表された「意見」は現段階における中国地域政策の枠組みを示

しており，今後数年間はこの枠組みの中で地域政策が展開されるであろう。地方主体の時代を経験して様々な取り組みを行ってきた地方政府は，今後全国の枠組みの中でそれぞれの地域開発に取り組むことになる。中央政府は，「一帯一路」のような明確な政策の方向性を打ち出しているほか，法律を改定するなど，これまで地方の力では対処しにくい全国的な課題に取り組み始めている。政府機能の改革，経済法の改善，国内統一市場の形成，地方財政，環境対策，エネルギー問題，国際化の展開など，地方経済に大きな影響を及ぼすこれらの政策課題に対して中央政府が主導して解決に取り組むことは望ましいことである。

一方，地方主体の時代を通して様々な経験と教訓を得た地方政府は，より冷静に地域経済発展に取り組むことになろう。開発政策の策定と実施においてどのような中央－地方関係が望ましいか，大規模開発と地域企業の育成とのバランスをどう維持し，GRPの成長と住民生活の向上との関係をどう扱うかなどについて，真剣に検討する必要がある。ただ，これまでの地方政府の積極的な開発政策によって，都市間の基礎インフラが急速に整備されたほか，地方発の新しい試みを展開してきたことが地域の財産として残り，経済発展の基礎的な条件整備やそれに挑戦する精神の育成に寄与するに違いない。また，地方政府によって作り上げられた各種経済圏，都市群は中央政府の開発政策の土台となっており，新区は新しいエンジンとして地域経済を牽引する存在になっている。建国後の開発政策として初めて地方主体の時代を経験した中国経済にとって，その利点と課題に対する分析は貴重な財産になろう。

交通インフラ整備，通信技術の発展，グローバル化の浸透と地域一体化政策の推進は，中国の地域経済を未曾有の競争時代に突入させようとしている。ヒト・モノ・カネ・情報などの生産要素は市場原理に基づいて自由に移動する側面が強くなり，経済活動の地理的な集中と分散はますます顕著になる。第6章の河南省の分析でわかるように，グローバル化と一体化の波が押し寄せるなか，地域発展の原動力は真の産業競争力であり，拠点的な市場としての魅力である。それを獲得するために市場効率を高めるための政策が必要であるが，十分条件ではない。地域発展の「気運」を醸成するには，国内外の流れを読み，成長する分野を見極め，地域の特徴に合わせて選択して取り入れるしかない。国全体では，後進地域に対する制度的な保障を構築し，どの地域に住もうと比較的均一の教育と社会保障サービスが受けられるようにする必要がある。経済効率に基づく地域間競争の

促進と社会の平等に基づく福祉の構築は並行して行われていくものである。

## 5　本章のまとめ

　本章は地方主体の発展戦略以降の地域政策を整理し，中国政府が最も重視する「政策主要課題」，「都市群」，「新区」，「自由貿易区・港」，「専門分野施策」の5分野に分けて2015年以降の新しい地域開発政策の全容を明らかにした。「一帯一路」は単独の政策ではなく，地域一体化を促す多くの国内地域政策と共通の理念を持っており，中国全体の地域政策の流れの中に位置づけられている。地域一体化の発展戦略は，中央政府の強いリーダーシップの下で策定・実施され，複数の省を跨いでハードとソフトの両面から地域経済一体化を推し進めており，既存の地方主体の発展戦略と関連の深い継承性を持っていることが特徴である。

　本章の残された課題としては，まず，地域一体化の発展戦略の下でヒト・モノ・カネ・情報などの生産要素はどのように移動し，経済の地理的な集中はどのように作られているかを統計的に検証することである。また，経済活動の集中が進行し，全国における経済的な存在感が拡大している地域に特化し，集中のメカニズムを分析する必要がある。当然ながら，経済活動が先進地域に分散していき，ほかの地域と比べて後れを取っている地域に対する影響についても観察を続けていきたい。

**参考文献**
**日本語文献**
加藤弘之［2014］「地域開発政策—新しい経済地理学の観点から」中兼和津次編『中国経済はどう変わったか—改革開放以後の経済制度と政策を評価する』（早稲田現代中国研究叢書），国際書院，2014年，pp.55-83
世界銀行［2008］『世界開発報告2009 変わりつつある世界経済地理』2008年，一灯社
張可雲［2013］「生態文明的な地域経済協調発展戦略：その背景，内容及び政策動向」ERINA REPORT，2013年，No.109，pp.5-14
穆尭芊［2016］「中国の地域発展戦略から見る『一帯一路』」北東アジア地域研究，Vol.22，pp.18-31
穆尭芊［2018］「地域開発と都市化—地方主体の地域発展戦略を中心に」岡本信広編

『中国の都市化と制度改革』（第1章），アジア経済研究所研究双書，2018年3月，pp.35-70

**中国語文献**

陳耀［2015］「『一帯一路』戦略的革新内涵与推進思路」中国発展観察，2015年第1号，pp.53-55

張可雲・蔡之兵［2015］「全球化4.0，区域協調発展4.0与工業4.0―『一帯一路』戦略的背景，内在本質与関鍵動力―」鄭州大学学報（哲学社会科学版），2015年 Vol.48, No.3, pp.87-92

劉慧・葉尓肯・吾扎提，王成龍［2015］「『一帯一路』戦略対中国国土開発空間格局的影響」地理科学進展，2015年 Vol.34, No.5, pp.545-553

劉衛東［2015］「『一帯一路』戦略的科学内涵与科学問題」地理科学進展，2015年 Vol.34, No.5, pp.538-544

世界銀行［2009］『2009年世界発展報告 重塑世界経済地理』（World Development Report 2009 Reshaping Economic Geography），2009年，清華大学出版社

# ■補章■「地域発展戦略」見て歩き

　本書の執筆に当たり，筆者は中国22の省，5つの自治区，4つの直轄市を訪れ，地域発展戦略の実態を調査した。その後，本書をまとめているうちに時が経ち，当時の様子が変わりつつあることは否めないが，地方主体で進めた発展戦略の熱気，意気込みなど，当時の印象をそのまま残すことで，その意義を書きとどめることとする。

## (1) 東北

### ①旧工業基地の振興を図る遼寧省（2014年7月視察）

　遼寧省をはじめとするは東北地域の経済は，国家投資による重工業中心の経済構造が続き，計画経済時代から様々な産業機械やエネルギー製品を全国に供給して「共和国の長男」と呼ばれていた。しかし，改革開放と市場経済の導入につれて計画経済時代の優位性がなくなり，産業構造の転換や市場環境の改善，民営企業の育成の遅れが重荷となり，東北経済は資源の枯渇，企業利益の低下，失業者の増加，経済成長率の低下などの問題に直面するようになった。国務院は2003年に「東北振興政策」を打ち出し，それから約10年の間，東北地域の成長率はおおよそ全国平均を上回っていた。しかし，2014年から全国平均を下回るようになり，東北経済は新しい挑戦に直面している。2016年4月，中央政府は「東北地域等旧工業基地の全面的振興に関する若干の意見」を公表し，体制・メカニズムの改革，経済・産業構造の調整，イノベーションの促進，民生の保障と改善に取り組んでいる。

　遼寧省は東北3省の約半分の経済規模と約7割の貿易額を占めており，東北振興の中心的な地域である。遼寧省は中央政府とともに各分野の経済体制改革を推

瀋陽市内にある中国工業博物館のロボット展示

進しているとともに、地域経済を振興するために国務院に承認された「遼寧沿海経済帯発展規画」（2009年7月）と「瀋陽経済区新型工業化総合配套改革試験全体方案」（2011年9月）を実施している。遼寧沿海経済帯には丹東、大連、営口、盤錦、錦州、葫蘆島の6つの沿海都市が含まれており、渤海に面している港を活用しながら造船、石油化学、機械、原材料加工、農産品加工などを重点的に発展させ、北東アジア地域に向けた新しい成長センターを目指している。この戦略は省政府独自の政策として長年取り組んできた「五点一線」をベースにしている。瀋陽経済区は瀋陽市を中心に周辺の鞍山、撫順、本渓、営口、阜新、遼陽、鉄嶺の8都市を対象に地域間連携を促進し、工業分野の改革を進めて拠点都市の経済規模の拡大と競争力の強化を目指している。

東北地域における遼寧省や瀋陽市の経済的な地位は揺るぎないものであるが、グローバル化と地域経済一体化が浸透するなか、ヒト・モノ・カネ・情報などの生産要素はかつてないほど自由に移動しており、遼寧省や瀋陽市は全国または世界においてどのような位置づけを目指すかを真剣に考える必要がある。

②北東アジアとの連携を目指す吉林省（2010年4月視察）

吉林省には、2009年8月に国務院に承認された「中国図們江地域協力開発規画要綱」（以下「規画要綱」）がある。ロシア・北朝鮮と国境を接し、日本海を通じて日本・韓国にも展開できる図們江地域の地理的な優位かを生かし、長春市・吉

林市の２大都市を取り入れて北東アジアの国際連携を推進するもので，当時は全国で唯一認められた国境地域中心の発展戦略であった。「規画要綱」では，長春市―吉林市―図們江地域（長吉図）の開発が全国の「沿辺地域」（内陸国境地域）の発展に有効なモデルを提供することが期待されている。

ロシアと北朝鮮と国境を接している吉林省延辺朝鮮族自治州（以下延辺州）では，「規画要綱」における「先行先試」の取り組みが展開されている。「先行先試」は地方主体の発展戦略に頻繁に出る言葉で，国は地域の発想を大事にし，地域から提言されたものについて既存の事例・法律はなくても先に試みることができる政策である。地域の試みがうまく行った場合はそれを全国に適用し，国全体の政策とする。「規画要綱」では，吉林省に対して沿辺地域の発展の方向性を模索し，国際開発協力の経験を積み，全国に先進事例を作る役割が期待されている。延辺州では，北朝鮮の羅津港を経由して中国の上海や寧波に石炭を輸送する「越境輸送」を全国に先駆けて実施し，ほかに国境観光の利便化，開発土地の利用，労働力確保などの分野において「先行先試」が模索されている。

省都の長春市は，「規画要綱」は国務院に批准されたが，計画の実行は吉林省の主導で行われなければならないと認識している。政策の目標として長春市と吉林市の経済一体化を推し進め，延辺州が国際連携に参加するための経済的基盤を作る必要があることが指摘されている。図們江地域の国際開発協力をめぐり，中国政府は1992年に琿春市を国際協力対象地域に指定し，1999年に延辺州に拡大し，2009年の「規画要綱」にはさらに長春市と吉林市を組み込んだ。吉林省の２大都市，経済規模の６割をカバーする拠点都市を国際連携の枠組みに取り入れることは吉林省の発展に大きな意味を持つに違いない。地域発展における中心都市の重要性に対する認識が深まり，沿辺地域のみならず，省内中心都市を取り入れて沿辺地域と内陸地域の経済関係を緊密化させようとしている。そのために長春市と吉林市の都市・産業・物流・情報機能をより一層強化し，長吉一体化を重要な政策課題として取り組んでいる。

北京では，中国はいま地域発展戦略の策定ブームになっており，将来的にはほぼすべての省に中央政府認可の発展戦略が誕生する可能性が議論されている。ただ，発展戦略は具体的な経済政策とは別なものである。地域発展戦略は地域発展の方向性を示すもので，個別の案件に対して国から具体的な財政政策などを規定するものではない。開発戦略の実施も国ではなく，主に地域が担当し，国が支援

### 延辺州琿春市から見る国境風景

（図們江を挟んで左側はロシア，右側は北朝鮮，向こう側は日本海）

する形で行われる。したがって「規画要綱」の実施と成果も吉林省の人々の知恵と努力に依存している。「先行先試」についても地域からの提言が重要である。

　延辺は国境を接している地理的な優位を活かし，国際協力を促進して地域の経済成長を促している。長春は地域開発における中心都市の役割を重視し，長春市と吉林市の一体化を推し進めて国際連携の基盤を強化している。北京は個別の地域政策より，国全体の視点から発展戦略の方向性を重要視している。それぞれの角度から「規画要綱」の実施を支えており，国境・省都・首都の連携が望まれている。

### ③中ロの経済連携を推し進める黒龍江省（2014年8月視察）

　黒龍江省はロシアと約3千キロの国境線を持ち，古くからロシアとの交流が盛んである。全国の対ロ貿易に占める黒龍江省のシェアは，2006年に最も高い約3割に達したことがある。省都のハルビン市は旧ロシア帝国が建設した中東鉄道の本線（満洲里から綏芬河まで）と支線（ハルビンから旅順まで）の合流地域にあり，市内はロシア風の建物が多くてヨーロッパ風情緒があり，いまは人口約1千万を持つ国際大都市に発展している。

　黒龍江省には，「中国東北地区が北東アジア地域に向けて開放する規画要綱」（2012年7月），「黒龍江と内モンゴル東北部地域国境地域開発開放規画」（2013年

補章 「地域発展戦略」見て歩き

### ハルビン規画展示館の外観

8月),「黒瞎子島保護・開放開発問題に関する返答」(2009年5月) などのロシアとの経済協力を進める発展戦略がある。これらの発展戦略の一部はハルビン規画展示館で紹介されている。また,省政府は2014年に「東部陸海シルクロード経済ベルト」構想を打ち出し,綏芬河—ハルビン—満洲里—ロシア—欧州という鉄道中心の陸上経済ベルトと,ハルビン—綏芬河—ロシア沿海地域の港都市—国内他都市・他国という陸海複合輸送の海上ベルトの整備に力を入れている。

近年における中ロ関係の緊密化は,黒龍江省の対ロ貿易の発展に大きな追い風となっているが,国内他地域から競争を受けるようになった。沿海地域の企業は良好な政治環境をベースに積極的に対ロ貿易を展開しており,強い市場競争力を持ってシェアを拡大している。全国の対ロ貿易に占める黒龍江省の割合は低下している。ビジネス環境の安定とグローバル化の進展は,地理的・文化的・歴史的な近接性と関連性による競争優位を減退させ,国際分業に基づく産業競争力の強さが決め手となる。黒龍江省には,ハルビンに加えて大慶,チチハルなどの経済拠点都市があり,これらの都市の経済一体化や産業競争力の強化も重要な政策課題であろう。

## (2) 東部

### ①発展戦略の要因は地域経済だけではないとする北京（2012年12月視察）

　北京では，国境を有する省における地域発展戦略の承認・実施状況，周辺国に対する協力関係について考えた。中国では，吉林省，広西チワン族自治区，新疆ウイグル自治区等の国境を有する一部の省において，中央政府承認の地域発展戦略が存在している。たとえば，吉林省には「中国図們江地域協力開発規画要綱」，広西チワン族自治区には「広西北部湾経済区発展規画」，新疆ウイグル自治区には「天山―北坡経済帯発展規画」がある。地域発展戦略の施行は中央政府ではなく，地方政府に委ねているため，周辺国に対する経済協力策において中央と地方の関係に注目する必要がある。

　中央政府は国境を有する省の地域発展戦略を策定・承認する時に，国際協力関係，民族地域の安定，中央と地方の関係等の複雑な要因を総合的に検討する必要があり，経済発展だけを重視することはない。たとえば，地域発展戦略により中国側の国境地域の経済が成長し，相手国への人口移動やビジネス展開が急速に膨張した場合，相手国の国境地域に刺激や影響を与えて両国全体の協力関係にマイナスの効果を及ぼすことが考えられる。また，相手国における国境地域の経済発展，自立的な経済力の形成ないし経済体制の改革は，相手国の中央と地方の関係に変化をもたらす可能性もある。中国側の国境地域開発は，複雑な要素を総合的に考慮し，急進的ではなく，適切に行われることが望ましい。

　一方，地方政府による施策は国境地域開発だけに集中しているのではない。省内の中心都市振興や後進地域対策も講じなければならない。国際協力の特色の下で中央政府に地域発展戦略を承認させて地域の知名度を高め，それを通じて省都や省内の主要都市の発展にも注力している。遠い国境地域に比べて，省都や省内都市の経済的なプレゼンスは圧倒的に大きく，国境地域開発は省の経済発展の大きな牽引力になることが難しい。国際関係を考慮して国境地域を適切に開発してほしい中央政府と，省都や省内の経済都市を重点的に発展させたい地方政府との間でうまく連携を取ることが求められる。

### ②天津市の経済発展の方向と位置づけ（2013年4月視察）

　天津市は国の直轄市で，中国北方の重要な製造業集積地及び物流拠点である。

首都・北京市の海に向けた玄関口であり，北京—天津の高速列車を利用すれば110キロ前後の距離を30分程度で移動できる。天津市が有する濱海新区は，上海浦東新区に次いで国務院に承認された全国2番目の新区であるが，GRPでは浦東新区を上回っている。天津市内では製造・金融・ハイテク関連の企業が集積し，高層ビルが立ち並んでいる。

天津市の経済的な位置づけに関連しては様々な論点がある。まず，天津市が立地する環渤海地域（遼寧省・河北省・山東省・北京市・天津市）は，珠江デルタ地域，長江デルタ地域と並ぶ全国3大経済圏の一つである上に，人件費が比較的安いため，今後更なる発展が見込まれている。天津市は環渤海地域においてGRPランキングの最も高い沿海都市で，広州市・上海市のように当該経済圏発展の牽引都市として期待されている。しかし，天津市と経済関係の強い地域は北京市・河北省・内モンゴル自治区と「線」状にあり，北の遼寧省と南の山東省との連携関係はそれほど強くない。環渤海地域の域内連携は珠江デルタ・長江デルタのような「面」の連携ではないため，天津市が環渤海地域全体の経済成長の牽引役が果たせるか疑問が残る。

天津市には20世紀初頭に外国からの金融機関が数多く進出し，今でも旧金融街の風景が残っている。天津市は発達した製造業と物流業を生かし，濱海新区を中心に金融機能を再興することに取り組んでいる。2002年に元中国人民銀行総裁の戴相龍氏が天津市長に就任すると，天津市を「北方金融センター」として，中央政府の支援を獲得して大胆な金融改革と積極的な外資銀行誘致を行った。しかし，上海市や北京市との熾烈な競争の中で，想定していたほどの金融センターに成長していない。2013年9月に国務院が金融改革も中心に入れた「自由貿易区」を上海市に選定したことで，「北方金融センター」を目指す天津市の経済的位置づけは動揺する可能性がある。

また，「首都経済圏」における天津市の位置づけについての議論もある。「首都経済圏」は北京市・天津市・河北省を含み，首都機能及び近隣地域との連携を強化する経済圏構想である。天津市が「首都経済圏」でどのような位置づけになるか注目されている。国務院が2006年に承認した「天津市都市全体規画（2004-2020）」では天津市を「北方経済センター」として位置づけた。1年早く（2005年）承認した「北京都市全体規画」では北京市を「政治センター，文化センター，世界に著名な古都，現代国際都市」と位置づけて，「経済センター」という表現

天津市の旧市街（イタリア街）

を使わなかった。しかし，経済規模では北京市は天津市を大きく上回り，大型国有企業の本社が集積し，数多くの外資系企業も進出している。「北方経済センター」は天津市ではなく，北京市に与えるべきだと考える人が多い。このように，天津市の発展の方向性と位置づけは悩ましい問題である。

　天津市を訪れて見たのは，市民や観光客がイタリア風の古い街をゆっくり散策し，露天の店でのんびりコーヒーを飲み，このような問題は存在しないかのように天津市を楽しんでいる風景である。タクシー運転手たちは「北方経済センター」という言葉をほとんど知らない。鳥インフルエンザH7N9のニュースが流れているにもかかわらず，人々は仕事を続けている。政策はどう変わろうと，民衆は日々の生活を守り，固有のリズムで生きている。

### ③北京と天津との協調的発展を図る河北省（2015年8月視察）

　河北省は華北平原の北部に立地して，古くから農業が盛んで，中華文明の発祥地の一つである。沿海地域に属しており，経済規模は全国の上位にある。河北省は首都の北京と直轄市の天津を囲む地理的な特徴があり，2大都市との協調的発展は河北省にとって重要な政策課題である。また，唐山，秦皇島，滄州3つの沿海都市もあり，渤海に面している港を活用して国際輸送ルートも構築されている。

　河北省には国務院に承認された「河北沿海地区発展規画」（2011年10月）と「曹妃甸循環経済示範区産業発展全体規画」（2008年1月）があり，環渤海湾地域

**協調的発展を促す河北省の農村**

の新しい成長拠点を目指して鉄鋼，石油化学，電気機械設備産業の発展に取り組んでいる。また，2015年4月に開かれた中共中央政治局会議は「京津冀協同発展規画綱要」を承認し，北京，天津，河北省の協調的発展戦略を中央政府の主導の下で実施するようになった。北京の首都機能以外の都市機能を移転させ，天津の物流機能を生かしながら3地域の交通インフラの一体化，環境保護の連携，産業受け入れ移転の促進などを実施している。さらに，2018年4月，「河北雄安新区規画綱要」が公表され，河北省保定市の雄県，容城県，安新県を中心とした1770平方キロの面積を区画して北京からの都市機能の受け入れ移転，環境に優しい地域開発，交通インフラ整備などを行っている。

人材の確保は河北省にとって大きな課題である。北京や天津と比べて省内の有名大学が少なく，卒業後より高い給料とキャリアアップのチャンスを求めて2大都市に出かける若者も多い。交通インフラの整備により，北京や天津で仕事を持ちながら休日に河北省の実家に帰ることができる。河北省は優秀な人材を育成し，地域経済の成長と産業の発展に寄与する専門的な技術や知識を持つ人材を誘致・保持していくことが求められよう。

### ④海洋経済の発展を推進する山東省（2012年12月視察）

山東省には，中国初の海洋経済（国家海洋局編「中国海洋経済統計公報」によれば，海洋経済は海洋の開発・利用・保護に関連する各種の産業活動及びそれに

青島市の海湾大橋

関連する活動の総和である）に関する中央認可の地域発展戦略がある（「山東半島藍色経済区発展規画」，2011年1月認可）。中国の沿海地域は，これまで外資を誘致して工場を作り，生産や輸出を行ういわゆる「陸の経済」の発展に成功を収めてきたが，新たな発展空間を獲得するために，視線を陸から海に転じる動きがある。具体的には，海洋漁業，養殖，海上輸送，造船，海洋測定機器，海洋化学，海底資源開発，海洋観光，海洋発電，海洋生物等の関連産業を重点的に発展させることである。中国では，2012年12月現在，すべての沿海地域に海洋経済を発展するための地域発展戦略が認定・実施されている。また，海洋経済を発展させる意味合いは経済分野にとどまらず，中国の海洋進出にも大きな意味を持っているとの見方がある。

　山東省が立地する山東半島は中国最大の半島であり，全国一長い3100キロメートルの海岸線を有する。山東省の人々は古くから海に依存して生活してきた。中国海洋報の記事（2011年2月15日）によれば，2010年に山東省の海洋経済総生産は全国2位の7千億元に達し，域内総生産の35％を占めた。山東省政府は2000年代初めから「海上山東」の開発方針を打ち出し，省独自の発展戦略としても実施してきた。

　海洋経済発展の中心地域である青島市は，海上関連の交通インフラの整備が進められ，それによりかつて経済活動が少なかった地域が急速に開発されるようになった。青島市中心部と新興の黄島地区との間に海湾大橋と膠州湾海底トンネル

が開通し，移動時間が大幅に短縮された。青島海湾大橋は世界最長の海上架橋であり（2010年12月開通，全長41.58キロメートル），膠州湾海底トンネルは中国最長の海底トンネルである（2011年6月開通，全長7.8キロメートル）。両者の開通により，黄島地区へのアクセスが大変便利になり，開発が一気に進んだ。企業誘致や不動産開発も促進され，行政機関の移転も行われている。青島市では，地方政府の主導の下，海上の交通インフラが急激に整備され，地域開発は順調に進んでいる感がある。

### ⑤積極的に国際分業に参加する江蘇省（2014年5月視察）

　江蘇省は中国で最も経済的に先行している省の一つである。高速鉄道で上海から省都・南京市に向かう途中，工業都市の蘇州や無錫付近を通過すると，車窓からは密集している工場の風景が延々と見える。国際貿易・金融都市の上海市に近く，世界中からハイテク工場を誘致して，積極的に国際分業に参加している。

　江蘇省の南部は長江流域の下流に位置し，豊かな土地に恵まれ，古くから農業が盛んな地域である。70年代末期の改革開放に伴い，豊かな農村は資本を集めて工場を作り，上海から技術や市場を獲得して生産を拡大し，国内のみならず国外の市場にも参入するようになった。江蘇省は後に中国経済にとって重要な意味を持つ郷鎮企業の発祥地の一つとなった。江蘇省南部は，農業から工業へ転換する先進的な事例として「蘇南モデル」と呼ばれるようになり，大きく注目された。

　1990年代前半から，浦東新区の開発を起爆剤に上海市が国際金融・貿易・物流・情報の大都市に発展すると，江蘇省はそれを支える製造基地として，大型国有企業を生かしながら積極的に外資誘致に取り組んだ。電子・電気・輸送機械・医薬などのハイテク産業を含め，フォーチュン・グローバル500社にリストされた多くの企業が蘇州市，無錫市，南京市などに投資した。農業が盛んだった江蘇省は急速に工業地域に変貌した。当初は上海を通じて国際市場に参入していたが，近年は独自にイノベーションを行い，自ら外国市場を開拓する企業が増えている。江蘇省の経済発展には郷鎮企業，国有企業，外資系企業など，中国経済の体制改革と密接に関係する要素をうまく活用して行われてきた。近年，金融・物流・研究開発・観光などのサービス業も大きく発展している。省都の南京市は中国でも著名な歴史・文化・観光都市で，国内外から多くの観光客が訪れている。

　江蘇省には，上海市，浙江省，安徽省も含まれる「長江デルタ地域規画」

歩行者で賑わう南京市内の飲食街

(2010年5月)があり，より広範な地域連携を促進している。4省の拠点都市の行政トップを中心に毎年のように経済協議会を開催し，地域経済一体化を促進するために分野ごとに専門委員会を設置し，地域間協力，観光，産業連携，都市化，エネルギー，ビッグデータなどの課題について議論を重ねている。省内では，江蘇省南部と北部との経済格差が広がっていることから，北部の淮安市，塩城市，宿遷，連雲港市の経済発展と域内連携を促している。

⑥アジア太平洋地域の玄関口を目指す上海市（2012年6月視察）
　上海市の訪問では，地域発展戦略は極めて明確で，戦略とおり施行されているという印象であった。上海市には，「長江デルタ地域規画」（2010年5月国務院承認）があり，上海市のほか，江蘇省，浙江省も含まれる地域発展戦略である。同戦略では，上海市を中心とした長江デルタ地域を「アジア太平洋地域の玄関口」，「世界の重要な現代サービス業・先端的製造業のセンター地域」，「強い競争力を持つ世界レベルの都市群」に発展させる目標を掲げている。そのうち，上海市については，「航運センター」，「貿易センター」，「金融センター」，「経済センター」の4つの機能を強化することとなっている。
　上海都市規画展示館では，上海市内の地形や林立する高層ビルの模型を展示しているほか，前述の4つの機能を展示するブースがあり，それぞれの機能について具体的な施策を紹介している。たとえば，「航運センター」については，港・

補章 「地域発展戦略」見て歩き

上海都市規画展示館の正面玄関

空港・道路の整備状況と整備計画を紹介している。港の例を挙げると，「上海洋山港」というプロジェクトの進捗状況を展示している。同プロジェクトは，上海市南沖の大洋山島と小洋山島を埋め立て，水深15m以上で世界一の取扱量を誇る国際ハブ港湾を建設しようとするものである。外海にある港であるが，全長32キロの東海大橋で本土と直結させ，上海市の物流機能を大幅に強化した。ほかに空港の拡張工事や上海市周辺の道路整備も計画されている。

　上海市は中国屈指の国際大都市で，国内各地から頻繁に視察や訪問ミッションが訪れている。上海市の発展ぶりや政策の方向性を示している上海都市規画展示館は人気の観光名所にもなっている。上海市は地域の経済的特性や課題を把握し，それに沿って地域発展戦略を明確に策定して取り組んでいるというイメージだった。

### ⑦民営企業の強さを実感させる浙江省（2014年5月視察）
　同じ長江デルタ地域に属する浙江省は，江蘇省とだいぶ違う経路で発展してきた。東部の海，西南地域の山に挟まれて農地に恵まれず，江蘇省のように力のある農村が工業を起こして郷鎮企業を発展させるようなことはなかった。また，江蘇省ほど大型国有企業が立地しておらず，地域経済を牽引する中心的な企業の存在もなかった。特に，国際分業に参加できる付加価値の高い外資系企業の誘致で江蘇省に及ばず，蘇州市のような外資を通じて世界の生産ネットワークと緊密に

杭州市内の公園を楽しむ子供連れの人々

リンクしている都市も育っていない。浙江省の発展には豊かな農村から始まる郷鎮企業，大型国有企業，ハイテク外資企業の存在感が薄い。

しかし，このような不利な条件は，かえって浙江省の民営企業の発展を後押しした。農民たちは豊かになるために農業以外の分野で活路を見出さなければならず，家庭単位で靴，服，袋，鍋などの付加価値が低くても着手しやすい日用品の商売を行った。流通業から徐々に資本を蓄積し，小規模な家庭工業を始め，専門性の高い民営企業に成長した。国の政策に頼ることなく，資金，原料，生産，技術，販売などの市場動向を注視し，浙江省の商人は温州市を中心に全国を歩いて商機を探した。郷鎮企業を通じて工業の発展を図る江蘇省の「蘇南モデル」と違って，家庭単位の流通・生産を通じて民営企業を育成する「温州モデル」を作り上げた。技術レベルの低さや模造品の批判もあるが，浙江省が民営企業によって大きく発展してきたのは事実である。

義烏市はこのような構造を反映する典型的な都市である。日用品をはじめ多くの小商品を小売・卸売する「義烏国際商貿城」などでは，商品ごとに数多くの専門店が入居しており，激しい市場競争が繰り広げられている。どの店も豊富な品揃えがあり，消費者に多くの選択肢が与えられている。店のサービスも良く，顧客のニーズに応じて様々な提案をしてくれるほか，支払いや発送などにも柔軟な販売方法を取っている。筆者はこれまで多くの小売・卸売の商業施設を見学してきたが，「義烏国際商貿城」は欲しいものがあれば必ず見つかる場所だと実感し

た。

　浙江省には「長江デルタ地域規画」のほかに，「浙江海洋経済発展示範区規画」，「浙江省義烏市国際貿易総合改革試験区全体方案」，「浙江省温州市金融総合改革試験区全体方案」など数多くの国務院承認の発展戦略がある。しかし，地元の専門家と議論してもこのような政策の話はあまりなく，民営企業，市場効率，販売ネットワーク，イノベーション，起業環境など市場経済の根幹にかかわる要素に関する議論が多い。効率の高い交通インフラ，品揃えの豊富な専門店，サービスの良いホテルや飲食店の従業員などを見るにつけ，浙江省における市場経済の強さを実感できる。省都・杭州市は中国南部と北部を繋げた歴史上有名な京杭大運河の起点であり，長い伝統と深い文化を持っている。しかし，けっして堅苦しくて分かりにくい町ではなく，格別な情緒と豊かな創造性に満ちた都市である。伝統文化と市場経済が結びつき異彩を放っている場所である。

**⑧台湾との経済連携を進める福建省（2015年2月視察）**

　福建省は，中国の南部沿海地域に属しており，内陸部より発展している。しかし，北には上海に近い浙江省，南には香港・マカオに近い広東省があり，2省と比べて経済発展がやや遅れている。地理的に台湾に近い特徴を生かし，台湾との経済協力を促進することで発展の可能性を生み出そうとしている。

　2013年の福建省のGRPは2兆1760億元であり，浙江省（3兆7568億元）の6割弱，広東省（6兆2164億元）の3割強に相当する。2013年の一人当たりの住民消費を見ると，福建省は1万7115元で，浙江省の2万4771元と広東省の2万3739元に及ばない（国家統計局編『2014中国統計年鑑』より）。浙江省や広東省ほどに恵まれている地域とは言えず，国際的大都市から経済波及効果を得ることは難しいかもしれない。中国政府は80年代の初頭から改革開放政策を本格化したが，経済特区の設立，加工貿易の促進，香港・マカオ・台湾からの投資誘致などにおいて広東省が中心的な役割を果たした。90年代に入ると，上海浦東新区の開発が中央政府に支援され，上海市は次第に国際的大都市に成長した。隣接する江蘇省・浙江省は上海市からの波及効果を得ながら発展した側面がある。一方，福建省は，広東省・上海市のように中央政府からの集中的政策支援や資本投下を受けることなく，省都・福州市は静かな沿海都市として改革開放の30年を過ごした印象がある。さらに，中国本土と台湾関係の歴史的な経緯から，福建省は経済発展

よりも政治の安定や安全保障の確保が優先された期間があった。近年，台湾との関係が徐々に改善され，沿海各省は台湾資本の誘致に躍起になっているが，福建省は台湾に最も近い地理的優位があるにもかかわらず，広東省や江蘇省ほど企業誘致の成果を挙げてこなかった。

　2011年3月，国務院は「海峡西岸経済区発展規画」を承認し，福建省を中心に4省（浙江省・江西省・広東省も含む）の約27万平方キロメートルに及ぶ地域を指定して台湾との経済協力を重点的に行う発展戦略を打ち出した。2012年9月，国務院は「福建海峡海洋経済試験区発展規画」を承認し，海洋に関連する産業の発展を促して台湾との交流拡大の支えになることを目指した。さらに国務院は2015年4月に「中国（福建）自由貿易実験区全体方案」を承認し，福州・平潭・厦門の約118平方キロメートルの地域を定め，上海に次ぐ全国2番目の自由貿易区を天津・広東と並んで指定した。中国本土と台湾の政治関係の影響を受けやすい福建省にとって，近年になって台湾は地域戦略の最大のキーワードになっている。地域の経済的特色を生かして地方独自の発展モデルの形成が重視される中で，「台湾」は福建省が中央政府の視線を引きつけるための有力なツールである。

　福州市にある「海峡国際展示センター」（2010年竣工）は主に台湾との経済交流を促進するために作られた展示場で，建築面積は38万平方メートル，東京ドームの約8倍に達する。毎年「海峡両岸経済貿易交易会」を中心に数多くの展示会が開催されるほか，大型の国際会議場も備え，中国本土と台湾のハイレベル対話が行われている。2014年5月18日に行われた海峡両岸経済貿易交易会は16回目の開催となり，601社の台湾企業の参加があった。台湾に最も距離が近い平潭島には2014年6月に開業した台湾ビジネス交流拠点「平潭対台湾少額商品交易市場」があり，一定金額以下の取引に対して免税などの措置を講じることで台湾ビジネスの拡大を狙っている。日用品・食品・おもちゃなどの商品は台湾から直輸入し，販売価格は地元品より3割高から2倍ぐらい高く，高級品として取り扱われている。平潭と台湾の間にはほぼ毎日運航のRORO船があり，最近はトラックの相互乗入れやコンテナ船の運航も始まったと報じられている。今後，台湾企業による平潭への進出や人的交流の拡大が期待されている。

　台湾との経済交流を進めるうえでいくつかの課題も存在している。台湾企業の誘致では広東省・江蘇省との競争があり，福建省の距離的・文化的優位は十分に発揮できていない。人口で見た場合，台湾の約2300万人に対して福建省が約3700

補章 「地域発展戦略」見て歩き

**福建省の農村**

万人で,規模の面から福建省が台湾に引率されて発展することは考えにくい。台湾経済にも産業構造の高度化や企業ブランドの育成といった課題がある。政治的にも,選挙によって政権が交代し,中国本土と協力する姿勢が変化する懸念がある。

　福州から厦門までの列車に乗り,しばらくすると福建省の農村の風景が車窓に映ってくる。東北や華北地域の1階建住宅の村落と違って,3階から5階建のビルが並んでそれぞれ1世帯が住んでいる。ある程度の経済力を持つようになると,数階建の家を建てる地元の伝統があるという。福建省を含む中国南部の農村風景は,地域特有の自然・経済状況及び伝統文化と強い関連がある。また,福建省では,現地の人々の勤勉さと人に対する優しい気持ちを感じる場面が多かった。なぜそれができるのか。気候的に南国の人々の気持ちが穏やかで優しいからか,市場経済が進んでより顧客の立場を理解しているからか,いろいろ考えたが,理由などはないことに気づいて,考えるのをやめた。

### ⑨地域の一体化を推し進める広東省(2012年4月視察)

　広東省広州市に着いて,タクシーの運転手は静かに車を降り,私の大きな荷物をトランクに入れてくれた。走行中は国の政治話や生活苦の文句などもなく,「暑ければクーラーをつけますよ」と言いながらも,終始運転に集中していた。国の政治や政策などに大きな関心を払わず,黙々と自分の仕事を全うする広東人

高層ビルが立ち並ぶ広州市内

の印象であった。中国のタクシー事情は当該地域の発展の度合いを反映する側面があり，初乗り料金の高さ，車内環境の良さと運転手の対応から広東省の発展レベルの高さが感じられる。

広東省では「珠江デルタ地区改革発展規画要綱」，「海峡西岸経済区発展規画」，「広東海洋経済総合試験区発展規画」の3つの地域発展戦略があり，産業構造の改善，台湾との経済交流の推進と海洋関連産業の振興を図っている。しかし，地元の専門家はこれを「国家戦略」として自慢気に外部の人に紹介しようとしなかった。全国における広東省の経済的地位は確立しており，地域発展戦略のような地域の「名刺」を差し出して人に紹介する必要はないのであろう。また，市場経済が進んでいるため，市場のルールで動いている部分が多く，政府の役割が限定的であることも考えられる。

海南省の国際観光の推進や広西チワン族自治区のASEANとの経済連携の促進等と対比すると，地域発展戦略における広東省政府の施策は，外部経済ではなく，域内経済の構造調整と都市間の一体化の推進にあると思われる。付加価値の低い産業を徐々に移転するほか，広仏肇（広州市，仏山市，肇慶市），深莞恵（深圳市，東莞市，恵州市），珠中江（珠海市，中山市，江門市）の3大経済圏の構築に取り組んでいる。たとえば，広州市，深圳市，珠海市の3大中心都市を重点に，都市間交通システムを整備し，地域間の産業協力を促している。広東省の政策の重点は，外部経済との連携の強化より，内部の構造調整にあると考えられ

る。

## ⑩国際観光を推進する海南省（2012年4月視察）

　海南省は中国の最南端にあり，熱帯地域に位置する中国唯一の省である。人口は867万人（2010年現在），うち漢族は83％，少数民族は17％を占める（リー族が最も多い）。陸地面積は3.54万平方キロメートル，日本の北東北三県（青森，秋田，岩手）の合計に相当する。中国では陸地面積が最も小さい省だが，暖かい気候と豊かな民族文化に恵まれた観光地である。1988年に広東省から独立し，省に昇格すると同時に，深圳，珠海，汕頭，厦門に次ぐ5番目の経済特区として指定された。当初は外資誘致や加工貿易の発展を通じて経済成長を促す政策を取っていたが，外資企業の進出は思う通りに進まなかった。近年は中国における消費レベルの向上や観光客数の拡大により，農業や島内観光を振興する政策が採用され，著名なリゾート地に成長している。2010年6月，中央政府は「海南島国際観光島規画要綱」を承認し，海南島の観光振興と地域開発を国家レベルで支援することを明確にした。

　三亜市は中国最南端の観光都市で，戸籍登録人口はわずか58万人（2011年現在）だが，観光都市としての魅力と不動産価格の高騰ぶりに驚かされた。街には果物を販売する店があちこちにあり，大陸地域では見かけないものもたくさんある。道路の両側には椰子の木が並び，ゆったりした雰囲気の中で人々が歩いている。不動産物件を見ると，1平方メートルあたり3万～4万元前後のマンション物件が並び，大都市の北京，上海よりも高いものがある。人工島の鳳凰島に立地する超高級物件は，1平方メートルあたり16万元にも達したという。三亜市の新卒の給料は2千元以下と言われているため，地元住民ではなかなか買えない。三亜市は「規画要綱」を実行する重要な拠点都市であり，観光業の振興に力を入れている。たとえば，中央政府と大手国有企業の支援を得て，市内に免税店を設置した。外国人観光客のみならず，中国本土からの観光客にも免税措置が講じられている。本土から来た観光客は免税店内で支払いを済ませ，海南島を離れるときに空港で商品を受け取る。購入金額や回数について制限があるものの，三亜市を訪れる観光客の人気スポットとなっている。また，港などを整備して国際ヨットレースを誘致する計画も進められている。

　海口市は海南省の省都で，人口は184万人（2008年現在），三亜市から高速鉄道

三亜市の鳳凰島に立地する超高級物件

で約2時間で結ばれている。海南省政府は「規画要綱」に認められた「先行先試」策を利用し、国際医療観光モデル地域の整備、入国ビザの免除対象国の拡大、観光客向け免税措置の拡大、衛星発射基地の誘致に伴う宇宙テーマパークの整備、スポーツくじや大型国際スポーツイベントくじの発行などを試みている。地方主導の地域発展戦略の実行にあたり、地方政府と中央政府の交渉により、地域の特性を生かした発展方式が構築可能であると感じた。海南省規画展覧館には、異なる時期における発展戦略の概要を展示しており、直近の「海南島国際観光島規画要綱」の目標や内容なども紹介している。国際観光の最先端に走る政府の施策は地元の人々の生活レベルの向上につながることを期待している。

### (3) 中部

#### ①資源依存からの脱出を図る山西省（2013年7月視察）

　山西日報2014年3月3日の記事によると、2013年山西省の石炭生産量は9.62億トン（全国の約4分の1）に達し、売り上げは1.4兆元を超えた。山西省の一定規模以上の工業企業の付加価値増加額に対する石炭産業の貢献度は57.6％を占めた。省都の太原市内に「中国石炭博物館」が設置されるほど、山西省にとって石炭は重要である。地方で「中国」という名称の使用が許されるのは珍しい。博物館の中には模擬炭鉱が設置され、エレベーターで地下に降りて採掘の現場を体験

太原市内の中国石炭博物館

できるようになっている。

　しかし，石炭依存から脱出しなければならないという危機意識は，近年，山西省政府担当者を中心に一段と高まっている。2008年の米国発金融危機は石炭の需要と価格に大きな影響を与え，山西省経済も深刻な打撃を受けた。2012年に石炭価格は再び下落し，1～5月期の石炭産業の利潤額は前年同期比33.6％下落した（山西日報2012年7月15日）。中国の石炭輸入が急増しているほか，水力・風力発電による代替エネルギーも急速に拡大し，全国における山西省の石炭産業の地位は変化している。石炭の採掘は深刻な環境問題も引き起こしている。白いシャツを着られないほどの大気汚染，洗炭による水汚染，石炭採掘による地下水層の破壊，地盤沈下，道路や民家の断裂，産廃処理の不備などが挙げられる。また，石炭採掘業は機械化が進み，昔ほど雇用を吸収できなくなっている。非石炭産業を育成することが急務である。

　2012年8月，国務院は「山西省国家資源型経済転換配套改革試験全体方案」を承認した。石炭依存の経済構造を転換し，新しい産業を育成するとともに，ほかの資源依存地域に対してモデルとなるような政策を模索し始めた。石炭産業における技術進歩の推進，国際石炭価格の変動による地域経済への影響を最小限にとどめる方策，石炭をめぐる資源関連税制の改革，中央と地方の利益分配の調整，新産業を育成するための制度整備，資源採掘による環境破壊の経済的補償などが挙げられる。これらの模索は中央政府と緊密に調整しながら進められている。

山西省の資源型経済の転換がうまく行くかどうかについて，現地の専門家は極めて慎重でありながらも楽観的な意見を持っている。3500万の人口を抱える山西省が資源型の経済構造から脱出するのは容易なことではない。参考にできる先例はなく，決まった改革プロセスが存在せず，すべて模索しなければならない。しかし，この課題に対する地方政府の認識ははっきりしており，中央政府，民間企業，シンクタンク等と協力しながら積極的に最善策を探り，これまでも実務レベルで確実に問題を解決してきた。たとえば，採掘現場の機械化を進めて事故による死者数を大幅に減らした。大気や水汚染の環境問題もだいぶ改善された。採掘ロスによる資源の浪費は相当抑えられている。また，現地の専門家は国際的な視野も持っており，北海道夕張市の事情もよく知っていた。

### ②長江デルタからの産業移転の受け入れを狙う安徽省（2012年12月視察）

　安徽省は経済発展の先進地域である長江デルタに近いが，多くの出稼ぎ労働者を出している経済後発地域というイメージがあり，西部大開発，東北振興と合わせて打ち出された「中部振興」の対象地域の1つである。省内には長江が流れ，安徽省の別名である「皖」の字を取って皖江と呼ばれている。胡錦濤，呉邦国，李克強，汪洋等有名な政治家を数多く輩出している。省都の合肥市には近代的なビルがそびえ立つ中，古くて修繕を待つ低い住居ビルも数多く取り残されている。

　安徽省には「皖江都市帯産業受入移転模範区規画」という中央認可の地域発展戦略がある（2010年1月認可）。上海市，江蘇省，浙江省から製造業の移転を受け入れ，それにより省内の経済発展を後押しする内容となっている。近年，中国沿海地域では人件費の高騰や土地・エネルギー供給不足等の問題が深刻化し，労働集約産業を中心に製造業の内陸部への移転が進められている。安徽省はこれをチャンスとして捉え，合肥市，蕪湖市，馬鞍山市，銅陵市等の主要経済都市・長江沿岸都市を中心に地域発展戦略を作成し，中央政府の承認を取得した。他の内陸地域と比べて，安徽省における産業受入移転は比較的順調に行われている。

　省都の合肥市では製造業を誘致するために，都市規模の拡大，インフラ整備の推進，人口の増加と消費力の向上が図られている。2011年，安徽省は国務院の許可を得て，合肥市南部にあった巣湖市を廃し，その一部地域を合肥市に編入した。地域経済発展のために市レベルの行政単位を廃止したのは中国初の事例だとされている。合肥市政府は巣湖に面する地域を浜湖新区と定め，行政・住宅・医療・

## 合肥市浜湖新区の様子

教育・金融・商業等の施設の転入または新規建設を促している。浜湖新区では，不動産開発が盛んに行われており，細くて高い住宅ビルが立ち並び，歩くと圧倒される。また，当該地域に安徽名人館や人民解放軍の渡江戦役記念館を建設し，将来の合肥市の中心として，広く市民に親しまれるように展示・教育施設を整備している。

　合肥市と違って，長江に面している蕪湖市は，都市規模の拡大よりも長江デルタ地域からの産業移転の受け入れまたは産業集積の進展を重要視している。長江の豊富な水量を梃子に，水上輸送の物流機能を強化して沿海地域との経済連携を緊密化しようとしている。長江には大型の建築資材船が頻繁に行き来しており，安徽省と沿海地域は長江ルートで直接結ばれている。また，蕪湖市には中国で有名な国産自動車メーカーの「奇瑞自動車」の本社があり，さらにその周辺には，300社前後の部品関連企業が立地している。

　安徽省の経済発展戦略は，80年代に長江沿岸5市の連携強化による内生的発展戦略，90年代に上海浦東からの産業波及効果を期待する皖江工業回廊の整備，2000年代に長江デルタ地域からの産業移転受入を推し進める皖江都市帯の建設を経験した。現在の発展戦略は，安徽省の地理的・経済的特性を活かし，施策の重点を産業移転の受入から産業集積へ転換しているように見える。地域の特徴を踏まえた産業集積の推進は，地域一体化を背景とする中国の地域経済発展の方向性を示している可能性がある。

急ピッチで開発が進む南昌市内

### ③人間と自然の調和を重視する江西省（2014年6月視察）

　江西省は中部6省の一つで，古くから農業が発展している。北部に中国最大の淡水湖である鄱陽湖を中心とした平原地域が広がり，米の栽培と水産品の生産が盛んである。東部，南部，西部は山に囲まれ，中部には丘陵地域が広がっている。内陸部に属し経済的には先進地域とはいえないが，貴州省と同様に古き良き中国の面影が残っている。

　江西省の東には浙江省，福建省があり，南には広東省，西には湖北省と安徽省，北には湖南省がある。上海，杭州，福州，厦門，広州，長沙，武漢などとの距離が近く，経済先行地域と大都市に囲まれている省である。地域間連携を促進して周辺地域の大きな市場を利用するには有利であるが，ヒト・モノ・カネ・情報などの生産要素が省内にとどまらず，大都市に移動する傾向が強い。江西省は北部の省都・南昌市と南部工業都市の贛州市の2大都市を有するが，経済規模が限られており，地域経済を牽引する力は強いとはいえない。江西省政府は，南昌市を中心に大規模な経済開発を進めており，都市規模の拡大と周辺地域との連携を促進している。

　大きな湖，きれいな水と空気，秀麗な山々を有する江西省は，GRP成長のみならず，人間と自然の調和を重視する政策も展開されている。2009年12月，国務院は「鄱陽湖生態経済区規画」を承認し，生態環境の保護と経済発展の両立を目指す協調的な開発政策を模索し，大きな湖を囲む地域における有効な生態保護政

策の実現を目指している。豊かな生態環境は江西省の最大の財産，ブランドであり，環境を対価に経済成長を追求することは望ましくないと指摘されている。また，良好な自然環境を生かした観光業の発展にも力を入れており，江西省南部において旧革命地域の歴史に触れる観光商品の開発が行われている。周辺の大都市を訪れる観光客の誘致にも取り組んでいる。現地の専門家も江西省の実態に基づいて，人間と自然の調和を図る持続的発展に取り組んでいく必要があると指摘した。

④河南省と「中原経済区」（2013年4月視察）

　河南統計年鑑2012年版によると，河南省の人口は1億489万人（2011年）に達し，省内に人口が1000万人を超える市が2つもある（南陽市1164万人，周口市1121万人）。多くの人口を抱える河南省にとって，食糧生産の確保ないし農業の発展は重要な政策課題である。

　2011年9月，国務院は「河南省中原経済区建設を加速させることを支持することに関する指導意見」を公表し，「中原経済区」戦略が中央政府に承認された。その中心的な内容は「3化協調」というもので，工業化・都市化・農業現代化の協調的発展を模索することである。工業化では，機械産業・自動車・電子情報・食品加工・化学工業等の産業を発展させ，外資誘致に努めるとともに，沿海地域からの国内産業移転を促す。都市化では，省都・鄭州市を中心とした都市群の発展を促進し，都市機能の強化，新区の建設，地域中核都市の育成等に取り組む。農業現代化では，食糧生産中核地域の建設，農業生産構造の改善，農業サービスの強化等が挙げられる。「3化協調」を実施するには，食糧生産を確保し，環境汚染を行わない前提が置かれている。

　河南省の都市化は急速に進展している。鄭州市の東部に立地する「鄭東新区」には新しいビルが次々に建設され，道路・電気・水道等の基礎インフラも整備されつつある。街を歩くと，道路にはゴミがなく，緑も多くて鄭州市の旧市街とは別の世界にいるようだ。鄭東新区の発展ビジョンを展示する「規画展示館」も設置されている。鄭州市の郊外に行くと，道路建設工事が行われている箇所が多く，竣工後の予想図が現場付近に掲示されている。鄭州市はこれからの数年間に大きく変貌するに違いないと実感した。

　一方，河南省には発展に伴う問題も山積している。沿海地域からの産業移転を

**車内から見る鄭州市鄭東新区**

促しているが，付加価値の低い労働集約産業が多く，土地・エネルギーの供給不足を引き起こし，環境負荷が増大している。不動産開発などの過程では，農民の土地を不正に徴用する問題が発生している。農業の発展は重要なテーマだが，GRP 成長に対する貢献は小さいため，政策実施の優先順位は工業化・都市化より低いように思える。「3 化協調」の「協調」に対する模索も行われている。「3 化協調」戦略が河南省の最も重要な地域特性を反映しているか，その推進により地域経済が大きく成長するかについて議論の余地がある。現在の地域政策は工業化・都市化に比較的重点が置かれているが，「3 化協調」の方策をより積極的に模索することも求められよう。なお，このテーマは国全体にとっても重要な課題であり，中央政府の積極的な支援も必要であろう。

## ⑤環境問題の改善にも取り組む湖北省（2012年 6 月視察）

　湖北省都の武漢市は，近年目覚ましい経済成長を遂げ，北京・天津・上海・広州・重慶に次ぐ「国家中心都市」を目指して国内外から注目を集めている。武漢市政府は，経済発展を促進するとともに，環境保全とくに水質の改善に力を入れており，それに関連する地域発展戦略を施行している。

　武漢市内には，長江が流れているほか，最大支流の漢江との合流地点も市内にあるため，豊富な水資源を有している。市内に数多くの湖があり，「百湖の都市」とも呼ばれている。しかしながら，近年，工業・生活用水の排出汚染やごみ問題

湖に囲まれている武漢市

の深刻化により，湖周辺の環境が急激に悪化した。湖に隣接する不動産は，本来景観地として人気のはずだが，ハエやカが多くて匂いもあるため，住む気にはならない物件も多いという。

　武漢市には，「武漢都市圏資源節約型・環境友好型社会建設総合配套改革試験全体方案」（2008年9月国務院承認）という発展戦略があり，環境保全に力を入れている。たとえば，湖の水質を改善するために，市内6つの湖（東湖・沙湖・楊春湖・厳西湖・厳東湖・北湖）を貫通して長江の水を導入する「6湖連通」プロジェクトを施行している。長江の水を，湖を通過させた後に再び長江に戻し，流れない水を流れる水に変えることで湖の汚染を緩和する狙いである。地元の話によれば，湖の汚染処理方法としては全国初の試みである。しかしながら，同プロジェクトには莫大な資金がかかるほか，水を流すだけでは根本的な除染にならないという意見があり，順調に行われているとは言い難い。

　武漢市にとって水質の汚染は経済成長を阻害する一大要因になっている。地方政府は，地域発展戦略の重点を環境保全にも置いているが，解決には長い年月を要するため，粘り強く取り組んでいく必要がある。

⑥**環境・省エネを重視する湖南省**（2012年12月視察）

　湖南省経済の大きな特徴は，省都長沙市の近くに株州，湘潭の2大都市を有し，都市群を形成する絶好の条件が整っていることである。湖南省政府は3大都市の

長沙市内を流れる湘江

一体化を推し進め，交通・通信のインフラ整備，都市・農村管理の一元化等を通じ，都市規模の拡大，共通市場の形成及び生産要素の最適配分を図ろうとしている。それにより長株潭都市群の経済力を強化し，湖南省の経済発展に牽引的な役割を果たせることを考えている。湖南省にとって，長株潭一体化の推進は最も重要な経済課題である。

　一方，全国的な視点からは，隣接都市の一体化または都市群の整備は湖南省だけの課題ではなく，他の省にも同様な状況が存在している。中央から見た湖南省の特徴は，都市一体化の問題よりも環境保護のほうが顕著に現れる。長株潭3市を流れる湖南省最大の川「湘江」は，洞庭湖に注ぐ長江の支流だが，全国でも極めて深刻な重金属汚染の河川である。都市一体化の推進は都市間環境対策の連携に重点を置くべきであり，湖南省としては資源節約型・環境友好型（環境に優しい）社会の構築を促進する必要がある。

　2008年12月，中央政府は「長株潭都市群地域規画」を承認した。資源節約型・環境友好型社会の構築が大きな政策目標となっている。これを実施するために，湖南省政府は都市間の汚染排出管理の連携を強化し，水質観測データの共有などの政策を行っている。地域開発を行うための都市間連結や工場誘致などの政策も重要であり，湖南省政府は都市間経済の一体化に関する政策を行っている。このように，中央と地方は行政上の上下関係があるが，地域発展戦略では合理的なゲーム関係の側面もある。

補章 「地域発展戦略」見て歩き

「8337戦略」展示中のフフホト市規画展示館

## (4) 西部

### ①「8337戦略」を実施する内モンゴル自治区（2013年7月視察）

　内モンゴル自治区フフホト市に近づくと，飛行機から平坦な大地に点在する農村が見える。緑の田んぼに囲まれ，家屋は列となって整然としており，農民が集中的に居住している華北地域の典型的な農村風景である。重慶市郊外の農村とは全く違う。

　内モンゴル自治区には，2012年10月に国務院に承認された「呼包銀楡経済区発展規画」という発展戦略がある。対象地域は内モンゴル自治区・寧夏回族自治区・陝西省の一部であり，エネルギー開発に重点が置かれている。また，国務院が2013年8月に承認した「黒龍江と内モンゴル東北部地域国境地域開発開放規画」には内モンゴル自治区のフルンボイル市が含まれており，内陸国境地域の国際協力，特にロシアとの連携の強化を目指している。

　内モンゴル自治区政府は独自の「8337戦略」も実施している。内容は大変長いが，現地の専門家はそれを暗唱できた。「8」は内モンゴル自治区をクリーンエネルギー生産基地，石炭化学工業生産示範基地，非鉄金属生産加工及び現代機械設備製造等の新型産業基地，農畜産品生産加工輸出基地，レジャー・観光基地，環境保全地域，北方国境の安全保障地域，北に向けて開放する橋頭堡及び内陸国境経済地帯として建設していくことである。「3」は産業構造の調整，県レベル

の経済の振興,非公有経済の振興に力を入れることである。もう一つの「3」は民生・社会管理の改善,生態・環境保護,改革開放・革新の促進をより重視することである。「7」は経済の持続的発展の促進,経済成長の質の改善,農牧,都市化及び都市・農村の一体化,民政・社会管理の改善,改革開放・技術進歩の推進,共産党建設の科学化の7重点分野の強化である。多くの分野を網羅しているが,重点分野を明確にすれば分かりやすいと感じた。

② ASEANとの経済協力を進める広西チワン族自治区(2012年4月視察)

　広西チワン族自治区はベトナムと国境を接し,防城港・欽州・北海などの港も有する。人口は5199万人(2011年現在),うち少数民族(チワン族中心)が3割以上を占める。広西チワン族自治区は,外資誘致を経済成長に結び付ける政策を長く実施していたが,現在はASEANとの経済協力の推進に全力を挙げている。2008年,「広西北部湾経済区発展規画」が中央政府に承認され,地方主体の発展戦略の第1号となった。対象地域は「南北欽防」(南寧市,北海市,欽州市,防城港市)とされている。広西チワン族自治区政府は2007年に北海港,欽州港,防城港を合併し,新たに広西北部湾国際港務集団有限公司としてスタートさせている。

　港町の北海市を訪れると,ASEANとの経済協力を推進することは必要だが,省内大都市との交通インフラ整備を行って域内連携を図ることも重要だと指摘された。北海市の海産品を南寧市に出荷するには,迅速で質の高い輸送サービスが必要であり,省内市場の更なる拡大も課題である。近年は不動産価格の上昇が始まり,住宅団地が次々に建設されている。しかしながら,地元の購入者が限られているほか,実際に住むのではなく,価格の上昇を待って転売する人が多い。実需を伴わない投機的な取引は,不動産価格が下落した時に,買い主に大きな損失を与えるほか,地域経済にも影響を及ぼす恐れがある。北海市では国際協力の推進と地域経済の振興の両方を重視する必要があると考えられる。

　南寧市は広西チワン族自治区の省都で,人口は666万人(2010年現在),うちチワン族は5割以上を占める。「広西北部湾経済区発展規画」の中心都市として,近年急速に開発が進んでいる。北海市から南寧市までの高速鉄道も建設中であった。南寧市を訪ねて印象深かったのは,市内の驚異的な発展のスピードとASEANとの協力の推進に対する地方政府の決意であった。広西チワン族自治区

補章 「地域発展戦略」見て歩き

**開発が急ピッチで進む南寧市**

は長い間貧困撲滅の対象として全国から支援を受けてきた印象があるが,市内を回ると高層ビルが林立し,特に東部に位置する新区では,新しいオフィスビルが並び,極めて現代的な雰囲気であった。

　広西チワン族自治区では,ASEAN との経済連携は地域経済発展の原動力になり得ると考える人が多い。広西チワン族自治区は地域開発の方向性に関して試行錯誤を繰り返してきたが,ASEAN との協力は正しい道のりであると指摘された。自治区政府はその認識の下で全力を挙げて取り組んでいる。たとえば,巨額な資金を投じて北部湾投資集団有限会社を設立し,中央政府の許可を取り付けて北部湾銀行を設立して,ASEAN との経済連携を促進するためのインフラ整備や資金調達を行っている。中国─ASEAN 博覧会を毎年開催しているほか,ASEAN 諸国のビジネス連絡拠点の設立や領事館誘致にも取り組んでいる。広西チワン族自治区政府は,中央に承認された地域発展戦略の実行が地域経済に大きなプラスの影響を与えると判断し,精力的に推進している。

**③戸籍改革に取り組む重慶市と四川省成都市（2013年4月視察）**
　重慶市は「山城」とも呼ばれ,市内の道路はほとんどが坂と曲り道である。大都市とはいえ,自然環境が厳しくて後進の西部に属するというイメージが強かった。しかし,実際に訪れてみると,気温が温かく,ホテルや店のサービスも行き届いており,中国南部に特有な市場経済の匂いを感じた。高層ビルが密集してい

高層ビルが密集している重慶市

るため，街を歩くと圧迫感を感じる。重慶市内では長江と嘉陵江が合流し，人間の活動は山と川を避けて行わざるを得ず，土地の価値を実感できる。重慶市の郊外は低い山に囲まれ，谷間の水田に寄り添って数件の家が建てられている閑散とした農村風景が広がる。東北・華北地域の平原地域の集中村落とは全く様相が違う。

　重慶市から四川省都の成都市までは列車で2時間余り，距離は310キロ強である。高速鉄道も建設中で，両市は1時間ほどで結ばれる。成都市は四川盆地のほぼ中央に立地し，重慶市と違って平原地域である。近年目覚ましい経済発展を遂げ，市の中心部には立派なビルが立ち並んでいる。気候が良くて農業も発達し，「天の恵みの国」と呼ばれている。市内には茶館が多く，市民はのんびりした生活を送っている。

　重慶市と四川省には，国務院承認の「成渝経済区地域規画」という発展戦略があり，戸籍改革を中心とした都市・農村の一体化政策を全国に先駆けて行っている。重慶市内と郊外の農村との経済的格差を是正し，戸籍改革を通じて農民の都市への移動を促進する。それによって都市の規模を拡張し，消費を引き起こして内需の拡大に繋げる狙いである。戸籍改革は土地，民政，教育，雇用，治安などの多分野に関わっている。土地について，中央政府は全国の耕地面積を18億ムー以上維持する方針を取っており，各省が最低耕地面積の維持枠を振り分けられている。新規の開墾が難しい状況において，地方政府にとって最低耕地面積枠の維持は工場建設や不動産開発に使う建設用地の拡大の足かせになっている。郊外に

地震後の献血の人々（成都市）

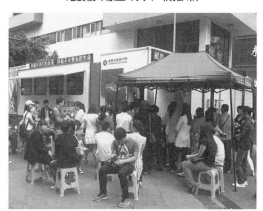

住む農民の住宅地を耕地にすれば，都市近郊の耕地を建設用地に回すことができる。地方政府はその建設用地を開発企業に譲渡して得た収入の一部で農民の住宅補償を支払い，再就職ができるように職業訓練等の費用に充てている。

しかし，都市・農村の一体化政策が地域経済成長の原動力になることは想定しにくい。市民になった農民はそれほど消費能力を持っているわけではなく，農民に対する農村戸籍移転，農地・住宅地の徴用は反発を招く可能性がある。教育・雇用・医療・年金に対する不安もある。都市・農村一体化政策の実施は多くの課題に直面している。

成都訪問中の4月20日に，200人近くの死者を出した四川地震が発生した。筆者は移動中だったので，さほど揺れを感じなかったが，携帯電話が不通となり，市内に救急車のサイレンが鳴り響いた。成都市内にはすぐに災害対応の専用道路が区分され，警察官が交通整理にあたった。献血を行う人が多く，列を作った。繁華街では学生たちが募金活動を行った。亡くなられた人々の冥福を祈る。

**④ビッグデータ産業の発展を促す貴州省（2014年2月視察）**

日本では，中国の地域格差を説明するときによく貴州省の事例が取り上げられ，一人当たりGRPが上海市の12分の1であるなどと言われている。省都・貴陽市で見たのは，高層ビルが林立して急速に発展している部分もあったが，大半の旧市街は1990年代によく見られる，5～6階の住宅ビルが道路の両側に建ち並ぶ古

**貴安新区の開発工事**

い都市の風景だった。街の発展は遅れている印象だが，妙に情緒があった。

　貴州省には，「黔中経済区発展規画」（2012年8月），「貴州貴安新区設立への同意に関する返答」（2014年1月）等の中央政府承認の地域発展戦略がある。エネルギー工業，機械産業，都市の一体化，観光産業の発展を促している。貴陽市と安順市の間に立地する「貴安新区」の設立が国務院に承認されると，電子産業を中心に大規模な開発プロジェクトを実施するようになった。貴州省には低くて緩やかな山が多いため，岩を削り，平らな地を作る必要がある。人間の活動の逞しさを感じる。

　貴州省の最近の話題は，ビッグデータである。ビッグデータは巨大で複雑なデータの集合体であるが，それを適確に解析することにより新たな情報価値を生み出すものである。日本では大震災が企業間の取引に与えた影響の分析に利用されたことが知られている。貴州はビッグデータ産業を発展させる優位性があると言われている。貴陽市の年間平均気温は15度，冬も夏も極端な気温変化はなく，サーバーの保存に適している。台風・地震等の自然災害はなく，データ保管処理の安全性が高い。電力供給も安定的である。貴州省政府は，貴安新区を中心にビッグデータに関連するプロジェクトの認可，企業に対する税金・資金面の支援，市場の育成及びハイレベル人材の導入等において，種々の優遇政策を打ち出している。

　2013年，情報分野のビッグスリーである中国電信，中国移動，中国聯通が相次

いで貴安新区に進出し，大規模なデータ処理センタープロジェクトを開始した。クラウド・コンピューティングセンターの整備を中心に，合計140億元の投資を行う予定である。電子機器大手のフォックスコンも貴安新区への投資が決まっている（貴州日報2014年1月28日より）。貴州省政府2014年2月に「貴州省のビッグデータ産業の発展と応用に関する規画要綱（2014-2020）」を公表し，2020年までにビッグデータの産業規模を4500億元にし，20万人の雇用を確保することを目指している。ビッグデータ産業は新しく地域間競争も予想されるため，将来性については未知の部分も多い。

貴陽市内には，家族経営の小さい飲食店が数多く残っている。職人たちは金銭の欲に染まることなく，より良いものを客に提供することに没頭している。手作りの肉餅屋では，職人は熱い油から手で餅を取り出すが，やけどすることなく仕事を続けている。材料も丁寧に工夫されている。貴州の人々には安らぎの気持ちがあり，古き良き中国の面影があった。

**⑤市場経済のサバイバルをかける雲南省（2014年2月視察）**

北京から見る雲南省は，遠い国境地帯，貧しい山岳地域，少数民族集中居住地帯というイメージであろう。雲南省はベトナム・ミャンマー・ラオスと国境を接し，4060キロの国境線を有し，全国で最も長い国境線を持つ省の1つである。平均海抜は約2千メートル，山地・高原面積は全省の94%を占める。25の少数民族を有し，雲南省人口の33%に相当する（1545万人，2011年）。少数民族による自治面積は70%を超える（雲南省政府ホームページより）。

雲南省には，①「雲南国家観光総合改革試験区」（2009年4月），②「雲南省を西南開放の重要な橋頭堡として建設を加速させることを支持することに関する意見」（2011年5月），③「烏蒙山特別貧困集中区の地域発展と貧困扶助規画」（2012年2月），④「滇西辺境特別貧困集中区の地域発展と貧困扶助規画」（2012年12月）等の中央政府承認の地域発展戦略がある。①は雲南省の豊富な観光資源を活用し，観光産業の改革と発展を試みる発展戦略である。②は東南アジア・南アジアとの経済協力を促進し，雲南省経済の国際化を促す地域戦略である。日本でも注目されているメコン川流域の開発に関連するものである。③と④は発展が遅れている少数民族集中居住地域等に対する貧困扶助規画である。雲南省の地理的・経済的・民族的特徴に基づいて開発政策を行っている。これらの規画の一部

は，昆明都市規画展示館に展示している。

　市場経済が急速に浸透しているなか，雲南省の経済発展には厳しい現実があると言われている。雲南省は「非鉄金属王国」と呼ばれ，埋蔵量が全国トップ10に入る鉱種が61種，そのうち鉛，亜鉛，スズ，リン，銅，銀等の25鉱種は全国トップ3にリストされる（雲南省政府ホームページより）。冶金工業は計画経済時代に雲南省の産業の柱であり，大規模な冶金工場や鉱山が多数存在していた。改革開放前に，昆明市の西側に冶金工場の集積地ができて，冶金に関する産業チェーンが形成され，採掘・加工・生産・販売に携わる技術者や管理者も多かった。しかし，改革開放後に市場経済が導入されると，雲南省は技術・資金・人材の面で不足するようになり，資源を持つ以外に優位性を失っていった。冶金工業の技術革新は多額な設備投資を必要とし，ハイテク技術が不可欠である。製品の販売価格は市場変動の影響を受けやすく，販売ノウハウや経営力も問われる。これらの分野において雲南省は比較優位性を持っておらず，採掘以外の部分は次第にほかの地域に取られるようになった。現在の雲南省の冶金工業は，沿海地域と比べて企業の規模が小さいほか，自主性の高い産業チェーンではなく，他地域の大企業の採掘工程の一部として組み込まれており，高度な加工や販売については他地域に依存している状況であると指摘されている。一部であるが，現地政府の支援の下でハイレベルな製品を生産している企業もある。

　冶金工業が市場経済の波に飲み込まれるなか，1980年代に入って現地政府が打ち出したのは煙草産業の振興であった。雲南省は暖かい気候に恵まれ，降雨量・日照・標高・地形・土壌等の面で煙草の成長に適しており，煙草栽培の伝統がある。1982年に雲南省煙草会社が設立され，煙草産業は専売体制の下で急速に発展するようになった。雲南省政府は国外からの優良な品種の導入を促すほか，煙草を栽培する農民への優遇政策を強化した。煙草生産企業の技術革新を積極的に推し進め，国外から当時の最新鋭設備を次々に導入した。煙草の品種改良・加工技術に関する研究を強化し，栽培面積を拡大させたと同時に製品のブランド化に力を入れる等，トータルな支援を行った。この戦略は見事に成功し，雲南省の煙草産業は全国トップに上り詰めた。1986年から1995年にかけて，雲南省の紙巻煙草生産量は全国の20％，利潤額は同49％を占めた。

　1988年，国務院は著名な煙草ブランド13件に対して販売価格設定権を企業に委ねる通達を出したが，うち雲南省のブランドは「石林」，「紅塔山」，「阿詩瑪」，

補章 「地域発展戦略」見て歩き

観光客で賑わう昆明市内

「玉渓」,「紅山茶」など9件も含まれた。現地政府の強力な推進がなければ,内陸部である雲南省はこのような産業育成はあり得なかったと考えられる。近年の雲南省の煙草産業をめぐる国内外の情勢は大きく変化しており,現地政府の危機意識も高まっている。健康志向による禁煙運動が展開されるようになり,煙草の消費量が減少する恐れがある。雲南省の煙草産業は他の地域・ブランドからの厳しい競争に晒されるようになった。また,先進国の煙草消費が縮小し,中国国内や発展途上国市場をめぐる国際競争も今後一層激しくなる。

観光も雲南省の一大産業であるが,地方に落ちるお金は限定的であると指摘されている。観光客の交通費・宿泊費・土産代は地元にとって重要な収入源であるはずだが,雲南省の場合は状況が違うようだ。たとえば,交通費としての航空代金は地方ではなく国有企業の航空会社に支払われる。宿泊費は現地のホテルに支払われるが,ホテルの経営者は広東・福建・四川の投資家が多い。土産品も雲南省で生産されたものではなく,雲南省の原料を使って他の地域で加工されたものが多い。少数民族の傣族にとって銀の装飾品は親から受け継ぐものであり,もともと売り物ではなかったようだが,観光産業の発展につれて販売するようになった。当初は地元の職人が丁寧に手作りをして高い値段で売られていたが,沿海地域の工場で大規模生産が始まり,粗末な商品が大量に供給された結果,価格が急落した。模造品も出回るようになり,雲南省に対する観光客のイメージは大きな打撃を受けた。近年,雲南省政府は国の支援を受けて改善策を打ち出している。

雲南省を訪れて強く感じたのは，専門的知識もなければ豊富な資金・人材もない地域にとって，市場経済が持っている意味は沿海地域とまったく相違している点である。競争意識の薄い地域住民はこの波にうまく乗れず，現地政府の役割は決定的に重要である。雲南省は種々の課題を抱えているが，煙草産業の発展を成功させた実績を持っており，その経験と教訓を生かしてほしい。

　日本で注目されているメコン川流域の開発について，現地では雲南省にとって経済成長の原動力となることは当面難しいと指摘されている。雲南省と隣接している国はいずれも規模の小さい発展途上国で，特に国境を接している地域はその国においても立ち遅れた地域である。ミャンマーでは，北部のカチン族とミャンマー政府軍との緊張関係が続いており，雲南省と経済交流を行うには限界がある。いくつかの国際輸送ルートが新規に開通されているが，商流不足・通関の非効率・インフラの整備不足等の問題が存在し，荷物が順調に流れているわけではない。東南アジアとの協力においては，複数の港を持っている隣の広西チワン族自治区と競争しなければならない。メコン川を中心とする国際連携は長期にわたって取り組んでいく必要がある。

## ⑥自立的な発展を目指すチベット自治区（2014年2月視察）

　北京からラサまでは，T27便列車に乗って44時間を要する。列車は夜8時に北京から出発し，河北省石家荘市・山西省太原市を経て，翌日の朝に寧夏回族自治区中衛市に着く。午後1時に甘粛省蘭州市，4時に青海省西寧市に着き，3日目の朝2時に格爾木（ゴルムド）市に停車する。午後1時にチベット自治区那曲（ナクチュ）市に着いて，4時過ぎにラサに到着する。格爾木からラサまでの青海・チベット鉄道は2006年に開通され，世界で最も海抜の高い厳しい自然条件の中で工事を施行し，中国政府の西部大開発の目玉プロジェクトとして注目された。西寧～格爾木鉄道は1984年，蘭州～西寧鉄道は1959年に開通している。

　経済開発の負の側面も見てきた筆者にとって，チベットは最後のグリーンゾーンであろうという期待感がある。多くの中国人はチベットの美しい自然，少ない人口，独特な文化，ゆったりした住民生活に対して憧れがある。ポタラ宮に上ってラサ市内を見渡すと，街には高くて密集するビルもなければ煙を出す煙突もない。きれいな青空が広がって心理的な圧迫感を全く感じない。チベットは豊富な鉱物資源を有しているが，現地政府は環境や社会への影響を考慮し，その開発に

関して極めて慎重である。ヤク（ウシ科の家畜）などの地域産品もあるが，沿海部のような大規模な処理能力を持つ肉食加工設備は導入していない。2014年4月現在，全国31省（直轄市・自治区を含む，以下同じ）のうち，中央政府承認の省レベル地域発展戦略が存在しない地域はチベット自治区のみである（環境保護関連を除く）。チベット自治区は，過度の経済開発を追及せず，質の高い住民生活が維持できればそれでいいという議論もある。

　しかし，現地を訪れると，チベット自治区にとって自立的な経済発展の実現は極めて重要な政策課題であると分かった。2013年，チベット自治区の地方財政収入の110億元に対し，地方財政支出は1014億元となり，地方財政支出の約9割が中央政府の財政支援に依存している状況である（2013年チベット自治区国民経済と社会発展統計公報より）。地方政府による財政支出は，中央政府と協議する必要がある部分も非常に多く，地方財政の自立性は弱い。2012年のチベット自治区のGRP（域内総生産）は701億元で，広東省の約80分の1に過ぎない。

　チベット自治区は，インフラ整備の強化及び重点建設プロジェクトの実施などを通じて，自立的な経済発展と地方財政力の強化に取り組んでいる。チベット日報2012年1月12日の記事によれば，チベット自治区は中央政府の支援の下，第12次5カ年規画期間中（2011〜2015年）に226件の重点プロジェクトを実施し，1931億元の投資を行う計画である。これらのプロジェクトは住民サービスの改善・インフラ整備・特色のある産業の発展・環境保護等の分野に当てられる。たとえば，青海・チベット鉄道の延長線であるラサ〜日喀則（シガツェ）鉄道の建設，地方都市の林芝市の空港拡張工事，蔵木水力発電所の整備，チベット薬の産業支援などが挙げられる。チベット自治区は市場経済が大きく発展する前提条件として交通・電力・情報などのインフラ整備に力を入れており，住民に対する公共サービスを徐々に改善しながら，着実に地域産業の育成に取り組んでいるようである。

　チベット自治区に中央政府承認の地域発展戦略がまだ存在しない（環境保護分野を除く）理由については，様々な見解がある。チベット自治区の発展が比較的遅れているため，他省と比べて特徴的な分野はなく，多様な地域発展モデルの形成を目指している現在の地域発展戦略には適応しないという議論がある。また，チベット自治区はすでに中央から別格の支援を得ているから，改めて中央政府の承認を申請する必要はないとの主張もある。たとえば，中国共産党中央委員会と

**ポタラ宮から見えるラサ市**

国務院は1980年代から現在まで，チベット自治区を対象にした専門会議を5回にわたって開催し，チベットの経済社会の発展に具体的な支援策を行ってきた。このような「待遇」は他の地域にはない。筆者は無理に地域発展戦略を作る必要はないと考える。経済政策としての地域発展戦略は，市場の力と合わせてはじめて効果的に実施されるが，現在のチベットではそのような政策分野を見つけることは容易ではない。地域の経済的特徴を作り出し，それに関連する地域発展戦略を中央に認めさせ，地方政府の強い力で実施することは望ましくない。地域発展の方向性と目指す姿を十分に検討し，GRP成長より真の地域産業の発展，雇用の拡大と住民生活の向上のために政策を考える必要がある。チベットでは落ち着いて実効性のある政策をじっくり検討する雰囲気が感じられた。

ラサでは市場経済の動きを感じる場所がある。歩行街には冬虫夏草を販売する店が非常に多い。冬虫夏草は冬が虫の姿で，夏に草に化ける天然茸の一種であるが，人間の精気を回復させて肺・腎を強める貴重な漢方薬で，近年極めて高級な贈答品として流行している。チベット自治区の那曲市は冬虫夏草の産地であり，農牧民はそれを採取してラサに持ち込み，市内の店で販売を行っている。北京・上海・広州など大都市のニーズも多いため，那曲市の農牧民は沿海部の都市に出て，自分で店を開くケースも多い。中国の巨大な市場をつかむことによってビジネスを成功させ，外国産高級オフロードカーを何台も持つほどの金持ちになった農牧民もいるという。ただ，冬虫夏草の販売は流行に大きく左右されている点で

補章 「地域発展戦略」見て歩き

西安規画館のスローガン（最大最強を求めず，求めるのは特色のみ）

は課題が残っているといえよう。

**⑦科学技術で経済成長を促す陝西省（2012年6月視察）**

　陝西省には「関中─天水経済区発展規画」（2009年6月国務院承認）という地域発展戦略がある。陝西省の西安市，銅川市，宝鶏市，咸陽市などの主要都市が含まれるほか，甘粛省の天水市も対象地域である。戦略の主な内容は，科学技術の進歩及び産業化を促進して地域の経済発展を実現することとなっている。省都の西安市は有名な観光地であるとともに，技術レベルが高い地域でもある。西安衛星監視センターをはじめ，市内には宇宙，国防，機械製造の施設や拠点が多く，中央省庁や軍の教育・研究施設も数多く整備されている。「関中─天水経済区発展規画」の対象地域には，大学等の高等教育機関が80校以上，国家級・省級の重点的科学研究所が100カ所以上あり，100万人を超える技術者を有している。同戦略では，科学技術面の優位を活かして経済成長を促し，関中─天水地域を「内陸型経済の開発開放の戦略的拠点」，「科学技術に関連する制度改革と実用化のモデル地域」，「国レベルの先端的製造業の重要拠点」，「現代農業のハイテク産業基地」などとして位置づけている。たとえば，西安市内に「西安国家民用航空産業基地」を整備する計画が施行されている。

　一方，科学技術の産業化・実用化が地域経済の成長に中心的な役割を果たせるかについては難しい面があるとの指摘もあった。たとえば，中央省庁の研究機関

177

「両山挟一河」と呼ばれる蘭州市

は縦割り行政のため，相互に連携して新しいものを作ることが想定しにくい。大学の研究室には基礎的な技術はあっても，産業化・実用化に適していないものが多い。一部の企業では技術革新を行っているが，外国から技術を導入して実現したものであり，地域の研究所や大学との連携はまだ十分ではない。また，陝西省の経済発展はエネルギー資源と観光業に頼るしかないとの意見もある。確かに西安市内は外国人観光客に溢れ，陝西省は豊富な地下資源も有している。陝西省の発展戦略が科学技術を強調したのは，北京に向けて地域の特色をアピールする必要があったとも考えられるのである。北京から見れば，数多くの地域発展戦略が国務院の承認を競い合っているなかで，いかに地域の特色を出すかが重要な要素である。地方政府は中央の承認を得るために，ほかの地域との競争を念頭に入れながら，観光・エネルギー・科学技術などから最もアピールできる特色を提示する必要がある。地方政府には，このような特色を反映する施策を行いながら，地域経済全体のバランスへの配慮も求められる。

⑧蘭州新区の開発に取り組む甘粛省（2013年6月視察）

　甘粛省都の蘭州市は古くからシルクロードの拠点地域で，西北部の交通要衝であるとともに重要な経済拠点でもある。蘭州市の地理上の特徴は「両山挟一河」にまとめられる。町の南北両側に山（蘭山，白塔山）があり，真ん中に黄河が流れているため，蘭州市は二つの山と一つの河に挟まれているように見える。この

補章 「地域発展戦略」見て歩き

特殊な地理環境は，蘭州市の発展に大きな影響を及ぼす要因になっている。都市人口の増加により，道路建設や不動産開発の需要が急増しているが，使用できる土地は限られている。自動車保有台数は急増し，蘭州市内の渋滞問題はますます深刻化している。不動産価格が急騰し，土地供給の不足は工場誘致の足かせとなっている。山に挟まれているため，工場や自動車からの大気汚染物質が上空に滞留し，スモッグに覆われる日も多い。地形と土地供給の問題は蘭州市にとって極めて重要な課題であるが，人間の力では解決できない問題である。

そこで，地方政府は蘭州市中心部から70キロも離れた秦王川盆地という平らな場所を見つけ，これを「蘭州新区」として開発することにした。2012年8月，蘭州新区の設立は国務院の承認を取得し，中央政府の支援も得られるようになった。蘭州市内から新区までの高規格道路が開通したが，約1時間を要する。新区の規画面積は806平方キロメートル，現地政府は交通・インフラ整備をはじめ，学校・銀行・行政機関の新区内への移転を進めている。企業進出や工場誘致にも積極的に取り組んでいるが，不動産開発が中心となっている。大規模な工事が行われているため，建機への需要が急増し，新区の周辺にちょっとした建設機械取引市場まで出来上がっている。水については，青海省と甘粛省の境界付近を流れる「大通河」を秦王川盆地の新区に流す「引大入秦」引水・供水プロジェクトを通じて賄うが，それだけでは足りないという指摘もある。蘭州新区の建設は，蘭州市内との距離が長すぎることや新区内の空港の騒音による住民への影響など様々な意見があるが，地方政府の強力な推進の下でゆっくり進んでいる。

### ⑨「三区戦略」を実施する青海省（2013年6月視察）

飛行機の窓から青海省を見下ろすと，少ない草に覆われた土の山がどこまでも続き，いくつかの谷が交わる中の平坦な場所に村や町，都市が存在している。省都の西寧市も同様で，青海省の厳しい自然条件は空港から市内に向かう車の中からも確認できる。道路は整備されているが，両側は乾燥して貧弱な土の山ばかりである。環境汚染は少なく，青空がきれいだった。

2012年の青海省のGRPは1894億元，チベット自治区を除いて全国最下位である（中国統計年鑑2013年版）。青海・チベット鉄道プロジェクトに代表される中央主導の西部大開発は，GRPの成長に貢献したものの，肝心の地域産業の育成や雇用の拡大に対する効果は限定的であると指摘される。近年，市場経済の浸透

空港から西寧市内へ向かう道路

につれ、自然条件が厳しくて経済基盤が弱い青海省は激しい地域間競争にさらされている。自動車・繊維製品など計画経済時代に優良とされた国有企業ブランドは次第に競争力を失い、破たんに追い込まれた事例が多い。新しい産業を育成するための資金、技術、市場ノウハウが不足しており、外国や沿海部からの資本誘致が大きな課題となっている。優秀な人材を引きつけるための資金力も弱い。大手国有企業は資源獲得の目的で投資してくるが、地域産業の発展や地方財政に対する貢献度は限定的であり、環境への悪影響も懸念されている。ヤク（ウシ科の家畜）、クコの実、チベット薬などの伝統的な産物があるものの、地域経済を牽引するような地場産業に成長していない。

　青海省政府は「三区戦略」を打ち出している。地域の実情に合わせて、経済発展・環境保護・社会の安定の3つの側面から、青海省を「循環経済発展先行区」、「生態文明先行区」、「民族団結進歩示範区」として建設していく地方発の戦略である。まず、地域産業の育成や雇用の確保、地方財政力の強化を図るために経済発展を推進しなければならない。市場の力より政府の力が強い西部の青海省において、まず経済発展が政府の重要目標として掲げられている。次に、青海省は長江、黄河、瀾滄江の水源地であり、「中華給水塔」と呼ばれている。地域環境を保全することは、青海省のみならず全国的にも重要なことである。第3に、青海省にはチベット族、回族等の少数民族が全人口の47％を占め（2011年度、青海統計年鑑2012年版より）、少数民族が集中的に住んでいるところも多い。民族間の

銀川市にある「中国ムスリム国際商貿城」の外観

団結は地域社会の安定に欠かせないものであり，省政府も「民族団結進歩示範区」の整備に力を入れている。「三区戦略」は地域の実態に合致する発展戦略として，政府責任者が交代しても継続的に実施されている。

## ⑩アラブ諸国との連携を強化する寧夏回族自治区（2012年6月視察）

　寧夏回族自治区の銀川市（市内人口130万）を訪れると，黄河が流れてこなかったら銀川市も存在しなかっただろうという砂漠地域の厳しさ，生産基盤の弱さを強く感じた。年間降雨量は200ミリメートル以下，軽工業品・日用品はほとんど中国南部の工業地帯に依存している。

　寧夏には「黄河沿い経済区」という省内の地域発展戦略がある。銀川市，呉忠市，石嘴山市，中衛市など黄河沿いで比較的経済の進んでいる地域を対象としている。寧夏には石油などの地下資源が豊富にあるほか，人口の3割は回族で，ムスリム関連のビジネスが行われている。「黄河沿い経済区」はエネルギー開発，化学加工，ムスリム関連用品の流通・貿易，観光の発展を促す戦略となっている。国務院に承認されない省政府独自の発展戦略であるが，地域の経済的特性を生かした経済戦略だと評価されている。

　近年，寧夏は「西に向けての開放」に取り組んでいる。広東省などの東南沿海地域のように「東に向けての開放」を通じてアメリカ・日本・韓国などから資本を誘致し，加工貿易の発展を通じて経済成長を促す手法ではなく，アラブ諸国を

ウルムチ市内の立体交差橋

中心とする西に向けた開放戦略を施行している。開放の重点分野は流通,貿易,金融,観光,不動産開発などに集中し,アラブ諸国のオイルマネーを寧夏に誘致することを狙っている。具体的には,全国唯一の回族自治区として,民族的な習慣・言語を活かしてアラブ諸国との民間交流を促進し,ビジネスの拡大に努めている。商務部・中国国際貿易促進委員会の共催を得て,「中国―アラブ経済貿易フォーラム」を継続して開催している。現地政府は民間資本を活用しながら,「中国ムスリム国際商貿城」という大規模な国際ビジネス交流拠点を整備した。寧夏大学は教育部の許可を得て,中国初の「アラブ学院」を創設した。「中国―アラブ大学学長フォーラム」も開催されている。ちなみに国務院は後に「寧夏内陸開放型経済試験区規画」を承認した(2012年9月)。

一方,中国とアラブ諸国とのビジネス交流の中心地は寧夏ではなく,沿海地域の広東省や浙江省にあるという状況もあり,寧夏は厳しい地域間競争に直面している。アラブ諸国にとって,内陸部に立地する寧夏にはどのような魅力があるのか,ビジネス交流を進めるための基礎的な経済力をどう育てていくかが課題であろう。寧夏がアラブ諸国との経済交流を大きく発展させるには,まだ長い道のりであるに違いない。

## ⑪東西1千キロの地域開発に取り組む新疆ウイグル自治区(2012年12月視察)

新疆ウイグル自治区は,民族自治をめぐり様々な報道があるが,ウルムチ市は

普通の省都である。タクシーの運転手は標準語で話しており，安徽省や湖南省の方言よりも分かりやすい。新疆には「天山―北坡経済帯発展規画」（2012年11月承認）という地域戦略があり，対象地域はウルムチ市，石河子市と克拉瑪依市の3都市が中心である。「新疆統計年鑑」（2011年版，中国統計出版社）によれば，2010年に3市は新疆の域内総生産（GRP）の53.4％，工業総生産の69.7％，一般予算収入の47.5％を占めた。また，3市は新疆の中部に集中しており，地理的にも近い。新疆の経済発展を有効に推進するには，3都市に重点を置く地域発展戦略の策定が求められる。

「天山―北坡経済帯発展規画」では，既存の3市をベースにしながら，開発対象地域をさらに拡大した。東はモンゴルに近い哈密市まで，西はカザフスタンに近い伊寧市まで延長し，東西1千キロを超える地域を対象とした。地域産業の集積や市場の有効性も大切であるが，欧州に向けての開放の推進，エネルギー供給ルートの確保及びシルクロードの復興も重要な政策課題である。

黒龍江省も新疆とほぼ同じような状況にある。黒龍江省には「ハルビン―大慶―チチハル工業回廊」の省内戦略があったが，いまは，東はロシアとの国境地域の綏芬河市，西は内モンゴル自治区の満洲里市まで拡大した。中央から見て，ロシアとの協力を推進するには，ハルビン―大慶―チチハルのような中心都市のみならず，国境地域も入れるべきであろう。

ウルムチ市は交通インフラをはじめ，急ピッチで経済開発を行っている。市内には，内陸都市でも稀に見る複雑な立体交差橋があるほか，欧州との経済交流を促進するための大規模な新疆国際展示センターも建設されている。また，内陸都市ではなかなか実現しないバス高速輸送システム（BRT）も開通している。市内の空気をきれいにするために，冬の暖房に使う石炭を政府部門が主導して天然ガスに切り替え，その工事を1年間で終了させた。より良い発展を期待したい。

## あとがき

　本書は私の10年間の仕事のまとめであり，新しいスタートでもある。2008年に環日本海経済研究所（ERINA）に入所して以来，良好な研究環境と科学研究費の幸運に恵まれ，中国の様々な地域を歩くことができた。本書はこれまでの中国地域経済と開発政策の分析を取りまとめたもので，私にとって一つの区切りである。一方，地域を歩いて様々な実態を目の当たりにしているうちに，その実態の背後に何があるのか，ヒト・モノ・カネ・情報などの生産要素はどのような経済的な論理で動いているのか，また，集中と分散のメカニズムはどのようなもので，なぜ成長する地域とそうではない地域があるのかなどの理論的な問題について，強い関心を持つようになった。この関心は本書の中でも随所で触れており，そういう意味では新しいスタートでもある。ただ，これらの問題を理解するには，地域開発政策のみならず，空間経済学に基づく計量的な分析が求められよう。対象地域は中国のみならず，日本やアメリカ，ヨーロッパの事例研究も必要であろう。数字が苦手で英語もさほどできない私にとっては，実は不安で怖いスタートである。

　本書の執筆も含めて，私の研究はこれまで多くの先生や同僚に支えられてきた。指導教官で元北海道大学経済学研究科教授の佐々木隆生先生は私の研究人生を開き，「器用貧乏に気を付けるよう」と注意していただいたことは昨日のことのようである。中国人民大学の張可雲教授と吉林大学の呉昊教授には現地調査のサポートをはじめ多くの学術的な問題について有益なアドバイスをしていただいた。移行経済研究者の西村可明・ERINA 元代表理事（一橋大学名誉教授）には地域研究の心の持ち方を教えていただき，国際経済学者の河合正弘・ERINA 代表理事（東京大学特任教授，東京大学名誉教授）には中国のみならず世界に目を向けるようと啓発していただいた。調査研究部・新井洋史部長，企画・広報部・中村俊彦部長と新保史恵部長代理にはいつも有益な助言や論文の修正をしていただき，大変助かった。風間めぐみ企画員も本書の確認作業に加わっていただいた。小倉貴子総務部長と吉田亜紀子総務課主任は事務の立場から長年筆者の研究活動を支

えていただいた。筆者と同じ調査研究部の南川高範研究員と徐学斐研究補助員からは有益なコメントを提供してくれた。本書の執筆で資料の収集や整理をしてもらい，共著者としていくつかの論文も発表した天野祐子研究補助員にも感謝したい。彼女の指摘はいつも鋭く根幹に迫るものがあった。本書の河南省の事例分析では，同省の出身で島根県立大学北東アジア開発研究科博士後期課程の李奎さんにデータ整理や資料の収集をしていただいた。また，研究会や学会では大東文化大学の岡本信広教授をはじめ，多くの先生方に有益なご指導をいただいた。日本評論社第2編集部の斎藤博氏には本書の編集を担当していただき，煩雑で細かい内容について効率よく対応していただいた。本書は科学研究費（課題番号：17K03754，16K02002）の助成を受けたものである。このほかすべて申し上げることはできないが，この場を借りて私の研究を見守ってきてくださった先生や同僚の方々に深く感謝を申し上げたい。もちろん本書にあり得る誤りは私の責任である。

　仕事を頑張りながら家庭を支えてきた妻と4人の子供に捧げる。


2018年12月

穆尭芊

アメリカテネシー州ノックスビル市の自宅アパートで

# 索　引

## 数

3化協調　161, 162
4兆元政策　73
7大経済圏構想　2
8337戦略　165

## 欧字

AIIB　54
ASEAN　15, 61, 154, 166, 167
BRT　183
DPG　111, 113
T字開発　2
WTO加盟　102, 103, 106, 116

## あ行

藍色経済　8, 15, 67, 146
曖昧な制度　34
アジアインフラ投資銀行（AIIB）　54
アジア太平洋　45, 148
厦門　8, 10, 11, 152, 153, 155, 160
阿拉山口　99
アラブ　42, 44, 47, 49, 51, 181, 182
安徽　16, 85, 89, 92, 124, 125, 147, 158
鞍山　138
安新　145
安陽　93
伊寧　43, 183

以隣為善・以隣為伴　38, 45
一級行政単位　30
イラク　50, 51
引大入秦　179
インド　41-44, 50
インドネシア　45, 49, 50
インフラ整備　4, 10, 12-14, 39, 41, 44, 47, 54, 61, 63-66, 77-79, 85, 98, 125, 126, 132, 133, 145, 158, 164, 166, 167, 175, 178, 179
ウズベキスタン　50, 100
内モンゴル　6, 7, 38, 41-43, 45, 46, 48, 50-53, 58, 89, 124, 125, 128, 140, 143, 165, 183
ウルムチ　50, 52, 182, 183
雲南　6, 7, 9, 12, 38, 41-43, 46-50, 61, 89, 124, 129, 171-174
　──滇中　128
営口　138
エジプト　50, 51
越境輸送　vii, 47, 66-68, 71, 139
エレンホト　7, 43, 46, 99
沿海
　──開放都市　3, 4
　──地域開発　v, 1
　──地域優先発展戦略　2
延吉　63
延辺　9, 43, 49, 51, 58-61, 67-69, 78, 139, 140
沿辺地区　46
延龍図　63, 64, 67, 68

| | | | |
|---|---|---|---|
| 横琴 | 7, 9 | 韓国 | 41, 50, 51, 57, 59, 60, 138, 181 |
| 黄金水道 | 7, 132 | 贛州 | 160 |
| 欧州 | 53, 91, 99, 100, 116, 141, 183 | 甘粛 | 7, 9, 16, 38, 41, 44, 50, 61, 92, 97, 125, 128, 174, 177-179 |
| オマーン | 50, 51 | 関中－天水 | 6, 7, 177 |
| 温州 | 8, 11, 19, 75, 150 | 関中平原 | 125, 128 |
| ──モデル | 150 | 広東 | 6, 8-11, 15, 16, 50, 67, 89, 92, 98, 101, 124, 125, 127-129, 151-155, 160, 173, 175, 181, 182 |

## か 行

| | |
|---|---|
| 改革開放 | vii, 2-4, 12, 15, 16, 33, 39, 40, 67, 69, 89, 95, 101, 102, 106, 107, 116, 126, 131, 137, 147, 151, 166, 171 |
| 改革試験区 | 6, 8, 10, 11, 18, 19, 129, 132, 151, 171 |
| 海峡西岸 | 17, 67, 152, 154 |
| 外資誘致 | 4, 10, 12, 44, 67, 147, 155, 161, 166 |
| 海上山東 | 146 |
| 海上シルクロード | 6, 99, 123, 128 |
| 海南 | vii, 7, 8, 12, 13, 16, 67, 73, 78, 79, 81-86, 89, 125, 127-129, 154-156 |
| 開発区 | 7, 40, 43, 98 |
| 開封 | 93, 96-98, 105 |
| 海洋機能 | 9, 10, 12 |
| 海洋経済 | 8-10, 67, 145, 146, 151, 152, 154 |
| 限られた市場原理 | vi, 29, 30, 32, 35 |
| カザフスタン | 41, 50, 100, 183 |
| 過剰流動性 | 75, 84-86 |
| 河南 | vii, 7, 13, 89-117, 125, 126, 128, 133, 161, 162, 186 |
| 河北 | 7, 8, 89, 92, 124-126, 128, 143-145, 174 |
| ──雄安 | 126, 128, 145, |
| カラマイ | 52 |
| 環境友好型 | 8, 10, 163, 164 |

| | |
|---|---|
| 環渤海 | 124, 143, 144 |
| 貴安新区 | 8, 126, 170, 171 |
| 義烏 | 150 |
| 規画展示館 | 141, 148, 149, 161, 165, 172 |
| 貴州 | 12, 89, 124, 160, 169-171 |
| 北朝鮮 | vii, 9, 39, 41-43, 47, 50, 51, 57-60, 62, 66, 67, 71, 138-140 |
| 吉林 | vii, 6, 9, 12, 13, 16, 38, 41-43, 46-51, 53, 57-61, 63-71, 78, 89, 124, 128, 138-140, 142, 185, |
| 旧革命根拠地 | 9, 12 |
| 旧工業基地 | 17, 125, 128, 137 |
| 行政障壁 | 4, 5 |
| 競争優位 | 109, 114, 116 |
| 競争劣位 | 114 |
| 協調的発展 | 10, 64, 96, 124, 125, 144, 145, 161 |
| 共和国の長男 | 89, 137 |
| キルギス（キルギスタン） | 41-43, 50 |
| 錦州 | 138 |
| 欽州 | 166 |
| 銀川 | 50, 181 |
| 金融危機 | 13, 73, 102, 103, 157 |
| クウェート | 50, 51 |
| 空中シルクロード | 100, 116 |
| 区分法 | 2 |

188

索　引

京広線　　92
計画経済　　2, 3, 89, 95, 137, 172, 180
経済特区　　3, 11, 44, 151, 155
経済密度　　132
恵州　　154
京津冀協同発展　　124, 125, 128, 131, 145
黔中経済区　　170
黄河　　7, 67, 178, 180, 181
　　──沿い経済区　　181
航空港経済総合実験区　　7, 98, 100
広州　　73, 92, 143, 153, 154, 160, 162, 176
　　──南沙　　6, 8, 18, 126
杭州　　7, 150, 151, 160
膠州湾　　146, 147
江西　　89, 124, 152, 160, 161
　　──贛江　　126, 128
広西　　4, 6-8, 12, 15, 16, 37, 38, 41, 42, 46, 48-50, 53, 77, 78, 89, 125, 128, 132, 142, 154, 166, 167, 174
江蘇　　6-8, 15, 61, 67, 89, 92, 97, 101, 106, 124, 125, 147-152, 158
高速鉄道　　147, 155, 166, 168
郷鎮企業　　94, 147, 149, 150
黄島　　146, 147
合肥　　158, 159
広仏肇　　154
合理的調整メカニズム　　vii, 33-35
黒河　　38
国際医療観光　　7, 98, 156
国際観光島　　7, 67, 81-84, 156
国有企業　　12, 14, 40, 48, 61, 75, 144, 147, 150, 155, 173, 180
黒龍江　　6-8, 10, 11, 13, 38, 40-43, 46,

50-53, 58, 60-62, 124, 128, 140, 141, 165, 183
五小工業　　94
戸籍　　13, 67, 155, 167-169
国家戦略　　vi, vii, 4, 6, 18, 52, 77, 78, 80, 83, 84, 86, 154
　　──特区　　19
国境都市　　38, 60-63, 68
国境貿易　　15, 37, 39, 41, 44, 54
国境隣接地域　　vii, 37-45, 47-51, 57, 99
固定資産投資　　59, 68, 69
五点一線　　138
湖南　　6, 10, 16, 20, 89, 106, 124, 183
　　──湘江　　126, 128, 163, 164, 182
湖北　　10, 89, 92, 98, 124, 127, 129, 160, 162,
格爾木（ゴルムド）　　174
葫蘆島　　138
滇桂黔　　9, 12
琿春　　7, 9, 43, 59, 60, 63, 64, 68, 79, 139, 140
昆明　　43, 50, 171, 173

## さ　行

財政移転　　4, 13, 95
サウジアラビア　　50, 51
策定プロセス　　vii, 17, 21, 25-29, 31-36
砂漠化　　9, 12
三亜　　78, 82, 83, 155, 156
三級行政単位　　30
産業移転　　16, 43, 89-91, 158, 159, 161
産業園区　　44, 127
産業競争力　　117, 133, 141

189

産業連関表　　92, 109, 110, 114, 116, 120, 121
三区戦略　　179-181
山西　　8, 10, 11, 19, 89, 92, 124, 125, 128, 129, 156-158, 174
三線建設　　v, 1, 3, 4, 94
三長両短　　95
山東　　8, 10, 13, 15, 16, 67, 75, 89, 92, 101, 124, 125, 129, 143, 145, 146
日喀則（シガツェ）　　175
資源依存　　40, 111, 113, 114, 116
資源型経済　　8, 10, 11, 19, 158
資源節約型　　8, 16, 163, 164
自主イノベーション示範区　　8, 98
四川　　9, 10, 16, 75, 79, 89, 98, 124, 127, 129, 167-169, 173
　——天府　　8, 126
実施プラン　　17, 19, 63, 65, 98
示範区　　7-9, 43, 98, 129, 144, 151, 180
社会主義　　2
社会消費品小売総額　　68, 69, 101
ジャムス　　38
上海　　vii, 6, 8, 10, 11, 27, 47, 49, 50, 61, 66, 67, 75, 79, 89, 98, 124-126, 128, 129, 139, 143, 147-149, 151, 152, 155, 158, 160, 162, 169, 176
重慶　　8-11, 13, 16, 75, 79, 80, 89, 95, 98, 99, 124, 125, 127-129, 132, 162, 165, 167, 168
　——両江　　8, 126
舟山群島　　8, 126
自由な移動　　vi, 99, 124, 132
自由貿易区・港　　viii, 126, 127, 131, 132, 134
自由貿易試験区　　8, 11, 98, 128, 129
珠海　　9, 11, 124, 154, 155

珠江デルタ　　6-9, 15, 67, 143, 154
株州　　10, 163
主体機能区　　2, 18
珠中江　　154
首都経済圏　　143
循環型経済　　16
循環経済　　7, 9, 144, 180
湘江　　164
城郷規画　　29
焦作　　93, 94, 96, 105, 106
少数民族　　3, 43, 44, 48, 49, 53, 61, 155, 166, 171, 173, 180
湘潭　　10, 163
自力更生　　2
シルクロード基金　　54
秦王川盆地　　179
シンガポール　　7, 49, 50
深莞恵　　154
新疆　　38, 41, 42, 45, 46, 48, 50-52, 79, 89, 142, 182, 183
秦皇島　　144
新常態（ニューノーマル）　　102
深圳　　8, 10, 11, 73, 75, 82, 89, 129, 154, 155
人的移動　　51, 54, 124
瀋陽　　10, 11, 50, 106, 129, 138
　——経済区　　8, 138
綏芬河　　38, 43, 140, 141, 183
スターリン型開発戦略　　2
スリランカ　　49, 50
汕頭　　11, 155
西安　　177, 178
青海　　7, 89, 179, 180
　——・チベット鉄道　　174, 175, 179
成長牽引地域　　6, 7
西寧　　125, 128, 174, 179, 180

索　引

政府活動報告　96
西部大開発　v, vi, 1-5, 15-18, 40, 47, 96, 158, 179
成渝　6, 7, 67, 79, 80, 125, 128, 168
石家荘　174
浙江　6, 8, 10, 11, 15, 19, 61, 67, 89, 98, 101, 124, 125, 127, 129, 147-152, 158, 160, 182
先行先試　17, 19, 57, 65-71, 139, 140, 156
陝西　8, 16, 89, 92, 98, 127-129, 165, 177, 178
　——西咸　8, 126
巣湖　158
総合特別区域法　20
総合配套改革　6, 8, 10, 11, 18, 132, 138, 163
滄州　144
曹妃甸　7, 144
蘇州　147, 149
蘇南モデル　147, 150

## た　行

タイ　49, 50
第1次五カ年計画　2
第2次五カ年計画　3
大慶　38, 52, 141, 183
太原　156, 157, 174
大興安嶺　9, 12
大連　50, 51, 138
　——金普　8, 126
対口支援　9, 12
タジキスタン　50
タシュケント　100
丹東　41, 51, 138

地域経済一体化　viii, 2, 5, 98, 99, 116, 125, 134, 138, 148
地域発展モデル　4, 5, 13, 15, 17, 70, 80, 175
地級市　30
チチハル　38, 52, 141, 183
チベット　9, 41, 44, 47, 50, 89, 174, 175, 176, 180
地方主導　5, 17, 41, 80, 156
中央アジア　39, 41, 43, 46, 50, 51, 100
中央主導　4, 21, 68, 131, 179
中華給水塔　180
中華文明　92, 144
中原崛起　96
中原経済区　7, 95, 97, 98, 106, 119, 161
中国—欧州国際貨物列車　99
中東鉄道　140
中部崛起　4, 18, 96
長吉　51, 69, 70, 139
長吉図　51, 61, 63-66, 68-70, 139
長江　7, 124, 132, 147, 158, 159, 162-164, 167, 180
　——経済帯　5, 7, 124, 125, 128, 131, 132
　——デルタ　6, 7, 67, 89, 125, 128, 132, 143, 147-149, 151, 158, 159
長沙　10, 106, 160, 163, 164
長株潭　6-8, 10, 11, 20, 164
長春　9, 50, 51, 58-61, 63, 64, 68, 69, 125, 126, 128, 138-140
青島西海岸　8, 126
鄭州　7, 92-100, 104-106, 116, 161, 162
鄭東新区　96, 161, 162
鄭洛新　98, 129

191

鉄岭　138
天津　7, 8, 10, 89, 98, 124-126, 128, 129, 142-145, 152, 162
天水　6, 7, 177
滇西　9, 12, 171
ドイツ　99
東莞　154
唐山　144
鄧小平型開発戦略　2
銅川　177
冬虫夏草　176
東南アジア　39, 41, 42, 46, 48, 49, 171, 174
東部率先　96
東北振興　v, 1, 2, 4, 15, 17, 18, 40, 47, 61, 89, 96, 124, 128, 131, 137, 158
投機の資金　vii, 75, 77, 79-81, 85, 86
トルクメニスタン　50
都市化　6, 13, 44, 68, 97, 125, 148
都市間連携　44, 69, 124
都市群　vii, 6-8, 10, 16, 20, 96, 97, 99, 106, 125, 127, 128, 131-134, 148, 161, 163, 164
土地財政　73, 75, 76, 79, 86
土地譲渡金　75, 76,
特化係数　113-115
図們　63
図們江　vii, 6, 7, 9, 41-43, 46, 48, 49, 51, 53, 58, 59-65, 67, 68, 78, 89, 138-140, 142,

## な 行

内陸
　――開放型　7, 19, 42, 44, 47, 49, 132, 181

――型経済　16, 177, 182
――建設戦略　v, 1, 3
――国境　13, 14, 16, 37-42, 46, 48, 61, 63, 64, 67, 68, 139, 165
那曲（ナクチュ）　174, 176
南京　106, 147, 148
　――江北　126, 128
南沙新区　6, 8, 18
南巡講話　95, 101
南昌　160
南北欽防　166
二級行政単位　30
二重構造　15, 16, 76
二大平原　11
日本　19, 20, 30, 35, 36, 41, 50, 51, 57, 59, 60, 73, 74, 91, 116, 138, 155, 169-171, 174, 180, 185
寧夏　7, 19, 42-44, 46, 47, 49-51, 89, 132, 165, 174, 180-182
寧波　67, 139
ネパール　44, 49, 50

## は 行

パキスタン　49, 50
バス高速輸送システム（BRT）　183
哈長　125, 128
ハブ機能　99
哈密　183
鄱陽湖　7, 67, 160
ハルビン　38, 50, 125, 128, 140, 141, 183
盤錦　138
バングラディシュ　50
ハンブルク　99
ビッグデータ　148, 169-171

比例的成長　111
濱海新区　4, 8, 10, 126, 142, 143
浜湖新区　158, 159
貧困地域　12
貧困撲滅　12, 48, 167
呼包銀楡　7, 41, 42, 46, 48, 165
武漢　8, 11, 95, 132, 160, 162, 163
福州　128, 151-153, 160
　──新区　126, 128
蕪湖　158, 159
撫順　138
福建　7, 8, 10, 11, 89, 98, 127, 128, 151-153, 160, 173
仏山　154
不動産バブル　22, 73-82, 84-87
フフホト　50, 165
呼包鄂楡　125
フルンボイル　41, 51, 165
文革期　2
分層構造　vii, 30-32, 35
黒瞎子島　7, 43, 141
平潭　7, 152
北京　11, 27, 28, 45, 46, 75, 89, 92, 124, 126, 139, 140, 142-145, 155, 162, 170, 174, 176, 178
ベトナム　41, 42, 49, 50, 53, 166, 170
　──戦争　40, 94
辺境経済区　44
鳳凰島　78, 155, 156
防城港　41, 166,
補完関係　38, 47
北東アジア　6, 7, 9, 36, 39, 41-43, 46, 51, 57-61, 63, 64, 71, 132, 138-140, 186
北部湾　4, 6, 7, 15, 37, 41, 42, 46, 48, 53, 77, 78, 125, 128, 132, 142, 166,
167
　──銀行　167
保税区　98, 131
牡丹江　38
北海　41, 78, 166
浦東新区　4, 6, 8, 10, 18, 126, 142, 147, 151
本渓　138
香港　9, 124, 128, 151

## ま 行

マカオ　9, 124, 128, 151
マレーシア　49, 50
満洲里　38, 46, 50, 51, 140, 141
南アジア　39, 41, 43, 46, 47, 49, 50, 171
ミュンヘン　99
睦隣・安隣・富隣　38, 45
無錫　147
ムスリム　181, 182
毛沢東型開発戦略　2
モンゴル　41, 42-46, 50, 51, 60, 183

## や 行

雄安新区　124, 126, 128, 145
雄県　145
夕張　158
ユーラシアランドブリッジ　97, 99
粤港澳大湾区　128, 131
洋山　149
ヨーロッパ　11, 140, 185
予算外収入　76

193

## ら 行

洛南新区　96
洛陽　93, 94, 96-100, 105, 106
ラサ　174-176
羅津　47, 139
蘭州　8, 92, 97, 126, 128, 174, 178, 179
蘭西　125, 128
瀾滄江　180
リーマンショック　102
両山挟一河　178
遼寧　6-8, 10, 38, 41, 42, 46, 50, 51, 58, 61, 62, 89, 98, 106, 124, 127, 128, 137, 138, 143
――沿海経済帯　7, 41, 42, 46, 138
旅順　140
羅霄山　9, 12,
ルクセンブルク　100
連雲港　92, 97, 148
隴海経済帯　97
隴海線　92
ロシア　9, 40-43, 46, 47, 50, 51, 57-60, 66, 67, 138-141, 165, 183
龍井　63

## わ 行

皖江　7, 85, 158, 159

●著者紹介

穆尭芊（むうー・やおーちぇん）

環日本海経済研究所（ERINA）調査研究部研究主任
1978年　中国河北省生まれ
2008年　北海道大学大学院経済学研究科博士後期課程修了（経済学博士）
2008年　環日本海経済研究所（ERINA）経済交流部研究員
2015年より現職
主要な論文等
「中国経済の『新常態』―構造変化・地域発展・国際連携」（共著），河合正弘編著『北東アジアの経済成長―構造改革と域内協力』ERINA北東アジア研究叢書7，日本評論社，2018年。
「地域開発と都市化―地方主体の地域発展戦略を中心に」，岡本信広編『中国の都市化と制度改革』アジア経済研究所研究双書，アジア経済研究所，2018年。
「中国の地域発展戦略から見る『一帯一路』」北東アジア地域研究，Vol.22，2016年。

【ERINA北東アジア研究叢書】9
中国の地域開発政策の変容
　ちゅうごく　ちいきかいはつせいさく　へんよう
地方主体の展開と実態
　ちほうしゅたい　てんかい　じったい

2019年3月20日　第1版第1刷発行

著　者——穆尭芊
発行所——株式会社日本評論社
　　　　　〒170-8474　東京都豊島区南大塚3-12-4　電話　03-3987-8621（販売），8595（編集）
　　　　　振替　00100-3-16
　　　　　https://www.nippyo.co.jp/
印　刷——精文堂印刷株式会社
製　本——井上製本所
装　幀——林健造
検印省略 © Mu Yaoqian, 2019
Printed in Japan
ISBN978-4-535-55946-2

JCOPY　〈(社)出版者著作権管理機構　委託出版物〉
本書の無断複写は著作権法上での例外を除き禁じられています。複写される場合は，そのつど事前に，(社)出版者著作権管理機構（電話 03-5244-5088，FAX 03-5244-5089，e-mail: info@jcopy.or.jp）の許諾を得てください。また，本書を代行業者等の第三者に依頼してスキャニング等の行為によりデジタル化することは，個人の家庭内の利用であっても，一切認められておりません。